W0226657

PELLAPRAT

LE POISSON
DANS LA CUISINE FRANÇAISE

Direction éditoriale Ghislaine Bavoillot
Maquette Corinne Pauvert
Réalisation Octavo Éditions
avec la collaboration de Catherine Krief,
Christiane Pauvert
et Marianne Perdu
Photogravure Colourscan France

© Flammarion Paris 1995
ISBN : 2-08-200857-6
Numéro d'édition : 0972

PELLAPRAT

LE POISSON
DANS LA CUISINE FRANÇAISE

Flammarion

SOMMAIRE

AVANT-PROPOS

Je me suis attaché avec foi, depuis de longues années déjà, à la propagande qui a pour but de répandre dans le grand public la nécessité de consommer du poisson en France plus fréquemment.

Aussi voit-on le poisson occuper une place de plus en plus importante dans toutes les kermesses, expositions ou manifestations gastronomiques. Manifestations au cours desquelles j'ai maintes fois parlé du poisson et de sa cuisine devant un public très intéressé.

Pour parfaire et mieux diffuser cet enseignement, j'ai décidé de publier un recueil s'appliquant exclusivement au traitement culinaire des poissons.

Certes, dans les multiples ouvrages gastronomiques dont je suis l'auteur, il y a toujours un chapitre concernant le poisson ; mais ce que je veux présenter aujourd'hui aux ménagères, à la femme de France, c'est un traité spécial où le poisson sera abordé sous tous les aspects sous lesquels il peut être consommé. On y verra à la fois les plats les plus simples, avec les poissons les plus communs, exposés avec le souci d'économie qui s'impose à la ménagère, et les plats recherchés, avec des poissons riches et les accommodements de la fine cuisine de chez nous. On y trouvera tous les conseils relatifs à l'achat et à la préparation du poisson, le vidage, les différents modes de cuisson, les soupes de poisson, les hors-d'œuvre, les plats régionaux aux poissons, en un mot tout ce qu'il faut savoir.

Je voudrais attirer l'attention des responsables de grandes collectivités (hospices, pensions, casernes, sanatoriums, grandes écoles...) sur l'avantage que peut procurer le poisson dans la nourriture de leurs pensionnaires. Les plats au poisson apporteraient une diversité dans l'alimentation habituelle, trop souvent monotone, sans être pour cela plus onéreux que la viande, au contraire.

Pour les enfants, le poisson est un aliment des plus utiles, en raison de sa teneur en phosphore si nécessaire à l'ossification du squelette. Certains poissons comme le hareng, le merlan, la limande, le carrelet, la raie ont une forte teneur en phosphore et ont, en général, une grande richesse par les éléments minéraux qu'ils contiennent : sodium, magnésium, manganèse, iode, fer, calcium, etc.

Il est donc indubitablement établi à présent que le poisson a une valeur alimentaire égale à celle de la viande, tout en étant d'une digestion plus facile ; il y a dans certains cas, pour certains tempéraments, quelques espèces de poissons dont il est préférable de ne pas abuser, ce sont les poissons à chair grasse et lourde comme le maquereau, le thon, le hareng, le saumon, le congre, mais tous les autres sont de digestion aisée pour tous les tempéraments non hépatiques.

La saveur du poisson, la finesse et la qualité de ses sauces sont encore rehaussées par l'appui que lui apporte le bon vin de France ; un vieil adage dit que c'est la sauce qui fait manger le poisson, or s'il y a des poissons dont les qualités personnelles se suffisent à elles-mêmes, il y en a bien d'autres auxquels peut s'appliquer ce dicton. Aussi voit-on le vin figurer dans la plupart des plats de poisson en sauce, et si le vin est bon, comme il sait l'être sous le beau ciel de France, comment la sauce qui en découle et le poisson qui s'en est voluptueusement imprégné ne le seraient-ils pas également ?

Il est nécessaire de toujours employer du bon vin, sinon des vins de grandes classes, du moins d'honnêtes représentants de nos crus. En effet, il ne faut jamais beaucoup de vin dans un plat de poisson, mais si l'on y met une vulgaire piquette, on ne peut prétendre au même résultat qu'avec un bon Beaujolais ou un Médoc ; pas plus qu'avec de l'étoffe inférieure on ne pourra espérer obtenir un beau costume. Mieux vaut moins de vin, mais de bonne qualité. Il faut aussi qu'un vin soit bien cuit et réduit de moitié au moins avant d'être incorporé à une sauce.

Je crois avoir suffisamment démontré la grande valeur du poisson du point de vue alimentaire. Du point de vue économique, si l'on fait abstraction des grands seigneurs de l'onde, le poisson coûte moins cher que la viande, et de plus il peut s'accommoder – certains d'entre eux – comme la viande avec des légumes, comme une sorte de ragoût, ou en blanquette, en cassoulet, en daube, etc., ce qui fournit alors des plats de ménage très économiques.

Nos ménagères de France trouveront dans ce recueil une mine de bons plats de poisson que j'ai souvent mis en pratique devant elles dans mes cours de Paris et de Province.

Tout ce qui concerne l'achat, le nettoyage, l'apprêt du poisson, ses divers modes de cuisson, sa conservation et la façon d'en utiliser les restes, tout cela est traité dans ce livre de manière à parfaire l'éducation de la femme dans ce domaine qui, je ne sais pourquoi, n'est pas exploité comme il devrait l'être dans un pays comme la France qui présente plusieurs milliers de kilomètres de côtes baignées par les mers. Notre pays est pourtant un de ceux dont la consommation de poisson par habitant est la plus faible.

C'est un non-sens ! Mangez du poisson !

H.-P. 8 **H.-P. Pellaprat**

INTRODUCTION AUX POISSONS DE MER ET D'EAU DOUCE

Pour rendre cet ouvrage aussi complet que possible, nous y consacrons ce chapitre documentaire emprunté à divers auteurs plus savants que nous, qui se sont livrés à l'étude de la faune aquatique. Ce sont MM. Pierre Belon, Salviani, Rondelet, dont les travaux remontent au XVIe siècle et, plus près de nous, les Bertin, Boulenger, Belloc, etc.

De nombreux ouvrages traitent de l'ichtyologie et ce n'est pas dans le cadre de ce recueil culinaire que nous pouvons en développer la synthèse ; il y aurait de notre part une sorte de pédantisme qui n'est pas dans notre caractère. Mais une simple étude des mœurs et habitudes de certains poissons pourra, au contraire, intéresser nos lecteurs qui n'ont pas sous les yeux les documents que nous possédons. C'est là toute notre ambition.

Les poissons appartiennent à l'embranchement des Vertébrés. Leur structure comporte le squelette, formé d'os ou de cartilages, ou des deux réunis dans un même sujet ; le système nerveux ; l'appareil vasculaire avec le cœur, l'aorte et les artères ; les branchies ou lamelles branchiales qui permettent la respiration.

Crustacés, coquillages, poissons de mer et d'eau douce : la faune aquatique est riche en espèces comestibles.

Le corps est en général allongé et fusiforme, mais certaines espèces sont plates ; c'est le cas des Pleuronectiformes, comme la sole, le turbot...

Parmi les poissons de rivière, il y en a de nombreuses espèces qui descendent à la mer, tandis que certains poissons de mer remontent en eau douce, ces migrations se faisant au moment de la ponte : on appelle anadromes les poissons qui viennent en eau douce pour pondre, comme l'alose, par exemple, et catadromes ceux qui de la rivière passent à la mer, comme les anguilles. La migration des anguilles est en général définitive ; elles ne reviennent plus en rivière, mais ce sont les jeunes qui viennent à un certain âge en eau douce.

Les mœurs des anguilles ont donné lieu à des controverses passionnées. Les uns prétendent qu'elles vont proliférer dans la mer des Sargasses, mais la preuve n'en a jamais été établie.

C'est un des plus anciens poissons connus. Pline affirme que l'anguille vit de huit à dix ans et que le cadavre de ce poisson est le seul qui ne surnage pas. L'anguille peut vivre assez longtemps hors de l'eau ; elle sort souvent de la rivière la nuit et parcourt en rampant d'assez longues distances. Sa peau visqueuse et dépourvue d'écailles fait qu'il n'est guère possible de la tenir vivante dans les mains. On appelle piballe l'alevin de l'anguille.

Qui n'a entendu dire à quelqu'un qui se plaint sans motifs qu'il fait comme l'anguille de Melun qui crie avant qu'on l'écorche. Mais là, il ne s'agit nullement du poisson, mais d'un brave homme de Melun nommé l'Anguille : dans une comédie, il était chargé de tenir le rôle d'un sujet devant être écorché vif, comme il en était au Moyen Âge ; il se mit à pousser des hurlements en voyant seulement les préparatifs de son pseudo-supplice ; les spectateurs, lui reprochant de crier avant d'être écorché, ont ainsi donné naissance à ce dicton dont la pauvre anguille qui nous occupe est tout à fait innocente.

La lamproie, qu'il ne faut pas confondre avec l'anguille, est un poisson très fin qui habite les eaux marines proches des côtes et qui remonte fort loin dans les fleuves. Elle est plutôt considérée comme un poisson d'eau douce ; la Garonne et la Loire en recèlent de grandes quantités en avril et en mai.

La murène lui ressemble un peu, bien que la tête soit différente, la lamproie ayant une bouche en forme d'entonnoir sans mâchoire mobile, tandis que la murène a la bouche des autres poissons.

Les Romains avaient de grands viviers où ils élevaient des murènes qu'ils apprivoisaient, car ce poisson est, paraît-il, intelligent et s'apprivoise très bien. Les murènes sont des poissons exclusivement marins qui ne s'approchent des côtes que pour y déposer leurs œufs ; prises vivantes et déposées en vivier d'eau douce, elles s'y plaisent fort bien et y engraissent car elles sont très voraces et carnassières.

L'histoire relate que de riches patriciens romains nourrissaient leurs murènes en leur faisant jeter en pâture des esclaves vivants. La pêche en est dangereuse car la murène se jette sur le pêcheur et cherche à lui mordre les mains ; leurs morsures, très douloureuses, sont venimeuses.

Le saumon est aussi un poisson migrateur ; il naît dans l'eau douce et y reste jusqu'à deux ans, puis il descend à la mer pour y engraisser pendant plusieurs années au large et en eaux profondes. Il pénètre de nouveau dans les rivières pour y effectuer sa ponte vers décembre. Il remonte les cours d'eau les plus raides par des bonds hors de l'eau extrêmement curieux. Sa chair d'une belle teinte orangée est fort prisée des gourmets.

La truite migre de la mer aux eaux douces, comme le saumon – ils appartiennent tous deux à la famille des Salmonidés. La truite saumonée a la chair rose foncé comme le saumon. La truite arc-en-ciel, importée de Californie, s'acclimate fort bien chez nous dans les lacs et rivières ; elle est reconnaissable à sa robe gris verdâtre piquetée de points noirs en forme de petites étoiles, et à son ventre orangé. C'est une des meilleures espèces pour la finesse de la chair.

Dans la même famille, nous avons la délicieuse petite truite de rivière qui se plaît dans les eaux vives et aérées et qui donne lieu à un élevage intensif.

Un des sujets les plus délicats de cette famille est l'omble-chevalier que l'on trouve surtout dans les lacs de Savoie et des Vosges.

Dans la même famille et de même habitat, il y a aussi le lavaret, dont la chair est blanche et non pas orangée comme celle de l'omble. Ce sont d'exquis spécimens de l'onde douce, mais, du fait de leur chair fragile et de leur faible quantité, on en voit rarement en dehors de leur lieu d'origine. Le lac du Bourget et le lac de Genève recèlent de nombreuses espèces : le féra, l'argentin, l'omble commun, le lavaret et l'omble-chevalier s'y complaisent mieux que partout ailleurs puisque les essais d'acclimatation en d'autres lieux n'ont pas donné de résultats probants.

Dans la nombreuse famille des Clupéidés, nous trouvons encore l'alose qui remonte en bandes très nombreuses de la mer à l'embouchure des rivières pour effectuer la ponte.

On appelle l'alose «poisson de mai», parce que c'est à partir de ce mois que l'on peut se livrer à sa pêche très intéressante ; les pêcheurs répartis en plusieurs barques, toutes reliées par un immense filet ou senne, décrivent un large arc de cercle et, se rapprochant du rivage, referment peu à peu le filet dans lequel une multitude d'aloses bondissent à la recherche de leur liberté.

Les harengs et les sardines, de la même famille, voyagent aussi en bancs qui donnent lieu à de grandes pêches côtières, mais, comme les anchois et les sprats, ils ne pénètrent pas en eau douce.

La carpe, de la famille des Cyprinidés, est un poisson de rivière, d'étang, de lac. Il en existe plusieurs variétés, dont la carpe commune, la carpe miroir, la carpe à cuir, la carpe bossue, la carpe reine, la carpe verdâtre, la carpe de Hongrie... Elle figure au rang des poissons que les ordonnances de nos rois des XIIIe et XIVe siècles interdisaient de pêcher si les deux ne valaient un denier, c'est-à-dire quand elles étaient trop petites.

Nous trouvons dans un ouvrage de J. de Fréminville le prix du poisson vers l'an 1400. À cette heureuse époque, un cent de gros poissons valait 12 livres, le demi-cent était tarifé 100 sols.

La carpe a la réputation d'être d'une extrême longévité ; ne dit-on pas que la pièce d'eau de Fontainebleau en recèle qui y furent mises par François Ier ? Je crains qu'il n'y ait un peu d'exagération, bien que quelques-unes fort bien apprivoisées soient de taille respectable et d'aspect vénérable.

Du point de vue culinaire, la carpe ne jouit plus de nos jours de la renommée qu'elle avait au siècle dernier. Le brochet l'a détrônée dans les repas soignés et la truite ou le saumon encore plus.

Le brochet, seul membre de la famille des Ésocidés, mérite le sobriquet qui lui est donné de requin d'eau douce à cause de sa voracité et de sa férocité. Il dépeuple les rivières en vrai pirate et de ce fait atteint des dimensions et un poids remarquables. En 1882, on pêcha en Suisse dans le lac de Zurich un spécimen d'1,35 mètre de long pesant 21 kilogrammes.

Il existait autrefois des cours d'eau très poissonneux, fertiles en truites, tanches, brèmes, etc., et où la malencontreuse idée d'y avoir jeté des brochets a eu pour résultat un dépeuplement de toutes les autres espèces.

Le brochet pond une quantité prodigieuse d'œufs, gluants, transparents et assez gros ; ils sont utilisés par les riverains du Danube pour la fabrication d'un faux caviar qui est loin d'avoir, pour le palais des gourmets, la valeur de celui du sterlet.

Les sterlets, de la famille des **esturgeons**, sont de beaux et bons poissons du Danube ou de la Volga que Linné classe dans les Acipenséridés, et qui, quittant leurs berceaux natals, passent dans la mer pour venir dans d'autres fleuves. On trouve d'autres espèces de la même famille dans le golfe de Gascogne ; ils remontent la Garonne et l'Adour.

C'était, d'après Pline, un poisson très estimé des Anciens. Le sterlet atteint des dimensions énormes ; son corps porte cinq rangées d'écussons très larges et osseux : une le long du dos et deux de chaque côté ; sa coloration est brune dessus et blanc-gris sur les côtés et le ventre. Sa tête est revêtue d'une sorte de carapace osseuse, cornée, et son museau est effilé.

Sa chair peut s'accommoder comme un morceau de veau et elle est très bonne ; mais la principale valeur de ce poisson réside dans ses œufs dont on fait le caviar et dont le prix est supérieur à celui de la centaine de kilogrammes de chair que pèse parfois un seul sterlet ou esturgeon. Pline nous dit qu'autrefois on en prenait dans le Pô qui atteignaient jusqu'à mille livres.

La femelle pond en moyenne un million et demi d'œufs, dont on fait le caviar, tandis que la vessie natatoire sert à fabriquer la colle de poisson et la moelle épinière séchée devient le vésiga, indispensable au coulibiac. La peau est utilisée dans l'industrie : on en fait des ceintures, des étuis à cigarettes et bien d'autres articles de fantaisie.

À droite :
la truite peut êtr
accommodée
de diverses
manières et offre
une chair réputé
pour sa finesse.

On trouvera page 115 les différents modes de préparation du caviar. Ce mets

très nutritif renfermerait, d'après Payen, plus de substances assimilables que la viande de bœuf ; voici d'ailleurs l'analyse qu'il en a donnée :

Eau	37,5 %	Matières sèches	62,5 %
contenant			
Matières azotées	29,164 %	Sel marin	4,825 %
– grasses	16,260 %	Substances minérales	4,425 %
– non azotées	7,825 %		

Ce qui donne en effet 4,87 % d'azote, tandis que la viande de bœuf n'en renferme que 3 % à peine.

La mer est divisée en zones ichtyologiques et chaque zone a sa faune particulière. Ainsi la zone côtière n'abrite que des poissons mauvais nageurs, qui trouvent leur pâture dans les algues et la végétation qui abritent de nombreux vers, insectes, petits mollusques ou crustacés.

Leurs œufs sont plus lourds que l'eau et sont fixés à des corps étrangers, pierres ou roches ; certains sont pondus dans une sorte de nid. L'épinoche en particulier se construit un nid semblable à un nid d'oiseau. Ce sont surtout ces poissons littoraux qui remontent en eau douce ou qui ont, comme la loche ou la lotte, des cousins en rivière.

La seconde zone est appelée plateau continental ; sa profondeur varie entre 50 et 200 mètres. On y pêche grondins, raies, turbots, etc. Les œufs y sont flottants et les parents ne s'en occupent pas.

Puis on trouve la haute mer où vivent les forts nageurs (harengs, thons, morues...) et où se pratique la grande pêche.

Au-dessous de 200 mètres de profondeur vivent des poissons que l'on ne voit pas ordinairement. Seules quelques expéditions scientifiques, comme celles qu'accomplissait jadis le prince de Monaco, pouvaient développer la connaissance de cette faune au prix de coûteuses expériences.

Il a été remonté de ces expéditions des sujets inconnus jusqu'alors et qui, vivant dans une totale obscurité, émettaient des lueurs phosphorescentes par des antennes qu'eux seuls possèdent. La table n'en a rien tiré jusqu'ici.

Parmi les petits poissons qui fournissent de délicieuses fritures, nous avons en eau douce le goujon, le vairon, le gardon, le hotu, l'ablette...

Ce dernier poisson sert non seulement dans l'alimentation, mais aussi dans l'industrie, car ses écailles d'une blancheur immaculée recèlent une matière appelée essence d'Orient, utilisée dans la fabrication des perles fausses auxquelles elle communique le ton que l'on appelle l'orient. Ce n'est pas une innovation de notre époque : depuis des siècles, les Chinois et aussi les Vénitiens l'employaient pour faire de fausses perles.

En France, ce serait vers 1755 que cette particularité fut étudiée par Réaumur. Mais il faut entre 4 000 et 5 000 ablettes pour fournir 500 grammes d'écailles, et

35 000 ablettes pour obtenir un kilogramme d'essence d'Orient, ce qui fait revenir le kilogramme d'essence d'Orient à plusieurs milliers de francs.

Heureusement que ce poisson est très prolifique : la femelle pond environ 75 000 œufs.

CRUSTACÉS

Ayant passé en revue les principaux poissons connus du grand public, voyons un peu les crustacés de mer et d'eau douce. Chacun connaît et apprécie les homards, langoustes, tourteaux, crabes, écrevisses et crevettes.

Le homard, que les Anciens appelaient l'écrevisse de mer, appartient à l'ordre des Décapodes et au sous-ordre des Macroures. Les Romains l'avaient si fort en estime qu'il figure au centre des faisceaux culinaires des peintures de Pompéi.

Sa pêche ou plutôt sa capture se fait au moyen de paniers dits casiers que l'on immerge au fond de l'eau avec une corde après y avoir placé un morceau de viande ou de poisson un peu décomposé ; l'odeur attire les homards qui pénètrent dans cette nasse dont ils ne peuvent ressortir. On les prend aussi avec une sorte de grande balance, comme les écrevisses.

Les côtes bretonnes sont assez bien fréquentées par ces crustacés ; du côté de Roscoff on en prend beaucoup, mais la pêche la plus abondante a lieu dans les eaux norvégiennes.

La femelle du homard (à ne pas confondre avec la langouste) pond de 15 000 à 20 000 œufs qui se tiennent sous sa queue où ils sont à l'abri de toute attaque et de tout accident ; pendant les six mois que dure l'incubation, la femelle agissant d'instinct, tantôt présente ses œufs à la lumière, et pour cela elle n'a qu'à étendre son appendice caudal, tantôt les laisse dans l'obscurité en repliant sa queue sous elle. Nous ne saurons jamais quelles sont les circonstances qui motivent cette merveille de l'instinct maternel. L'éclosion se produit en avril-mai ; à peine nés, les jeunes s'éloignent de leur mère et nagent à fleur d'eau au moyen de sortes de cils vibratiles en forme de plume qu'ils portent à chaque patte ; cela dure six semaines pendant lesquelles il s'opère quatre mues successives, puis les jeunes tombent au fond de l'eau et se rapprochent peu à peu du rivage.

C'est à cette époque de mues que beaucoup (les sept dixièmes) deviennent la proie d'autres poissons, autrement la mer en serait submergée, car presque tous les œufs éclosent grâce aux soins maternels. Chaque homard refait sa carapace huit à dix fois dans la première année et un peu moins tous les ans jusqu'à six ans où, parvenu à sa taille adulte, il ne mue plus qu'une fois par an.

En temps ordinaire, on consomme à Paris quotidiennement entre 8 000 et 10 000 homards ou langoustes. L'aquarium de New York a possédé en 1910 un homard géant pesant 15 kilogrammes et mesurant un mètre de longueur.

La langouste, de la même famille, offre cependant une grande différence dans les détails de structure. Le homard a les deux pattes antérieures terminées par des pinces qui en font des armes de défense, ou d'attaque, redoutables, alors que la lan-

gouste n'en a pas ; les antennes de cette dernière, bien plus longues et plus grosses que celles du homard, sont hérissées de piquants, les yeux sont bien plus gros que ceux du homard, mais insérés aussi sur des pédoncules au milieu du front. Les Romains lui avaient donné le nom de *locusta*, d'où est dérivé le mot «langouste».

Très vorace, la langouste possède des mandibules qui lui permettent de broyer les mollusques et les huîtres dont elle est très friande ; elle se nourrit aussi d'étoiles de mer. Les œufs de la langouste, beaucoup plus petits que ceux des femelles homards, sont aussi placés sous la queue et au nombre d'une centaine de mille.

La carapace des homards et des langoustes contient deux pigments, l'un rouge, l'autre bleu, ce qui leur donne ce ton violacé, aciéré à l'état vivant ; comme la chaleur détruit le pigment bleu en laissant subsister le rouge, et même en le développant, on a là l'explication du phénomène qui se produit à la cuisson où la carapace devient d'un beau rouge.

Jules Janin, qui bien que grand littérateur n'avait pas de notions ichtyologiques précises, a écrit un jour au sujet du homard en l'appelant «le cardinal des mers». Sans doute se figurait-il que l'animal avait la même couleur dans l'eau que sur sa table !

La langouste, culinairement, se prête aux mêmes apprêts que le homard, mais ce dernier, chaud, est meilleur que la langouste qui, elle, est préférable froide. À poids égal, la langouste contient plus de chair que le homard.

Quant aux tourteaux, crabes et étrilles, leurs mœurs sont peu connues et leurs qualités gastronomiques sont loin d'avoir la valeur de celle des crustacés ci-dessus.

Au sujet des crabes, peu de personnes savent qu'il existe une espèce de crabes de terre, de forme identique à ceux que tout le monde a vus sur nos plages marines. Ces animaux se nourrissent de végétaux, feuilles, racines et fruits tombés qu'ils saisissent avec leurs pinces et déchirent avec leurs mandibules. Ils sont troglodytes, habitant des trous ou des anfractuosités dont ils sortent en groupe matin et soir, ou après la pluie. S'ils sont menacés, ils se dressent sur leurs pattes et font avec leurs pinces un bruit de castagnettes comme pour effrayer, mais ils se sauvent en marchant de côté, et rapidement regagnent leur repaire. Le plus curieux, c'est qu'à l'époque de la ponte ils descendent en bandes très denses vers la mer, où ils déposent leurs œufs qui éclosent après avoir été rejetés sur la grève par le flot. Quand les petits sont devenus assez forts, ils remontent vers les terres d'origine. On chasse ces crabes pour leur chair qui est fort appréciée. Il y en a même une espèce qui se nourrit de noix de coco : de forte taille, ils dévorent les noix qui se cassent en tombant.

À gauche : poissons et crustacés (ici, un bar et des rilles) peuvent rfois être cuits ı même temps.

Pour poursuivre ce chapitre, parlons un peu des crevettes et des écrevisses. Les premières sont de deux sortes, les crevettes grises, ou crevettes ordinaires, de beaucoup les plus abondantes, et les rouges dites crevettes bouquets. Entre les deux il y a la crevette rose qui ressemble plus au bouquet qu'à la grise et qui sert au décor des jolis plats de poissons froids.

La crevette bouquet coûte fort cher, et cependant en ce qui concerne le goût la grise est préférable, l'autre régnant pour la vue. Le beau bouquet se pêche à marée basse dans les trous des rochers où la mer l'a laissé en se retirant.

Pour cuire la crevette grise, les pêcheurs la jettent dans l'eau bouillante salée, et même dans l'eau de mer ; de plus ils plongent pendant la cuisson un fer rougi au feu, le tisonnier, par exemple, qui fait prendre aux crevettes une teinte un peu rosée. Indépendamment de leur présentation en hors-d'œuvre, les crevettes rentrent dans de nombreuses garnitures et préparations culinaires, comme on le verra dans les recettes.

Terminons alors par le seul crustacé d'eau douce, l'écrevisse, laquelle tend à disparaître de plus en plus de nos cours d'eau, à cause du braconnage d'une part, et aussi à cause de la pollution des eaux, suite aux déversements de matières chimiques par les usines établies sur les rives.

L'écrevisse, crustacé Décapode Macroure, est ovipare et, d'après Lachâtre, présente une particularité curieuse : ses pattes à pinces, c'est-à-dire les deux antérieures, seraient le siège des organes de reproduction. Ces organes sont indiqués chez le mâle par une cavité arrondie et remplie par une masse charnue où viennent aboutir les vaisseaux spermatiques, et chez la femelle, par une grande ouverture ovale qui donne passage aux œufs qui sont ensuite recueillis et fixés sous la queue.

À la naissance, les petites écrevisses sont molles, transparentes et seraient une proie facile pour de nombreux poissons si leur mère ne les abritait sous sa queue pendant une vingtaine de jours ; ensuite elles peuvent quitter le domicile maternel et voler, si l'on peut dire, de leurs propres ailes ! Comme les autres crustacés, l'écrevisse change de tenue tous les ans, abandonnant son vêtement devenu trop étroit, et en sécrétant un autre adapté à sa taille. Mais beaucoup d'écrevisses meurent, victimes de la voracité de leurs voisins, pendant la période de transformation.

Un autre fait curieux est la faculté que possèdent certains crustacés de voir leurs pattes repousser quand elles ont été rompues ou arrachées accidentellement. Voilà une supériorité sur les humains, qui, hélas ! ne peuvent recréer à volonté bras ou jambes perdus...

Du point de vue culinaire, l'écrevisse a toujours été un mets de prédilection pour les soupeurs endurcis.

Voici terminée cette petite étude sans prétention qui nous a paru avoir sa place dans cet ouvrage à côté des recettes, plus utiles sans doute, mais qui s'en trouveront complétées.

En l'écrivant nous avons voulu nous inspirer du seul souci d'être agréable et utile aux curieux qui allient le désir de savoir au plaisir de savourer.

QUELQUES CONSEILS

La qualité primordiale du poisson, c'est la fraîcheur ; et ceci vaut pour le poisson le plus commun comme pour le plus fin.

La fraîcheur se reconnaît à divers signes. Il y a d'abord l'odeur, mais elle est tellement caractéristique que cette seule raison doit suffire à écarter sans hésitation le poisson malodorant. Il y a aussi l'aspect qui doit être brillant, la peau gluante, l'œil vif et les ouïes d'un beau rouge vif. Il ne faut pas craindre de soulever les volets du bout des doigts pour voir la couleur des ouïes. Enfin, si l'on appuie le bout du doigt sur la chair, il ne faut pas que l'empreinte du doigt reste marquée, mais au contraire que la chair reprenne sa place. À ces signes vous saurez reconnaître un poisson frais.

Au temps jadis, il était d'usage de marchander le poisson au risque de faire éclater la feinte colère des dames de la Halle qui n'attendaient que cette occasion d'égrener leur vocabulaire que l'on pourrait appeler *l'ode aux chalands*. Mais les temps sont révolus et aujourd'hui les prix sont affichés et respectés... ou à peu près.

Le poisson étant acheté, il faut, pour bénéficier de sa fraîcheur, l'employer au plus tôt, à moins de disposer d'une glacière ou de glace. Le premier travail consiste à le nettoyer, le vider (voir page 253 et suivantes) et le préparer suivant ce que l'on doit en faire.

Il faut d'abord l'écailler si c'est un poisson à écailles (mais certains poissons sont dépourvus d'écailles, comme le turbot, le maquereau, l'anguille, la bonite, par exemple) ; il est recommandé d'avoir un petit outil dit écailleur (voir page 253 et suivantes) ; il y en a de différents modèles qui ont pour but de ne pas abîmer ni déchirer la chair. L'écaillage doit se faire en remontant de la queue à la tête, à rebrousse-poil si l'on peut dire, et cela avant de vider le poisson parce qu'ainsi la peau du ventre est bien tendue par les intestins, tandis que si on le vide d'abord, la peau est flasque et le couteau ne peut en gratter la surface.

Ensuite, on vide le poisson, par les ouïes en général, et on finit par l'anus pour détacher le reste des organes, en fendant légèrement cette partie. On videra plus aisément les gros poissons tels que saumons, truites, bars, mulets... sans les abîmer en introduisant par une ouïe le manche recourbé d'une écumoire qui ramènera les intestins et ramonera en quelque sorte l'intérieur. On lave ensuite le poisson à grande eau fraîche, surtout l'intérieur, jusqu'à ce que l'eau en sorte claire.

Si on ne fait pas cuire tout de suite le poisson, il est bon de l'envelopper dans une serviette et de le tenir au frais.

Voilà les premières règles qui s'appliquent aux poissons.

Passons à présent à la cuisson qui comporte divers modes que voici exposés aussi clairement que possible.

LES MODES DE CUISSON DU POISSON

Le poisson peut être présenté sur table après avoir subi un mode de cuisson qui n'est pas forcément unique. On distingue :

– la cuisson dite au bleu
– le braisage
– la cuisson au court-bouillon
– la friture
– la grillade
– la cuisson au beurre dite à la meunière
– le pochage.

LA CUISSON DITE AU BLEU

• Ce mode de cuisson convient surtout aux poissons de rivière tels que truites, tanches, carpes, brochetons.
• Par exemple pour les truites, les avoir vivantes, les saisir par la queue avec un torchon, leur frapper la tête sur la table et aussitôt les vider par les ouïes, sans les écailler surtout ni même les essuyer car c'est le limon dont elles sont enduites qui les bleuit. Verser dessus une cuillerée de vinaigre bouillant et les précipiter dans un court-bouillon bouillant et bien condimenté ; ce court-bouillon est ordinaire et *non au vin rouge* comme certains le croient.
• La cuisson des poissons demande de 5 à 8 mn.

LE BRAISAGE DES POISSONS

• Ce mode de cuisson s'applique aux poissons entiers ou en tranches tels que carpes, saumons, truites, turbots, esturgeons, brochets. On garnit le fond d'une casserole, ou poissonnière ou plat à rôtir, avec une couche de beurre sur laquelle on place un lit de carottes, échalotes, oignons émincés, et un bouquet garni, le tout légèrement sauté au beurre. On couche le poisson dessus, on le recouvre de bardes de lard gras et on le mouille à moitié de sa hauteur avec du vin blanc ou rouge, suivant la sauce qui doit l'accompagner, et parfois du bouillon par parties égales. On assaisonne le poisson de sel et poivre en grains puis, après lui avoir fait jeter un bouillon sur le feu, on le met au four où on le laisse cuire doucement, en l'arrosant très souvent pendant un temps déterminé par la nature et la grosseur du poisson.
• La cuisson est toujours ajoutée à la sauce et parfois même elle sert à la faire.

40 g de beurre. 2 carottes. 2 échalotes. 2 oignons. 1 bouquet garni.
125 g de barde de lard gras. 2 verres de vin blanc ou rouge.

À gauche : il faudra inciser les flancs de cette belle daurade avant de la griller ou de la rôtir.

LE COURT-BOUILLON

- Un poisson est dit cuit au court-bouillon quand il est entièrement baigné dans une cuisson liquide.
- On augmentera ou diminuera les proportions données ici suivant la grosseur du poisson et les dimensions de la poissonnière dans laquelle la ou les pièces de poisson seront mises à cuire. Verser dans l'eau le vinaigre, les oignons en rouelles, les échalotes émincées, le sel, le poivre, le clou de girofle et le bouquet garni. Faire bouillir 45 mn environ et laisser refroidir. Le court-bouillon est alors prêt pour cuire n'importe quel poisson, de 2 à 3 kg.
- Lors de la cuisson des poissons au court-bouillon, il faut éviter l'ébullition qui ferait éclater les chairs. Il faut retirer la poissonnière sur le côté du feu dès que l'ébullition se manifeste, et laisser le bouillon frémir seulement, durant un temps déterminé par la grosseur du poisson.
- Pour certains poissons fins (saumons, truites, bars...), on peut remplacer le vinaigre par une bouteille de vin blanc.
- Les gros poissons se mettent toujours à cuisson froide, sauf si la pièce, sans être avancée, est néanmoins dans un état qui nécessite une cuisson rapide. On verse dans ce cas le court-bouillon très chaud sur le poisson.
- Lorsqu'un poisson doit être présenté froid, il faut qu'il refroidisse presque complètement dans sa cuisson, pour éviter le dessèchement de la chair qui se produirait fatalement par l'évaporation. On laisse achever le complet refroidissement hors du court-bouillon en couvrant le poisson d'un linge mouillé.
- Pour les turbots et les barbues, le court-bouillon n'est composé que d'eau salée additionnée d'un citron pelé et coupé en tranches, ce qui a pour but de rendre plus blanche la chair de ces poissons. Quelques chefs remplacent le citron par un bon quart de litre de lait.

*6 litres d'eau. 1/4 de litre de vinaigre. 100 g d'oignons. 3 ou 4 échalotes.
1 bouquet garni. 1 clou de girofle.*

LA FRITURE

- C'est en général la friture d'huile qui est choisie pour le poisson parce que l'huile peut être chauffée à un très haut degré avant de brûler (300 degrés) et le poisson se trouve mieux saisi. Plus le poisson est petit, plus il faut le saisir et n'en pas mettre trop à la fois pour ne pas refroidir la friture ; lorsqu'il est un peu gros, le ciseler aussi comme pour la grillade. Servir la friture aussitôt terminée, mais bien égouttée, pour qu'elle soit bien croquante et dorée.
- Il convient de tremper auparavant les poissons, *quels qu'ils soient*, dans du lait froid salé et de les rouler ensuite dans la farine, ce qui constitue autour une sorte de pâte légère formant cuirasse, croquante et d'une belle couleur. Saler la friture en l'égouttant, la dresser sur serviette, présenter du citron en même temps et, si l'on veut, un bouquet de persil frit pour garnir.

• On trouvera aussi p. 43 la préparation de la panure à l'anglaise qui peut être employée pour faire frire des poissons tels que les merlans, les soles etc.

Bain de friture d'huile. 1 verre de lait. 100 g de farine. 2 citrons.
1 bouquet de persil.

LA GRILLADE

• Les poissons que l'on veut servir grillés (sur le gril, car souvent on les cuit au four tout en leur laissant la dénomination de grillés) doivent être farinés d'abord et badigeonnés d'huile avant d'être posés sur un gril chauffé d'avance. Si le poisson qui doit être grillé pèse plus de 150 g, il faut le ciseler, c'est-à-dire faire des incisions tout le long du poisson des deux côtés, pour faciliter la cuisson sans que la peau brûle. Ces ciselures font un demi-centimètre de profondeur. Tourner le poisson sur le gril quand il est cuit d'un côté et le badigeonner souvent d'huile ou de beurre fondu pendant sa cuisson. On peut griller des poissons entiers ou des tranches de gros poissons.

3 cuillerées à soupe de farine. 1 verre d'huile. 60 g de beurre.

À LA MEUNIÈRE

• Les poissons dits à la meunière doivent aussi être passés au lait et à la farine pour être cuits à la poêle à beurre très chaud plus ou moins à feu vif, suivant leur grosseur. Il faut aussi ciseler les pièces de 125 g et plus.
• Ce sont surtout les petits poissons, truites, soles, merlans, maquereaux et tous ceux de même genre, que l'on traite à la meunière ; la façon de les servir est indiquée dans les recettes les concernant. On peut aussi préparer de cette manière les tranches de gros poissons.

1 verre de lait. 3 cuillerées à soupe de farine. 125 g de beurre.

LE POCHAGE

• Par pochage on entend la cuisson qui s'opère avec très peu de liquide et sans ébullition prononcée. Le pochage est surtout appliqué pour la cuisson des soles, truites de rivière, turbotins ou pour les filets ou tranches de poisson.
• Lorsqu'il s'agit de poissons à chair blanche, il est bon de les faire dégorger d'avance à l'eau froide renouvelée, pour en évacuer le sang.
• On place le poisson ou les filets de poisson dans un plat à rôtir ou dans une sauteuse dont on a beurré le fond et sur lequel on a semé, suivant le cas, des échalotes et des oignons émincés. On assaisonne de sel et de poivre, on verse dessus vin blanc ou vin rouge, ou court-bouillon suivant le cas, on couvre d'un papier beurré et l'on met au four chaud. Il ne faut pas laisser bouillir. On arrose le poisson quelquefois si c'est nécessaire. Le vin est ensuite réduit et ajouté à la sauce.

2 oignons. 2 échalotes. 40 g de beurre. 2 verres de vin blanc ou rouge.

SAUCES ET FARCES DE POISSON

SAUCES CHAUDES

La plupart des sauces pour poissons sont faites avec la cuisson des poissons eux-mêmes et ne se préparent guère à l'avance, ainsi la sauce du homard à l'américaine, la sauce Newburg, la sauce vin blanc, la sauce Bercy, la sauce matelote, etc. Il y en a cependant un certain nombre qui peuvent se commencer d'avance et se terminer par l'adjonction de l'essence de poisson en dernier lieu. Ce sont celles-ci dont nous allons parler.

FUMET DE POISSON

Temps de cuisson, 20 mn

• Faire un court-bouillon pas trop abondant avec les arêtes, têtes et déchets de poissons, soit soles, merlans, colins, etc., mouillés au vin blanc, avec sel, poivre mignonnette et bouquet garni.

500 g d'arêtes et de têtes de poissons. 1,2 à 1,5 litre d'eau. 2 verres de vin blanc. 100 g d'oignon. 1 bouquet garni.

SAUCE ANCHOIS

Préparation et cuisson, 20 mn

• Peut se faire avec de la sauce hollandaise à laquelle on ajoute une purée d'anchois ou mieux quelques gouttes d'essence d'anchois ; ou avec de la sauce vin blanc ou béchamel, ou sauce blanche dite bâtarde.

Sauce hollandaise ou sauce béchamel ou sauce bâtarde. Filets d'anchois ou quelques gouttes d'essence d'anchois.

SAUCE AURORE

Temps de cuisson, 20 et 40 mn

• Cette sauce, délicieuse avec les œufs et les poissons, se fait en mélangeant une partie de sauce béchamel et une partie de sauce tomate, de manière à obtenir une sauce d'une belle couleur rosée, d'où son nom de sauce aurore.

1/4 de litre de sauce béchamel. 1/4 de litre de sauce tomate.

SAUCE BÂTARDE OU BLANCHE

Temps de cuisson, 20 mn

• C'est la simple sauce blanche ménagère, qui est très bonne quand elle est bien faite, mais n'est qu'une colle dans le cas contraire. Voici la bonne formule. Faire fondre 30 g de beurre, y mélanger la farine et aussitôt mouiller d'eau froide, saler, poivrer, mettre de suite un jaune d'œuf (ou 2) et remuer au fouet sur le feu jusqu'à l'ébullition. Au premier bouillon retirer et beurrer à volonté. Pour le poisson, ajouter en dernier du fumet très réduit.

80 g de beurre. 30 g de farine. 2 dl d'eau. 1 ou 2 jaunes d'œufs. Fumet de poisson.

SAUCE BÉARNAISE

• Faire réduire tout ensemble le vinaigre avec de l'échalote, du cerfeuil et de l'estragon hachés, et une prise de poivre. Quand le vinaigre est réduit à la valeur d'une cuillerée à café, le verser au travers d'un petit linge sur 2 jaunes d'œufs mis dans une très petite casserole avec une noisette de beurre et une pincée de sel. Mettre au bain-marie froid à feu doux et remuer ces jaunes au fouet jusqu'à ce qu'ils soient devenus crémeux comme une sauce ; à ce moment y ajouter par petites parties 150 g de beurre fin, toujours au fouet mais hors du feu dans le bain-marie. Terminer cette sauce avec une cuillerée à café de cerfeuil et d'estragon hachés finement.

Temps de cuisson, 1 h

2 cuillerées à soupe de vinaigre. 1 échalote. 2 cuillerées à café de cerfeuil haché. 2 cuillerées à café d'estragon haché. 2 jaunes d'œufs. 170 g de beurre.

SAUCE BÉCHAMEL

Pour 5 personnes

• C'est la classique sauce au lait. Faire un roux avec 40 g de beurre, 30 g de farine et un bon 1/4 de litre de lait, du sel, du poivre et de la muscade. Tenir la sauce un peu épaisse et la cuire à petit feu 15 mn. Au moment de s'en servir, la détendre avec de la cuisson de poisson et un peu de crème ou de beurre fin.

Temps de cuisson, 20 mn

40 g de beurre. 30 g de farine. Pointe de muscade. 1/4 de litre de lait. 30 g de crème fraîche.

SAUCE DITE BEURRE BLANC

• La région nantaise a la spécialité de ses brochets au beurre blanc. Faire réduire le vinaigre avec une échalote hachée (d'aucuns emploient du vin de Muscadet). Quand il n'en reste plus qu'une cuillerée à café, ôter l'échalote ; prendre et laver à l'eau courante un bon morceau de beurre fin, le travailler pour le ramollir en y mettant sel et poivre, puis le mélanger peu à peu dans la casserole avec le vinaigre réduit, tout en battant bien avec le fouet, pour que ce soit mousseux et en crème plutôt que fondu.

Temps de cuisson, 25 mn

50 cl de vinaigre ou de vin de Muscadet. 1 échalote. 40 g de beurre.

SAUCE À LA CANOTIÈRE

• Elle sert pour les poissons d'eau douce cuits au court-bouillon. Après avoir cuit les poissons dans un court-bouillon bien condimenté mais pas trop salé, en prendre une partie et le faire bien réduire, puis le lier avec un morceau de beurre manié (mélange à froid et à poids égal de beurre frais et de farine), pour obtenir une sauce crémeuse. Finir hors du feu avec beurre ou crème, une pointe

Temps de cuisson, 15 mn

de cayenne ou de paprika. Quelques petits champignons de prés ajoutés à cette sauce ne sont pas pour lui nuire.

Court-bouillon. 70 g de beurre. 50 g de farine. 20 g de crème. Pointe de cayenne ou de paprika. 150 g de champignons.

SAUCE AUX CÂPRES

Préparation, 15 mn

• Faire une sauce hollandaise ou simplement une sauce bâtarde et y ajouter des câpres au vinaigre.

SAUCE CARDINAL

Préparation, 30 mn

• Faire une sauce béchamel bien crémeuse et mettre dedans un beurre de homard (voir page 39) et un peu de crème.

SAUCE COLBERT OU BEURRE COLBERT

Préparation et cuisson, 15 mn

• C'est improprement qu'on l'appelle sauce ; c'est en somme un beurre maître d'hôtel. Il suffit de mélanger dans 100 g de beurre un peu mou une cuillerée à café de glace de viande fondue mais froide, puis du persil et de l'estragon hachés, du jus de citron, sel et poivre. Le mélange se fait dans une assiette, de façon que le beurre ne soit pas fondu mais reste en pommade.
• On le sert avec les grillades et les poissons à la Colbert. La glace de viande peut être remplacée par un extrait de viande que l'on trouve dans le commerce.

100 g de beurre fin. 1 cuillerée à café de glace de viande. 1 cuillerée à café de persil haché. 1 cuillerée à café d'estragon haché. 1 citron.

Fumet de poisson, recette p. 26

Sauce aux câpres

Sauce curry, indienne ou créole

SAUCE CREVETTES

• Sauce béchamel avec un beurre de crevettes incorporé (voir page 38).

Préparation, 30 mn

SAUCE CURRY, OU INDIENNE, OU CRÉOLE

• Répond indifféremment à ces trois dénominations. Faire blondir au beurre (sans colorer) l'oignon haché, le poudrer avec le curry, puis mouiller avec le fumet de poisson. Cuire 20 mn et lier avec la sauce béchamel, puis la crème ; assaisonner à point sans poivre, le curry contenant du cayenne. Cuire encore un peu et passer la sauce pour éliminer l'oignon. La beurrer et servir soit sur le poisson, soit à part. Préparer en même temps obligatoirement du riz créole (voir page 262).

Temps de cuisson, 20 à 25 mn

80 g de beurre. 2 cuillerées à soupe d'oignon haché. 1/2 cuillerée à café de poudre de curry. 2 dl de fumet de poisson. 2 dl de sauce béchamel. 1 tasse à café de crème.

SAUCE FINES HERBES

• Préparer une sauce vin blanc (voir page 32). Y ajouter une forte pincée de persil, cerfeuil, estragon hachés très fins, ainsi qu'une échalote hachée très finement et cuite 5 mn à l'eau puis égouttée.

Préparation et cuisson, 35 mn

SAUCE GÉNOISE (OU GENEVOISE)

Préparation et cuisson, 35 mn

• Cette sauce se sert spécialement, ou presque, avec le saumon ou la truite. Faire rissoler un peu d'oignon, de carotte et d'échalote coupés en petits dés fins, puis ajouter une tête de saumon ou de truite crue, qu'il faut absolument se procurer grossièrement coupée. Faire encore revenir un peu avec persil, thym et laurier ; puis mouiller avec un quart de bouteille de vin rouge, et faire réduire de moitié au moins. Ensuite mettre l'eau nécessaire à la quantité de sauce souhaitée (ou du court-bouillon de saumon s'il n'est pas trop vinaigré). Cuire avec sel et poivre, un peu d'essence d'anchois ou 4 anchois dessalés et pilés. Lier la sauce d'un fort morceau de beurre manié de farine (voir page 39) et la brunir avec du caramel ou de la glace de viande. Goûter et passer ; servir à part avec le poisson bouilli.

2 oignons. 1 carotte. 1 échalote. 1 tête de saumon ou de truite crue. 1 bouquet de persil. 1 branche de thym. 2 feuilles de laurier. 2 dl de vin rouge. Court-bouillon de saumon. Essence d'anchois ou 4 anchois. 70 g de beurre. 70 g de farine. Caramel ou glace de viande.

SAUCE AU GRATIN DE CHAMPIGNONS

Préparation et cuisson, 35 mn

- Faire revenir au beurre les champignons finement hachés. Quand ils rissolent, y jeter une cuillerée à café d'échalote hachée, une pincée de persil, donner un tour de feu, mouiller de vin blanc et laisser réduire de moitié. Ajouter alors la cuisson des soles ou autres poissons en préparation, lier d'un peu de beurre manié de farine (voir page 39). Ajouter la purée de tomates, sel, poivre, et verser sur le poisson mis en plat à gratin. Parsemer de mie de pain en chapelure et faire gratiner.
- Quelquefois on fait la sauce et on la verse sur le poisson cru qui cuit ainsi en gratinant, surtout sur des poissons en filets ou très plats.

60 g de beurre. 125 g de champignons. 1 échalote. 1 cuillerée à café de persil. 1/2 verre de vin blanc. 30 g de farine. 1 cuillerée à soupe de purée de tomates. 50 g de mie de pain.

SAUCE HOLLANDAISE

Temps de cuisson, 15 mn

- Procéder comme pour la sauce béarnaise, mais sans échalote ni fines herbes. Faire réduire vinaigre et poivre moulu, ajouter les jaunes, les prendre au bain-marie et monter au beurre ensuite. Il faut bien surveiller l'eau du bain-marie qui ne doit pas dépasser 60 degrés, autrement les jaunes cuiraient comme des œufs brouillés. Dès que l'on ne peut plus tenir les doigts dedans, retirer le bain du feu.

2 cuillerées à soupe de vinaigre. 2 jaunes d'œufs. 1 cuillerée à café d'eau. 200 g de beurre.

SAUCE MORNAY

Temps de cuisson, 25 mn

- Faire la sauce béchamel (voir page 27), la lier d'un jaune d'œuf, lui ajouter le vin blanc de la cuisson du poisson poché et 50 à 60 g de gruyère râpé. Verser sur les filets de poisson, saupoudrer de fromage râpé et faire gratiner.

SAUCE MOUSSELINE

• C'est exactement la sauce hollandaise à laquelle on mélange au tout dernier moment quelques cuillerées de crème fouettée ferme (une cuillerée par jaune d'œuf employé).

Préparation et cuisson, 20 mn

SAUCE MOUTARDE

• Faire une sauce bâtarde ou une sauce hollandaise et y mêler la moutarde. On peut aussi employer de la moutarde anglaise en poudre.

Préparation, 25 mn

SAUCE NANTUA

• Sauce béchamel avec un beurre d'écrevisses incorporé (voir page 38).

Préparation, 30 mn

SAUCE AUX ŒUFS (EGGS SAUCE)

• Faire une sauce béchamel bien crémeuse, bien relevée, y mélanger un œuf dur haché assez finement et un peu de persil haché.
• Se sert avec le poisson bouilli ; souvent avec la morue.

Préparation, 25 mn

SAUCE PERSIL

• Sauce béchamel bien additionnée de persil haché, et cuite quelques minutes avec ce persil.
• Les gros maquereaux bouillis sont souvent servis avec cette sauce ; il faut alors une forte pincée de queues de persil dans leur court-bouillon.

Temps de cuisson, 20 mn

SAUCE SOUBISE

• Faire cuire à l'eau salée les oignons émincés, les égoutter, les presser et ressuyer au beurre. Les mélanger à une sauce béchamel assez épaisse (l'oignon la liquéfie). Bien relever, laisser cuire 10 mn, et passer le tout au tamis fin. Assaisonner et beurrer.
• Se sert généralement avec des poissons grillés sans fumet de poisson dedans, et surtout avec des quenelles ou des côtelettes de poisson.

Temps de cuisson, 35 mn

SAUCE TOMATE

• Faire revenir 100 g d'oignon, carotte, échalote, en parties égales et en petits dés fins, puis poudrer de farine.
• Cuire un instant et ajouter les tomates, soit fraîches et écrasées, soit l'équivalent de purée conservée. Verser un verre de bouillon ou d'eau ; mettre du sel,

Temps de cuisson, 40 mn

du poivre, un bouquet garni. Remuer jusqu'à ébullition et laisser cuire doucement 30 mn. Passer au tamis fin et beurrer. Éclaircir s'il le faut avec du fumet de poisson ou de l'eau.

2 oignons. 1 carotte. 2 échalotes. 1/2 cuillerée à soupe de farine. 500 g de tomates ou de purée de tomates. 1 verre de bouillon. 1 bouquet garni. 50 g de beurre.

SAUCE VÉNITIENNE OU CHIVRY

Temps de cuisson, 25 mn

- Faire d'abord la sauce vin blanc ci-dessous, puis faire réduire en casserole un verre à madère de vinaigre à l'estragon avec de l'échalote hachée.
- Quand il ne reste plus que 2 cuillerées à café de vinaigre, le passer dans la sauce et ajouter encore de la purée d'épinards, cerfeuil et estragon pour que la sauce soit verdie.
- Mettre encore un peu d'estragon et de cerfeuil hachés.

Sauce vin blanc. 1 verre à madère de vinaigre à l'estragon. 1 échalote. 1 cuillerée à soupe de purée d'épinards. 2 cuillerées à café de cerfeuil. 2 cuillerées à café d'estragon.

SAUCE VIN BLANC FINE

Temps de cuisson, 25 mn

- Si l'on veut servir une sauce de grande classe et, pour cela, ne pas regarder à la dépense, on la prépare ainsi.
- Faire réduire le vin blanc de cuisson du poisson ou le fumet jusqu'à ce qu'il n'en reste qu'une cuillerée à soupe environ ; le mettre dans une petite casserole, avec une noisette de beurre et les jaunes d'œufs et tourner au fouet au bain-marie à 60 ou 70 degrés jusqu'à ce que les jaunes soient pochés et forment une crème épaisse.
- Ajouter alors, peu à peu, du beurre fin jusqu'à 200 g environ. On retrouve ce principe pour la sauce hollandaise, mais avec le fumet de poisson concentré. On obtient la sauce la plus onctueuse qui soit.
- La seconde méthode qui suit est moins onéreuse.

Vin blanc de cuisson. 220 g de beurre. 3 jaunes d'œufs.

SAUCE VIN BLANC (MÉTHODE ÉCONOMIQUE)

Temps de cuisson, 20 mn

- Faire une sauce bâtarde (voir page 26), la lier avec 2 jaunes au lieu d'un et la tenir un peu trop épaisse, parce qu'on ajoute toujours le vin blanc de cuisson du poisson poché ; ce vin doit être bien réduit pour qu'il ne sente pas le vin chaud. Bien beurrer la sauce hors du feu.

À droite : sauce tomate, recette p. 31

SAUCES FROIDES

AÏOLI

Préparation, 15 mn

• C'est le type de la mayonnaise à l'ail. Piler finement au mortier l'ail, assaisonner de poivre et de sel. Ajouter le jaune d'œuf et verser l'huile d'olive goutte à goutte d'abord, puis à petit filet, tout en tournant avec le pilon, en alternant de temps en temps avec quelques gouttes de jus de citron.

• Terminer en incorporant une cuillerée à café d'eau tiède pour empêcher la sauce de se décomposer.

• L'aïoli se sert dans un ravier ou un plat en même temps qu'un assortiment aussi varié que possible de légumes, poissons, viandes : par exemple de la morue, du poulpe, des bigorneaux, des escargots, des poissons blancs, des carottes, des haricots verts, des topinambours, des pommes de terre, des petits pois, des œufs durs, et parfois aussi des restes de viande froide. C'est une spécialité provençale.

4 gousses d'ail. 1 jaune d'œuf. 3 dl d'huile d'olive. 1 citron.

GELÉE MAIGRE DE POISSON

Temps de cuisson, 2 h

• Peu employée, elle doit tout de même être mentionnée ici. Elle peut parfois servir à accompagner un poisson pendant le carême ou un jour maigre, lorsque l'on veut observer strictement les prescriptions religieuses.

• Il faut faire un bouillon très chargé en poisson avec arêtes et têtes, etc. Tous ne sont pas gélatineux – le colin l'est très peu. La gelée ne tiendra pas aussi bien que celle faite avec de la viande. On est obligé alors, en la clarifiant, de mettre de la gélatine.

• Cette gelée maigre est généralement additionnée de vin blanc, de fines herbes, d'estragon. Elle se clarifie comme l'autre en la fouettant sur le feu avec les blancs d'œufs.

• Quand elle bout, on la passe à la serviette. Comme elle est pâle, on peut y mettre une goutte de caramel.

1,5 litre d'eau. 750 g d'arêtes et têtes de poisson pour 1/2 litre de gelée.
1 ou 2 feuilles de gélatine. 1 verre de vin blanc. 1 cuillerée à café de fines herbes.
1 cuillerée à café d'estragon. 2 blancs d'œufs. 1 goutte de caramel.

SAUCE CHANTILLY FROIDE

Préparation, 10 mn

• C'est une mayonnaise très épaisse faite avec du jus de citron au lieu de vinaigre. Ajouter au dernier moment la crème fouettée.

• Se sert avec des poissons froids ou avec des asperges froides ou tièdes.

SAUCE GRIBICHE

Préparation, 15 mn

• Passer les jaunes d'œufs durs au tamis, ajouter moutarde, sel et poivre, puis délayer le tout comme une vinaigrette avec huile et vinaigre. Mettre des fines herbes et des cornichons hachés et ajouter des blancs d'œufs durs taillés en filets fins.
• Se sert avec des poissons grillés ou rôtis au four.

3 œufs durs. 1 cuillerée à soupe de moutarde. 2 cuillerées à soupe de vinaigre. 6 cuillerées à soupe d'huile. 1 cuillerée à soupe de fines herbes. Quelques cornichons.

SAUCE MAYONNAISE

Préparation, 10 mn

• Mettre les jaunes d'œufs dans un bol ou une terrine à fond rond. Ajouter de suite et *sans remuer* une bonne pincée de sel fin, un peu de poivre et le vinaigre. À ce moment seulement, tourner vivement avec un petit fouet en fil de fer (indispensable), et faire tomber l'huile en un tout mince filet au début, jusqu'à ce que la sauce commence à se lier.
• Mettre alors l'huile un peu plus vite jusqu'à concurrence de 3 ou 4 décilitres au maximum ; il faut en effet 5 jaunes d'œufs pour absorber un litre d'huile.
• Contrairement à une routine ménagère, il n'est pas indispensable de tourner dans le même sens, ni d'avoir de la glace ou d'être placé dans un courant d'air. Mais il faut : un fouet ; de l'huile qui ne soit pas figée, mieux vaudrait qu'elle fût chaude ; verser l'huile presque goutte à goutte au début et très vite quand la sauce commence à prendre ; ne pas trop dépasser la dose d'huile pour ne pas sursaturer les jaunes au-delà de leur faculté d'absorption.
• Si toutefois on fait décomposer la sauce, point n'est besoin d'user de nouveaux jaunes d'œufs ; il suffit de mettre dans une autre terrine une cuillerée d'eau bouillante et de reprendre la sauce goutte à goutte sur cette eau, toujours au fouet.

2 jaunes d'œufs. 1 cuillerée à café de vinaigre. 3 à 5 dl d'huile.

SAUCE RAVIGOTE OU VINAIGRETTE

Préparation, 15 mn

• Délayer en terrine l'huile et le vinaigre. Ajouter sel, poivre, fines herbes et oignon hachés finement. Bien remuer le tout avant de servir pour que le vinaigre, plus lourd que l'huile, ne reste pas au fond.
• Se sert avec la tête de veau et les poissons froids.

2 dl d'huile. 50 cl de vinaigre. 1 cuillerée à soupe de fines herbes. 1/2 cuillerée à soupe d'oignon.

Sauce tartare

SAUCE RÉMOULADE

Préparation, 15 mn

• Mayonnaise moutardée. On ajoutera par quart de litre de sauce 2 cuillerées à soupe de câpres, cornichons et fines herbes, le tout haché très finement et bien pressé dans un linge pour en extraire le liquide qui ramollirait la sauce.

2 jaunes d'œufs. 1 cuillerée à café de vinaigre. 3 à 5 dl d'huile. 2 cuillerées à soupe de câpres, de cornichons et de fines herbes hachés.

SAUCE TARTARE

Préparation, 15 mn

• Procéder comme pour la rémoulade, mais faire la mayonnaise avec 2 jaunes d'œufs durs et 2 jaunes crus. Ajouter les mêmes fines herbes et ingrédients que pour la rémoulade.

2 jaunes d'œufs durs et 2 jaunes d'œufs crus. 1 cuillerée à café de vinaigre. 3 à 5 dl d'huile. 2 cuillerées à soupe de câpres, de cornichons et de fines herbes hachés.

SAUCE VERTE

Préparation, 20 mn

• Ajouter à la mayonnaise très serrée une purée de fines herbes obtenue en faisant blanchir à l'eau salée un mélange de cerfeuil, d'estragon, d'épinards et de cresson passés au tamis très fin.

À droite : aïoli, recette p. 34

BEURRES COMPOSÉS

BEURRE D'ANCHOIS

Préparation, 10 mn

- Piler les anchois dessalés et les mélanger avec le beurre. Passer au tamis fin.

4 filets d'anchois. 100 g de beurre.

BEURRE COLBERT

Préparation, 15 mn

- C'est en somme un beurre maître d'hôtel. Il suffit de mélanger dans du beurre fin un peu mou la glace de viande fondue mais froide, puis du persil et de l'estragon hachés, du jus de citron, sel et poivre.
- Le mélange se fait dans une assiette, afin que le beurre ne soit pas fondu, mais reste en pommade.
- On le sert avec les grillades et les poissons à la Colbert.
- La glace de viande peut être remplacée par un extrait de viande que l'on trouve dans le commerce.

100 g de beurre. 1 cuillerée à soupe de glace de viande fondue.
1 cuillerée à café de persil haché. 1 cuillerée à café d'estragon haché. 1 citron.

BEURRE DE CREVETTES

Préparation, 10 mn

- Incorporer dans le beurre des crevettes roses ou grises ou simplement des épluchures.

60 g de crevettes roses ou grises. 100 g de beurre.

BEURRE D'ÉCREVISSES

Temps de cuisson, 30 mn

- Procéder de même avec les carapaces d'une douzaine d'écrevisses : la sauce prend le nom de sauce Nantua ou nantuatienne.
- On peut obtenir ce beurre beaucoup plus colorant en le faisant cuire longuement au bain-marie après pilage au lieu de le passer au tamis. Quand il est devenu bien clair, on le passe à travers une passoire fine au-dessus d'eau glacée, de sorte que le beurre se fige sur l'eau et les impuretés tombent au fond ; il n'y a qu'à éponger ce beurre et le mettre dans la sauce.
- On obtient aussi une sauce Cardinal plus rouge en passant au tamis très fin des œufs crus de homard (pas de langouste). Le liquide verdâtre obtenu devient rouge écarlate dans la sauce chaude.

Carapaces d'une douzaine d'écrevisses. 100 g de beurre.

BEURRE POUR LES ESCARGOTS

• Mélanger le beurre, les gousses d'ail écrasées, le persil et la mie de pain rassis émiettée finement, du sel, du poivre. Le pain peut être supprimé, il ne joue ici qu'un rôle économique.

Préparation, 15 mn

250 g de beurre. 2 gousses d'ail. 2 cuillerées à soupe de persil haché. 50 g de mie de pain rassis.

BEURRE D'ESTRAGON

• Piler une forte quantité de feuilles d'estragon préalablement blanchies 1 mn à l'eau bouillante. Égoutter, presser et mélanger avec du beurre ramolli. Passer au tamis très fin.

Préparation, 20 mn

100 g de beurre. 1 bouquet d'estragon.

BEURRE DE HOMARD

• Piler finement de la carapace de homard bien rouge avec le beurre, puis passer au tamis très fin.

• En mettant ce beurre qui est devenu rouge dans la sauce béchamel, on obtient la sauce Cardinal.

Préparation, 15 mn

100 g de beurre. 250 g de carapaces et débris de homards.

BEURRE MAÎTRE D'HÔTEL

• Malaxer le beurre ramolli avec le jus de citron, sel, poivre et persil haché.

Préparation, 15 mn

100 g de beurre. 1/2 citron. 1 cuillerée à café de persil haché.

BEURRE MANIÉ

• Pétrir à froid un morceau de beurre avec de la farine, poids pour poids. On l'utilise pour lier et épaissir une sauce.

Préparation, 15 mn

20 g de beurre. 20 g de farine.

BEURRE DE MONTPELLIER

• Faire blanchir une poignée de cresson, d'épinards et de fines herbes assorties, ainsi que des échalotes hachées.

• Les égoutter, rafraîchir, presser et piler en ajoutant des cornichons, des câpres et des anchois.

Préparation, 25 mn

Beurre d'anchoi[s]
recette p. 38

• En faire une purée, ajouter les jaunes d'œufs durs, les jaunes d'œufs crus et le beurre. Incorporer peu à peu l'huile et passer le tout au tamis fin. Bien relever l'assaisonnement et réserver au frais.
• Ce beurre sert à décorer les poissons froids, mais n'est plus beaucoup employé en dehors de la grande cuisine.

Quelques feuilles de cresson et d'épinards. Fines herbes. 2 échalotes. 2 cornichons. 1 cuillerée de câpres. 4 filets d'anchois. 2 jaunes d'œufs durs. 2 jaunes d'œufs crus. 200 g de beurre. 1 dl d'huile.

BEURRE DE MOUTARDE

Préparation, 10 mn

• Mélanger la moutarde avec du sel et du poivre moulu dans le beurre ramolli.

1 cuillerée à soupe de moutarde. 125 g de beurre.

FARCES DE POISSON

Sans entrer dans les arcanes de la haute cuisine, il est nécessaire d'indiquer les quelques farces qu'il faut connaître soit pour farcir certains poissons, soit pour faire des quenelles ou des pâtés de poisson. Nous devons donc y consacrer une petite documentation que voici.

La farce est une sorte de purée de poisson, alliée avec une panade, qui lui donne la consistance nécessaire, et avec des œufs, de la crème, etc. Il faut en général un mortier pour le pilage, mais à défaut de mortier on peut se contenter de passer la chair du poisson au tamis ; dans ce cas, il faut bien la travailler à la spatule pour lui donner du corps.

FARCE MOUSSELINE

Préparation, 25 mn

• Cette farce est plus fine que celle à la panade ; elle sert surtout pour farcir les poissons, pour faire les mousselines, les zéphirs (voir page 75) et peut également être utilisée pour les quenelles.

• Elle est seulement composée de chair de poisson, de blanc d'œuf et de crème. Piler la chair de poisson, saler, poivrer, épicer, puis mouiller avec un blanc d'œuf nature.

Farce mousseline

• Passer au tamis fin et relever cette purée dans une petite casserole que l'on enfouit dans un peu de glace pilée (indispensable). Avec une spatule, travailler énergiquement le poisson tout en lui incorporant, pas trop vite, la crème épaisse bien fraîche, une cuillerée à café à la fois. Essayer ensuite la farce en faisant pocher un petit morceau, et la modifier s'il le faut par un peu de crème si elle est trop dure, ou un peu de blanc d'œuf si elle ne tient pas assez.

250 g de chair crue de poisson (brochet, merlan, colin, saumon ou autre) ou même de crustacé. 1 blanc d'œuf. 250 g de crème fraîche. Glace pilée.

FARCE À PÂTÉS DE POISSON

Préparation, 25 mn

Pour 8 personnes

• Piler la chair crue de poisson bien épluchée. Ajouter un œuf entier et la panade aux œufs (voir page 43). Passer au tamis de fer.
• Cette farce sert beaucoup pendant le carême pour faire les pâtés de saumon (voir page 54) et diverses entrées chaudes ou froides.

125 g de chair crue de poisson (colin, brochet ou saumon). 1 œuf. 100 g de panade aux œufs.

FARCE POUR MOUSSE

• Procéder comme ci-dessus mais avec du poisson cuit. Il faut donc un peu moins d'assaisonnement et un œuf de plus puisque la chair cuite a moins de consistance.

125 g de chair de poisson cuit (colin, brochet ou saumon). 2 œufs. 100 g de panade aux œufs.

FARCE POUR PAINS DE POISSON

Temps de cuisson, 25 à 30 mn

• Piler la chair de poisson, assaisonner de sel, poivre, épices, muscade et y mélanger la sauce béchamel épaisse et bien froide, puis 2 œufs entiers ou 4 jaunes. Passer au tamis et cuire en moule beurré au bain-marie 25 à 30 mn. Servir chaud avec une sauce à poisson.

250 g de chair de poisson. Pointe de muscade. 2 dl de sauce béchamel. 2 œufs entiers ou 4 jaunes d'œufs. 20 g de beurre.

FARCE À QUENELLES DE POISSON

Préparation, 20 mn

• Piler la chair de poisson, soit du brochet qui est le type qui convient le mieux, soit du merlan, du colin, voire du saumon. Quand le poisson est en purée, l'assaisonner avec sel, poivre et épices. Puis y mélanger la panade au lait et le beurre. Quand tout est bien mélangé, ajouter l'œuf entier, le jaune d'œuf et la crème épaisse et passer cette farce au tamis de fer. Bien la travailler à la spatule et en faire pocher un petit morceau dans de l'eau bouillante pour s'assurer de sa consistance. Si toutefois elle ne se tenait pas, que la farce s'écrase en appuyant dessus, on remettrait un jaune ou un œuf. La tenir au frais jusqu'à l'emploi.

150 g de chair de poisson. 75 g de panade au lait. 60 g de beurre. 1 œuf entier. 1 jaune d'œuf. 1 cuillerée à soupe de crème épaisse.

FARCE ZÉPHIR

Préparation, 25 mn

• À la farce ci-dessus ajouter en dernier lieu la crème fouettée très ferme et la tenir un peu plus relevée, cette crème l'affadissant.

Farce à quenelles. 100 g de crème fouettée.

PANADE AU LAIT

Temps de cuisson, 8 à 12 mn

• Faire bouillir le lait avec une noix de beurre, du sel, du poivre et de la muscade râpée. Puis y délayer la farine à la spatule. Cette pâte doit être épaisse : on la dessèche sur le feu quelques minutes. L'étaler sur une assiette avec un papier beurré dessus pour éviter la formation d'une croûte.

1 tasse à thé de lait. 30 g de beurre. Pointe de muscade. 100 g de farine.

PANADE AUX ŒUFS

Temps de cuisson, 8 à 12 mn

• Délayer à la cuillère, dans une casserole, la farine, un œuf, du sel, du poivre et de la muscade, avec le lait et une noix de beurre. Cuire un instant en remuant et faire refroidir comme ci-dessus.
• Cette panade est surtout réservée pour les quenelles lyonnaises et les pâtés de poisson.

100 g de farine. 1 œuf. Pointe de muscade. 2 dl de lait. 30 g de beurre.

PANURE À L'ANGLAISE

• Il est souvent question de poissons panés à l'anglaise, en voici la préparation. Il s'agit d'œuf et d'huile battus ensemble. Y tremper le poisson à paner après l'avoir fariné, puis le retirer, le passer dans les mains pour répartir le mélange et le rouler dans la mie de pain pulvérisée.
• Lorsqu'il s'agit de paner à l'anglaise des poissons (merlans, soles, etc.), il faut auparavant passer le poisson au lait salé et le rouler dans la farine avant de le passer à l'œuf et à la chapelure.

3 cuillerées à soupe de lait. 1 cuillerée à soupe de farine. 3 cuillerées à soupe d'huile. 1 œuf. 3 cuillerées à soupe de mie de pain.

HORS-D'ŒUVRE DE POISSON

HORS-D'ŒUVRE FROIDS

Parmi la grande quantité de hors-d'œuvre que l'on a l'habitude de servir, il en est de nombreux composés de poisson où dans lesquels le poisson est associé. C'est souvent une manière économique et agréable d'utiliser un petit reste de la veille en y ajoutant des œufs, des légumes ou des salades. Ce chapitre présente une grande variété de ces hors-d'œuvre de poisson.

LES ANCHOIS

• On peut acheter les anchois soit au sel, soit en flacons ou en boîtes, à l'huile, tout préparés. Lorsqu'ils sont au sel, on les fait tremper une nuit à l'eau froide, puis on les essuie, on détache les filets et on les fait mariner à l'huile.
• On peut les dresser de nombreuses façons comme on le verra ci-dessous.

ANCHOIS EN ANNEAUX

Préparation, 10 mn

• Garnir le fond d'un ravier de minces rondelles d'œufs durs. Façonner des anneaux en roulant chaque filet d'anchois autour de l'index et les déposer sur les œufs.
• Remplir le creux de ces anneaux soit d'une petite rosace de beurre frais, soit d'une olive dénoyautée, soit de câpres. Arroser d'huile.

6 œufs durs. 12 filets d'anchois. 40 g de beurre. 12 olives ou 36 câpres. 3 cuillerées à soupe d'huile.

ANCHOIS CÔTE D'AZUR

Préparation, 10 mn

• Dresser les filets d'anchois sur une fine salade de pommes de terre, en les tournant en anneaux avec une petite olive noire dénoyautée au centre, puis border le ravier avec du blanc et du jaune d'œufs durs hachés. Arroser d'huile ces œufs et parsemer d'un peu de fines herbes.

500 g de pommes de terre. 12 filets d'anchois. 12 olives noires dénoyautées. 6 œufs durs. 3 cuillerées à soupe d'huile. 2 cuillerées à soupe de fines herbes.

ANCHOIS NÎMOISE

Préparation, 10 mn

• Disposer les filets en quadrillage dans le ravier, les parsemer de jaune d'œuf dur haché, arroser d'huile et border le ravier de betterave en demi-lunes très minces.

12 filets d'anchois. 6 œufs durs. 3 cuillerées à soupe d'huile. 1 betterave.

ANCHOIS DE NORVÈGE

• Ces anchois, dits kilkis, se vendent tout prêts en petits barils et marinés ; très fortement poivrés ils ne plaisent pas à tout le monde. Il faut du beurre avec.

ANCHOÏADE

Plat régional

Préparation, 10 à 15 mn

• Ce plat est spécifiquement provençal ; il s'agit d'un hors-d'œuvre bien propre à ouvrir l'appétit et... la soif.

• Couper des lames de pain comme des canapés, les arroser d'huile et faire griller, mais très légèrement. Écraser 6 ou 8 anchois, bien dessalés et désossés, avec une gousse d'ail broyée, 4 cuillerées d'huile d'olive, un léger filet de vinaigre et du poivre moulu, le tout constituant une petite purée légère avec laquelle on tartine les canapés. Les passer quelques instants à four bien chaud et servir.

ASPIC DE HOMARD OU LANGOUSTE

Pâtés et timbales de poisson

Préparation, 20 mn

• Chemiser un moule à douille avec une bonne gelée. Décorer le fond avec des lames de truffes alternées de rondelles de blanc d'œuf dur. Disposer dessus de belles tranches de queues de homards décorées de truffes et placées debout contre le moule. Recouvrir de gelée bien froide, mais liquide, et laisser prendre sur glace. Remettre par-dessus cette première couche une seconde rangée de tranches de homard, la recouvrir de gelée et laisser encore sur glace. Procéder ainsi par étage jusqu'à ce que le moule soit plein et tenir dans la glace jusqu'au dernier moment.

• Pour démouler, passer vivement le moule à l'eau chaude et le retourner sur un plat rond garni d'une serviette ; secouer pour décoller l'aspic. Servir tel quel.

1/2 litre de gelée. 6 truffes. 6 œufs durs. 3 queues de homards.

ASPIC DE FILETS DE SOLE EN BELLEVUE

Plat froid

Temps de cuisson, 10 mn

• Faire 200 g de farce fine de poisson avec 2 merlans ou un petit brocheton, et bien la battre sur glace en y ajoutant 2 cuillerées de crème. Prendre les filets de 2 soles de 300 g chacune, pas plus, bien blancs, lavés et épongés, et les farcir de cette farce colorée légèrement avec quelques gouttes de carmin. Les rouler sur eux-mêmes en paupiettes, et les y maintenir d'un tour de fil. Les ranger en casserole, les couvrir avec les arêtes et les mouiller d'un verre de vin blanc. Cuire au four 15 mn sans bouillir puis laisser refroidir.

• Chemiser un moule à aspic avec une bonne gelée, non colorée, puis couper les filets de sole en tranches par le travers, pour obtenir de jolies rondelles où la farce rose se détache sur la chair blanche des soles. Appliquer ces rondelles debout le long des parois du moule, tout autour. Garnir derrière ces rondelles avec des crevettes épluchées. Recouvrir de gelée presque prise cette première rangée et laisser prendre, puis recommencer de même une seconde rangée, qui s'appuiera sur la partie prise ; si le moule est assez haut on fait 3 rangées, mais l'une après l'autre.

• Bien recouvrir et remplir de gelée mi-prise. Tenir dans la glace puis démouler sur un plat garni d'une serviette. Décorer le dessus avec quelques belles crevettes piquées et servir une mayonnaise très relevée à part.

BARQUETTES DE THON

Préparation, 15 mn

• Écraser le thon avec le beurre et l'huile d'olive. Bien assaisonner et travailler cette crème de thon. L'utiliser pour garnir en dôme des petites barquettes fines, cuites d'avance et bien froides. Placer sur le dessus une mince lanière de filet d'anchois partageant la crème de thon dans le sens de la longueur et disposer une câpre de chaque côté.

• On peut remplacer les barquettes par des blancs d'œufs durs coupés dans la longueur et vidés de leur jaune.

80 g de thon à l'huile. 40 g de beurre. 2 cuillerées à soupe d'huile d'olive. 6 barquettes en pâte brisée ou 3 œufs durs. 6 filets d'anchois. 12 câpres.

BIGORNEAUX

Cuisson, 2 mn

• On les cuit comme les moules, avec deux ou trois bouillons, et on les sert tels quels.

CANAPÉS AUX ANCHOIS

Temps de cuisson, 2 à 3 mn

• Tailler dans un pain de mie de la veille des tranches rectangulaires de 4 cm de largeur sur 6 à 7 de longueur et 1 cm d'épaisseur. C'est le format habituel de ce qu'on appelle des canapés. Les faire frire à l'huile d'olive brûlante pour bien

Canapés de caviar à la russe

Filets de hareng marinés, recette p. 51

dorer et les griller tout en conservant l'intérieur moelleux. Étaler une couche de beurre d'anchois (voir page 38) sur les canapés refroidis, puis faire adhérer au bord de chacun du blanc d'œuf dur haché d'un côté, du jaune d'œuf dur haché de l'autre et du persil aux extrémités. Sur le milieu, qui reste nettement tartiné de beurre d'anchois, disposer en X deux petits filets d'anchois à l'huile.

CANAPÉS DE CAVIAR À LA RUSSE

Préparation, 10 mn

- Tartiner de bon beurre frais légèrement salé des canapés ronds, ni grillés ni frits (de préférence de pain de seigle). Étaler du caviar légèrement détendu avec du jus de citron. Poser une lamelle de citron pelé sur chacun.

CANAPÉS JOINVILLE

Temps de cuisson, 2 à 3 mn

- Avec du beurre de crevettes, tartiner des canapés ronds, frits au beurre et non à l'huile. Rouler le tout dans du jaune d'œuf dur haché. Disposer des queues de crevettes en rosace avec une très petite coquille de beurre au centre.

CANAPÉS À L'OSTENDAISE

Temps de cuisson, 2 à 3 mn

- Frire au beurre des canapés ronds. Les tartiner de beurre de moutarde (voir page 40) et de sel fin. Placer au milieu de chacun une belle huître pochée, refroidie et trempée dans une sauce mayonnaise moutardée. Entourer de jaunes d'œufs durs hachés.

CANAPÉS DE SARDINES

Temps de cuisson, 2 à 3 mn

• Procéder comme pour les canapés aux anchois, en remplaçant ces derniers par des filets de sardines et le beurre d'anchois par du beurre de sardines. Poser au centre une mince rondelle de citron pelé.

CLOVISSES ET COQUILLAGES

• On les gobe comme les huîtres, mais il est bon de s'assurer qu'ils ne contiennent pas de sable, auquel cas il faut les rincer.
• À Marseille, on sert en hors-d'œuvre de très grosses moules qui se mangent crues comme les huîtres.

CLOVISSES EN MAYONNAISE

Temps de cuisson, 2 mn

• Il faut les faire ouvrir sur le feu, les sortir de la coquille et les laver. Une fois bien égouttées et épongées, lier les chairs avec une petite quantité de mayonnaise très relevée au paprika et un peu clairette.

COQUILLES DE LANGOUSTE

Préparation, 10 mn

Restes de poisson

• Procéder comme pour les coquilles de saumon à la parisienne ci-dessous.
• Dans toutes ces préparations, on peut employer du saumon de conserve ou du homard.

COQUILLES DE SAUMON À LA PARISIENNE

Préparation, 10 mn

Restes de poisson

• Garnir le fond de coquilles de Saint-Jacques avec un peu de laitue émincée. Disposer dessus du saumon cuit épluché.
• Napper de mayonnaise serrée et décorer avec un œuf dur haché et une pincée de câpres.

6 coquilles de Saint-Jacques. Quelques feuilles de laitue. 350 g de saumon cuit. 1 tasse de mayonnaise. 1 œuf dur. 50 g de câpres.

ÉPERLANS ET ÉQUILLES MARINÉS

Temps de cuisson, 5 mn

• Fariner et cuire les poissons à l'huile brûlante, dans un plat à feu. Verser dessus un court-bouillon de vin blanc, vinaigre, échalotes émincées, sel, poivre et un peu de moutarde.
• Donner un bouillon aux poissons avec cette marinade, et faire refroidir pour servir.

1 kg d'éperlans et d'équilles. 2 cuillerées à soupe de farine. 2 dl d'huile. 1 verre de vin blanc. 1/2 verre de vinaigre. 2 échalotes. 1 cuillerée à café de moutarde.

FILETS DE HARENGS LUCAS

Préparation, 10 mn

• Dresser les filets sur une salade de pommes de terre bien persillée et additionnée d'un peu de vin blanc. Border le ravier de minces rondelles d'œufs durs.

FILETS DE HARENGS MARINÉS

Préparation, 10 mn

• Partager en filets longs et étroits les filets de harengs saurs. Les assaisonner d'huile et de vinaigre. Parsemer d'aneth ou de laurier et de quelques rondelles d'oignon et de carotte. Laisser ainsi 24 heures, puis servir avec du beurre frais.

FILETS DE HARENGS À LA RUSSE

Préparation, 15 mn

• Cette recette paraîtra bizarre à qui n'a jamais goûté ce plat, cependant c'est un délice.

• Couper en petits dés 3 ou 4 pommes reinettes bien dures. Y ajouter un peu d'oignon haché. Mettre en ravier et disposer dessus les filets de harengs. Arroser d'un filet de vin blanc, d'un soupçon d'huile et placer quelques anneaux d'oignon dessus.

HARENGS FRAIS MARINÉS

Temps de cuisson, 10 mn

• Choisir des petits harengs bien frais. Les nettoyer et les ranger dans un plat creux. Verser dessus une marinade cuite composée de 2 décilitres de vin blanc, un verre à madère de vinaigre, quelques minces rouelles de carotte, d'oignon et d'échalote, quelques grains de poivre, du persil, du thym et du laurier.

• Verser la marinade bouillante sur les harengs, et laisser pocher environ 10 mn, sans ébullition. Laisser refroidir et servir tel quel.

• Les petits maquereaux de Dieppe se font de la même manière.

1 kg de harengs frais. 2 dl de vin blanc. 1 verre à madère de vinaigre. 1 carotte. 1 oignon. 1 échalote. 1 brin de persil. Thym et laurier.

HUÎTRES FRAÎCHES

• Depuis les populaires Portugaises jusqu'aux plus fines Marennes, il y a de nombreuses espèces : les Belons, les Ostende, les Anglaises, les Cancale, les Courseulles, et d'autres moins connues.

• Comme elles doivent être mangées bien froides, il est d'usage de les dresser sur un lit de glace pilée très finement et cela au dernier moment. (Voir aussi page 260, comment les ouvrir.)

• On sert en même temps des quartiers de citron, une saucière de vinaigre avec des échalotes hachées et du poivre moulu, et si possible de minces tartines de pain de seigle bien beurrées.

Assortiment d'huîtres creuses (Marennes) et plates (Belon) avec quelques coques.

MAYONNAISE DE POISSON OU DE LANGOUSTE

Préparation, 10 mn

Restes de poisson

• Cette présentation permet d'employer un reste de poisson que l'on épluche et dispose dans un saladier ou un plat, par-dessus un dôme de laitue émincée. Napper de mayonnaise (voir page 35) et décorer avec des œufs durs, des câpres, des cornichons, des olives, etc., suivant son goût.

MOULES À LA FÉCAMPOISE

Temps de cuisson, 6 à 10 mn

• Cuire de grosses moules. Les retirer de la coquille, les ébarber, c'est-à-dire retirer la membrane dure qui les entoure. Apprêter une salade de céleri-rave à l'huile et au vinaigre additionnée de fines herbes. La dresser en ravier, la couvrir avec les moules, et arroser d'une légère mayonnaise moutardée et éclaircie avec la cuisson très réduite des moules. Très peu saler. Parsemer le tout de fines herbes hachées.

2 litres de moules. 1 céleri-rave. 5 cuillerées à soupe d'huile.
2 cuillerées à soupe de vinaigre. 2 cuillerées à soupe de fines herbes.
1 cuillerée à soupe de mayonnaise. 1 cuillerée à café de moutarde.

Sprats, recette p. 58

SALADE DE POISSON

Restes de poisson

Préparation, 15 mn

• Éplucher un reste de poisson cuit pour n'y laisser ni peau ni arête. L'assaisonner en vinaigrette, soit en lui ajoutant des pommes de terre, soit en le dressant sur un lit de feuilles de laitue émincées ou de tomates en lames. Enfin, suivant la quantité de poisson, on lui adjoint tel ou tel légume. On peut aussi le dresser en dôme, le napper de mayonnaise et le décorer d'œufs, de filets d'anchois, de câpres, de fines herbes, etc.
• On présente aussi comme hors-d'œuvre des canapés, c'est-à-dire des lames de pain grillées ou non, tartinées d'un beurre aromatisé et garnies avec du poisson.

SARDINES EN CONSERVE

• Ce sont des sardines à l'huile en boîte qu'on se contente bien souvent de présenter telles quelles, soit dans la boîte, soit versées sur un ravier. Mais on peut présenter de plus gracieuse façon ces sardines en les dressant en éventail sur un petit plat long. On les encadre avec du blanc d'œuf dur, du jaune d'œuf et du persil, hachés chacun séparément et disposés avec goût. Quelques minces lamelles de citron pour border le plat et ce hors-d'œuvre banal prend une allure de plat raffiné.

SARDINES À LA ROVIGO

Préparation, 10 mn

• Ce sont des sardines dressées sur une sauce tomate froide très relevée. On en vend dans le commerce de toutes prêtes en boîte ; ce mélange est très bon !

SAUMON FUMÉ

Préparation, 10 mn

• Il est vendu coupé en lamelles qu'il faut choisir aussi minces que possible. Les tourner dans les doigts pour former des cornets et les placer en rosace sur un petit plat rond. Disposer au centre un petit quartier d'œuf dur, ou une coquille de beurre, ou une pincée de persil bien vert.
• En tout cas il faut le servir avec du beurre frais.

SPRATS

Préparation, 2 h

• Ce sont des sortes de petites sardines fumées que l'on ébouillante pour ôter la peau. Les faire mariner au vin blanc 2 heures et les servir avec du beurre frais.

THON À LA MIRABEAU

Préparation, 10 mn

• Écraser du thon à l'huile avec le tiers de son poids de beurre. Ajouter un peu de mayonnaise et l'assaisonnement nécessaire. Disposer cette purée qui doit être moelleuse dans un ravier avec des olives dénoyautées et farcies de purée de tomates réduite et très relevée. Entourer de lames de tomates.

TIMBALES, CROUSTADES OU VOL-AU-VENT DE FILETS DE SOLE

• Les filets de sole peuvent servir de garniture pour des timbales, des croustades ou des vol-au-vent. On les accompagne de champignons, de moules, de crevettes, de quenelles de poisson, etc., et on obtient de fines et jolies entrées pour déjeuners ou dîners maigres.

TIMBALE DE FILETS DE SOLE ESCOFFIER À LA GELÉE

Temps de cuisson, 12 à 20 mn

Pour 8 personnes

• Pour un moule de contenance ordinaire, préparer en paupiettes 12 filets de sole plutôt moyens que gros. Garnir la moitié de ces paupiettes de farce fine de poisson finie au beurre de homard bien rouge ; farcir l'autre moitié de même farce additionnée de purée de truffes très noire. Les pocher dans un bon fond de poisson et les laisser refroidir dans la cuisson. Lorsque les paupiettes sont froides, les égoutter, les éponger ; les parer sur les bouts et les couper transversalement chacune en 4 rondelles.
• Chemiser légèrement de gelée un moule à dôme et à douille. L'incruster sur glace et le foncer avec les rondelles de paupiettes trempées dans de la gelée mi-prise pour en assurer l'adhérence presque immédiate après la chemise de gelée

du moule. Ces rondelles seront disposées par rangées de même couleur, ou alternées, comme on le jugera à propos pour assurer l'opposition des teintes. Finir de remplir le moule avec une mousse froide d'écrevisses. Tenir le moule à la glace pendant 2 heures. Au moment de servir, démouler sur une coupe en glace taillée.

TOMATES À L'ANTIBOISE

Préparation, 10 mn

• Choisir des tomates comme des grosses noix, bien fermes et mûres. Les vider par une petite ouverture et les assaisonner de sel, poivre et vinaigre, une heure à l'avance. Les laisser dégorger retournées. Écraser avec une fourchette un peu de thon à l'huile en y mélangeant un bon morceau de beurre fin, du sel, du poivre et du jus de citron, puis de la mayonnaise. La purée doit être très crémeuse et relevée. En remplir les tomates et dresser sur un ravier garni de persil.

6 tomates. 1 cuillerée à soupe de vinaigre. 250 g de thon à l'huile. 50 g de beurre. 1 citron. 1 ou 2 cuillerées à soupe de mayonnaise. 3 brins de persil.

TOMATES À LA BEAULIEU

Préparation, 10 mn

• Même préparation que ci-dessus. Recouvrir la crème de thon avec, par moitié, blancs et jaunes d'œufs durs hachés. Placer une olive noire au centre.

6 tomates. 1 cuillerée à soupe de vinaigre. 250 g de thon à l'huile. 50 g de beurre. 1 citron. 1 ou 2 cuillerées à soupe de mayonnaise. 3 brins de persil. 3 œufs durs. 6 olives noires.

TOMATES À LA HOLLANDAISE

Préparation, 10 mn

• Hacher une tranche de saumon fumé, la mélanger à un peu de mayonnaise très épaisse et relevée. Remplir des tomates avec cette crème de saumon. Décorer le dessus avec des petits motifs de blancs d'œufs durs, dresser en ravier et entourer de persil frisé.

6 tomates. 1 tranche de saumon fumé. 3 cuillerées à soupe de mayonnaise. 2 blancs d'œufs durs. 6 brins de persil.

TOMATES MONSEIGNEUR

Préparation, 10 mn

• Choisir des petites tomates de la grosseur d'un œuf, mais bien fermes. Découper le haut et le réserver. Creuser les tomates et les garnir d'une cuillerée de mayonnaise épaisse très relevée mais pas trop salée, et mélangée de queues de crevettes bien décortiquées. Remettre le petit couvercle de la tomate et dresser en ravier sur du persil frisé. Piquer une crevette rouge sur chaque tomate.

6 tomates. 4 cuillerées à soupe de mayonnaise. 200 g de queues de crevettes. 3 brins de persil frisé. 50 g de crevettes rouges.

HORS-D'ŒUVRE CHAUDS

Les hors-d'œuvre qui précèdent appartiennent à la catégorie la plus répandue : celle des hors-d'œuvre froids ; mais il y a toute une série de petits plats chauds qui constituent en réalité des petites entrées, mais que nous considérons aussi comme des hors-d'œuvre, parce qu'ils se servent au début du repas et principalement au déjeuner.

Dans cette série se trouvent les bouchées feuilletées, les croustades, les brochettes, les beignets, croquettes, etc. Ces petites entrées illustrent pour la plupart l'art d'utiliser les restes, car c'est bien souvent, en effet, une excellente manière de les accommoder, comme vous le constaterez pour nombre des recettes ci-après.

ALLUMETTES AUX ANCHOIS

Temps total de cuisson, 25 mn

- Étendre une bande de pâte feuilletée de 8 à 10 cm de largeur et assez mince. Prendre des filets d'anchois à l'huile et les mélanger avec des œufs durs et du persil hachés, ainsi qu'un filet d'huile d'olive.
- Bien les rouler dedans, puis placer un de ces filets sur le bord de la pâte et l'envelopper en lui faisant faire un tour complet.
- Couper la pâte au ras et relever ces allumettes sur une tôle. Dorer le dessus à l'œuf et cuire 12 mn à four chaud. Servir chaud.

250 g de pâte feuilletée. 15 filets d'anchois à l'huile. 1 ou 2 œufs durs. 4 brins de persil. 1 cuillerée à soupe d'huile d'olive. 1 œuf.

Allumettes aux anchois

Barquettes Joinville

ALLUMETTES AUX SARDINES

• Procéder de même avec des sardines partagées en deux. Bien les arroser de jus de citron.

Préparation et cuisson, 25 mn

ANGES À CHEVAL

• Cuire de grosses huîtres, les égoutter et les éponger, puis les envelopper chacune dans une très mince lamelle de lard anglais (bacon). Embrocher chaque huître sur une petite brochette et poser sur gril bien vif. Dresser alors les huîtres en les débrochant sur des petits canapés de pain frits. Les poudrer d'un soupçon de cayenne et parsemer l'ensemble d'une pincée de mie de pain frite.

Préparation et cuisson, 3 à 10 mn

24 huîtres. 100 g de lard anglais. Pain de mie. 2 cuillerées à soupe d'huile. Pointe de cayenne.

BARQUETTES JOINVILLE

• Former de petites croûtes avec de la pâte brisée ou feuilletée, garnir le pourtour d'un cordon de béchamel épaisse et, après cuisson, remplir les barquettes d'un salpicon de crevettes lié d'une sauce crevettes.

Temps de cuisson, 20 mn

BARQUETTES DE LAITANCE À LA DIPLOMATE

Temps total de cuisson, 25 mn

• Faire pocher au vin blanc des laitances de carpes (ou d'autres poissons). Les escaloper et les lier avec une sauce Nantua (au beurre d'écrevisses). Ajouter des queues d'écrevisses et garnir les barquettes avec.
• On peut garnir les barquettes de toutes sortes de garnitures, tout comme les bouchées dont elles sont une simplification.

BARQUETTES DE POISSON À LA SEMOULE

Temps de cuisson, 20 à 25 mn

Restes de poisson

• Lorsqu'on ne dispose que d'un reste minime, on le présente ainsi. En faire une purée ou un hachis suivant que la chair en est molle ou ferme, le lier légèrement de sauce. Faire cuire dans du lait bouillant un peu de semoule, saler et poivrer et ajouter hors du feu un jaune d'œuf.
• Beurrer des moules à barquette et les remplir au ras avec la semoule. Avec le bout du doigt faire un creux au centre, que l'on remplit d'une noix de purée de poisson. Recouvrir très proprement de semoule en dôme, puis démouler et paner à l'œuf et à la chapelure blanche, le moule ne servant qu'à donner la forme. Faire frire 3 mn à friture brûlante et dresser avec une sauce très légère à part.
• On les appelle aussi barquettes à la Chevreuse.

100 g de poisson cuit. 50 g de semoule. 1/4 de litre de lait. 1 jaune d'œuf.
20 g de beurre. 1 œuf. 3 cuillerées à soupe de chapelure. Bain de friture.

BEIGNETS DE POISSON OU FISH-BALLS

Temps total de cuisson, 45 mn

Restes de poisson

• Préparer avec des pommes de terre une purée bien sèche. Y mélanger une quantité égale de poisson cuit, réduit en purée, haché ou écrasé (restes de saumon, turbot, colin... la morue convient très bien), un œuf ou 2 suivant la quantité, un peu d'oignon haché cuit au beurre, un peu de poivre (pas de sel s'il s'agit de morue).
• Lorsque le mélange est bien trituré, façonner des petites boulettes un peu aplaties. Les rouler dans la farine et les frire au dernier moment. Servir avec du beurre fondu ou avec une sauce crème légère ou une sauce tomate.
• Les Anglais, qui les appellent *fish-balls*, en sont très friands.

250 g de poisson cuit. 250 g de purée de pommes de terre. 1 ou 2 œufs. 1 oignon.
80 g de beurre. 2 cuillerées à soupe de farine. Bain de friture.

BOUCHÉES AUX CREVETTES OU JOINVILLE

Temps total de cuisson, 20 mn

• Ce sont des bouchées rondes ou ovales garnies de queues de crevettes mêlées de champignons destinés à faire disparaître un peu de la salaison des crevettes. Lier la garniture d'une sauce crevettes bien beurrée et relever au cayenne.

BOUCHÉES FEUILLETÉES

- Le cadre de cet ouvrage ne nous permet pas d'y faire figurer la recette de la pâte feuilletée ; nous ne pouvons qu'en indiquer l'emploi.
- Elle sert à faire des bouchées, des petits pâtés, des allumettes, des croustades ou des rissoles.
- Les bouchées se découpent dans de la pâte feuilletée à six tours avec des emporte-pièce ronds ou ovales.

BOUCHÉES AUX HUÎTRES

Préparation et cuisson, 3 à 10 mn

- Généralement de forme ovale, on les garnit avec des huîtres pochées dans leur eau, mélangées de champignons et liées de béchamel sans sel, et bien poivrée.

8 bouchées feuilletées. 16 huîtres. 200 g de champignons. Sauce béchamel.

BOUCHÉES À LA NANTUATIENNE

Temps de cuisson, 10 à 15 mn

- De forme ovale, elles sont garnies de queues d'écrevisses, de champignons et de truffe, liés à la sauce Nantua (voir page 31).

8 bouchées feuilletées. 200 g de queues d'écrevisses. 200 g de champignons. 1 truffe Sauce Nantua..

BOUCHÉES QUATRE-TEMPS

Temps de cuisson, 10 à 15 mn

- De forme ovale, elles sont garnies de poisson cuit, champignons, moules et crevettes, le tout lié d'une sauce maigre, soit béchamel, soit crevettes, etc.

8 bouchées feuilletées. 200 g de poisson cuit. 150 g de champignons. 2 dl de moules. 50 g de crevettes. Sauce.

CADGERY DE POISSON

Restes de poisson

Préparation, 15 à 20 mn

- Préparer une sauce au curry (voir page 29) et aussi du riz à la créole (voir page 262) et 2 œufs durs. Effeuiller et éplucher le reste de poisson cuit (barbue, saumon, turbot ou même morue).
- Disposer dans une timbale ou un légumier creux une couche de riz. Recouvrir avec le poisson, puis avec les rondelles d'œufs durs.
- Napper de sauce. Remettre encore du riz, du poisson, des œufs et de la sauce en terminant par celle-ci. Chauffer au four avant de servir, mais sans faire gratiner.

1/2 litre de sauce au curry. 150 g de riz à la créole. 2 œufs durs. 250 g de poisson cuit.

CAPILOTADE DE POISSON À LA PROVENÇALE

Restes de poisson

- Un reste de poisson assez copieux – et surtout du poisson ferme comme anguille, congre, brochet, thon – se prête bien à cette entrée.
- Peler et vider quelques tomates fraîches, les couper en quartiers et les faire sauter à l'huile à la poêle avec une pointe d'ail écrasé et du persil haché. Y mettre le poisson épluché et coupé en morceaux, quelques cuillerées de vin blanc et laisser mijoter 10 mn avant de servir.

Temps de cuisson, 10 à 20 mn

500 g de poisson cuit. 4 tomates. 2 cuillerées à soupe d'huile. 1 gousse d'ail. 1 brin de persil. 3 cuillerées de vin blanc.

CASSOLETTES À LA DIPLOMATE

À gauche : beignets de poisson, recette p. 62

- Les laitances de carpes sont très recherchées. On en fait de fines petites entrées légères, soit dans des croûtes feuilletées, soit dans des cassolettes en porcelaine.
- Faire bien dégorger les laitances à l'eau puis les pocher doucement au beurre. Les escaloper ensuite et en garnir les cassolettes en y mêlant des lames de truffes et des queues d'écrevisses. Les napper alors d'une sauce Nantua (voir page 31) faite avec les débris des écrevisses.

Temps de cuisson, 12 à 15 mn

COQUILLES DE CREVETTES OU DE MOULES À L'INDIENNE

- Faire cuire du riz à la créole (voir page 262). Éplucher des crevettes, ou décortiquer des moules cuites. Faire une sauce au curry (voir page 29) pour lier les crevettes ou les moules. Mettre une cuillerée de ce ragoût dans des coquilles de Saint-Jacques et les entourer d'une bordure de riz créole.

Temps total de cuisson, 25 à 30 mn

250 g de riz à la créole. 80 g de crevettes ou 1/2 litre de moules. 1/4 de litre de sauce au curry. 12 coquilles de Saint-Jacques.

COQUILLES DIVERSES

- On peut garnir de poissons ou mollusques des coquilles de Saint-Jacques, avec des sauces de poisson appropriées, en y associant riz, pâtes ou pommes de terre.

COQUILLES DE POISSON

Restes de poisson

- Dans des coquilles de Saint-Jacques vides, mettre une cuillerée de sauce à poisson s'il en reste ou de la béchamel. Remplir avec du poisson épluché et émietté, entremêlé de quelques lamelles de champignons cuits. Recouvrir de même sauce et parsemer de gruyère ou de chapelure. Arroser de beurre et faire gratiner.

Temps de cuisson, 10 à 15 mn

6 coquilles de Saint-Jacques. Sauce béchamel. 300 g de poisson cuit. 150 g de champignons. 50 g de gruyère ou 20 g de chapelure. 40 g de beurre.

COQUILLES DE POISSON DUCHESSE

Temps de cuisson, 10 à 15 mn

Restes de poisson

• Au moyen d'une poche et d'une douille cannelée, border des coquilles de Saint-Jacques avec de la purée de pommes de terre liée à l'œuf. Remplir le milieu de poisson épluché, de champignons, de crevettes, de moules, etc. Recouvrir de sauce Mornay et faire bien gratiner.

12 coquilles de Saint-Jacques. 200 g de purée de pommes de terre. 1 œuf.
100 g de poisson cuit. 75 g de champignons. 75 g de crevettes. 1/4 de litre de moules.
1/4 de litre de sauce Mornay.

COQUILLES DE HOMARD OU LANGOUSTE À LA THERMIDOR

Temps de cuisson, 10 à 20 mn

Restes de poisson

• Si, ayant servi un homard mayonnaise, il en reste un peu, en épluchant les pattes et la carapace on se trouve devant une certaine proportion. Hacher alors la chair pas trop finement, et la lier avec la sauce indiquée pour le homard Thermidor (voir page 234). Dresser dans des coquilles de Saint-Jacques que l'on fait gratiner.

6 coquilles de Saint-Jacques. 150 g de homard ou langouste.
1/4 de litre de sauce Thermidor.

CÔTELETTES

Temps de cuisson, 5 à 10 mn

Restes de poisson

• On utilise le même appareil que pour les croquettes (voir page 67), mais en les roulant on leur donne à la main la forme de petites côtelettes. Paner ces côtelettes et les cuire à la poêle. Les dresser en couronne. Piquer à chacune un petit bout de macaroni cru qui imite le manche et auquel on introduit une très petite papillote à côtelette.

• On peut garnir le centre du plat avec un accompagnement approprié : purée, riz, etc.

CRÈME DE SAUMON À LA BALTIMORE

Préparation, 10 mn

• Écraser un petit reste de saumon cuit ou de truite saumonée avec du beurre, du sel et du poivre, de manière assez relevée. Bien battre cette purée en y mêlant un peu de crème fraîche.

• Relever la couleur de quelques gouttes de carmin. Dresser en ravier et border la crème d'une fine salade de concombre.

150 g de saumon cuit. 50 g de beurre. 3 cuillerées de crème fraîche. 1 concombre.

CROMESQUIS

Temps de cuisson, 5 mn

Restes de poisson

• On fait les cromesquis lorsque les restes ne sont pas assez conséquents pour faire de belles croquettes.

• Faire un appareil à croquettes (voir ci-dessous) et préparer aussi d'avance une pâte à frire. Façonner des croquettes moitié plus petites que les autres et les tremper dans la pâte à frire, les plonger à friture brûlante. Servir avec une sauce tomate.

CROQUETTES DE POISSON

Restes de poisson

Temps de cuisson, 5 à 10 mn

• Couper en petits dés un reste de poisson et le lier avec juste assez de béchamel épaisse pour assembler les chairs. Ajouter un jaune d'œuf et des champignons cuits coupés aussi finement. Assaisonner et lier le tout sur le feu pour former une masse compacte ; laisser refroidir.
• Diviser en parties de 40 g environ, les rouler en forme de gros bouchons sur la table farinée. Paner les croquettes en les trempant dans le blanc d'œuf battu et dans la mie de pain, et les frire au dernier moment. Servir avec une sauce ou du beurre fondu.

150 g de poisson cuit. 2 cuillerées à soupe de béchamel. 1 œuf.
60 g de champignons. 2 cuillerées à soupe de farine. 30 g de mie de pain.
Bain de friture.

CROUSTADES OU BARQUETTES DE POISSON

Restes de poisson

Temps de cuisson, 20 à 25 mn

• La croustade se différencie de la timbale par sa forme qui est basse ; au lieu d'être faite dans un moule à timbale, elle est faite dans un genre de moule à moka, rond ou carré. Elle est plus facile à cuire que la timbale haute et on se sert plus facilement dedans : comme elle est plus large et moins profonde, on n'est pas obligé de puiser au fond. Les mêmes garnitures conviennent aux croustades et aux timbales. En somme, on peut les garnir de tous les genres de poissons (en morceaux, en filets, en paupiettes, etc.), toujours mêlés de champignons, crevettes, truffes et liés de sauces adéquates.
• Faire des petites croûtes en pâte brisée, soit en moules à tartelettes creux, soit en moules à bateaux et les cuire d'avance. Couper en dés le poisson dont on dispose, y mélanger quelques champignons coupés, ou des crevettes, des moules, etc., si l'on n'a pas suffisamment de poisson. Lier ce ragoût avec quelques cuillerées de sauce crevettes, Nantua, ou vin blanc ; le chauffer et remplir les croûtes tenues au chaud. Dresser sur serviette.

CROUSTADES CARDINAL

Temps de cuisson, 15 à 20 mn

• Mêmes croustades que les *Croustades en pommes d'or*, garnies avec un mélange de queues de langoustines cuites, lié d'une sauce béchamel dans laquelle on aura ajouté un beurre rouge et quelques gouttes de carmin.
• On peut utiliser ainsi un reste de homard ou de langouste, mais aussi d'autres crustacés.

Coquilles diverses, recette p. 65

Huîtres grillées recette p. 71

CROUSTADES D'ÉCREVISSES AU GRATIN

Temps de cuisson, 30 à 40 mn

• Voici une croustade riche, appréciable dans les contrées où l'écrevisse abonde.

• Faire cuire des écrevisses à la bordelaise (voir page 227), les décortiquer et les lier avec une sauce crème dans laquelle on ajoute un fort beurre d'écrevisses (voir page 38) fait avec les carapaces, sauf une douzaine de têtes que l'on réserve bien lavées et essuyées. À ces queues d'écrevisses, ajouter des quenelles de poisson et quelques champignons, mais les écrevisses doivent dominer. Quand le tout a mijoté quelques minutes, verser dans la croustade. Parsemer d'un peu de parmesan râpé et de chapelure, arroser de beurre et faire gratiner à four assez chaud. Pour servir, disposer sur les bords de la croûte les quelques coffres d'écrevisses réservés.

CROUSTADES EN POMMES D'OR

Temps de cuisson, 25 mn

• Faire cuire les pommes de terre en purée puis les égoutter, les passer au tamis et dessécher cette purée sur le feu avec un peu de beurre. La retirer ensuite et la lier avec 2 jaunes d'œufs, l'assaisonner de bon goût et la faire refroidir. Diviser cette préparation en morceaux et les rouler en boule sur la table farinée en leur donnant la forme et la grosseur d'une belle mandarine. Les paner à l'anglaise (les rouler dans de la farine, les tremper dans œuf et huile par moitié, assaisonnés et battus, puis les enrober dans de la chapelure blanche) et faire sur le dessus une incision ronde formant couvercle. Les frire dans une friture

À droite : dartois de pois recette p. 70

brûlante, puis détacher le couvercle et très délicatement vider l'intérieur en laissant une petite épaisseur suffisante pour assurer la solidité.

• Ces croustades se garnissent d'un ragoût de poisson quelconque, filets de sole, moules, crevettes, champignons, etc., toujours lié d'une sauce à poisson.

500 g de pommes de terre. 30 g de beurre. 3 œufs. 1 cuillerée à soupe d'huile. 3 cuillerées à soupe de farine. 20 g de chapelure. Bain de friture.

DARTOIS DE POISSON

Temps de cuisson, 20 à 25 mn

• Préparer deux bandes de pâte feuilletée de mêmes dimensions, soit 10 cm de largeur sur 20 cm de longueur. En déposer une sur tôle et garnir le milieu avec une farce de poisson (merlan, brochet, saumon) ou un hachis de poissons de desserte lié d'une sauce et froid. Ajouter quelques moules décortiquées.

• Mouiller le tour et recouvrir avec l'autre bande de pâte bien soudée autour sur la première. Régulariser les bords avec le couteau. Dorer et cuire à four chaud de 20 à 25 mn. Servir chaud.

FONDANTS DE POISSON

Temps de cuisson, 5 à 10 mn

Restes de poisson

• Bien écraser un reste de poisson tendre. Y mêler une cuillerée ou 2 de sauce béchamel épaisse et un jaune d'œuf. Bien assaisonner et cuire cette purée un bouillon seulement ; laisser refroidir. Façonner le mélange comme des croquettes, mais en forme de poire. Paner et frire les fondants.

• Servir avec une sauce à poisson ou du beurre fondu, et piquer une tige de persil pour imiter la queue de la poire. Dresser debout sur serviette.

150 g de poisson cuit. 2 cuillerées de béchamel. 2 cuillerées de farine. 1 œuf. 20 g de chapelure. 4 cuillerées à soupe d'huile. 50 g de beurre. 3 brins de persil.

FRIANDS OCÉAN

Temps de cuisson, 12 à 15 mn

• Faire un peu de farce de poisson avec du merlan ou du colin. Y mélanger quelques queues de crevettes, 2 ou 3 huîtres cuites coupées en quatre (ou des moules). Procéder de la même façon que pour préparer des allumettes en remplaçant anchois ou sardines par cette farce crue.

FRITOTS

Temps de cuisson, 5 mn

Restes de poisson

• Ils se font surtout avec du poisson un peu ferme comme la lotte, le congre, le brochet. Diviser les restes en morceaux de la grosseur du pouce. Les faire macérer 60 mn avec du sel, du poivre, du persil haché et du jus de citron, puis les tremper et les enrober bien de pâte à frire et les jeter à friture brûlante. Servir avec une sauce tomate ou une sauce crevettes.

GRATIN À LA MÉNAGÈRE

Restes de poisson

• Mêler dans un plat à gratin une grande quantité à peu près égale de poisson épluché et restant en morceaux, et de pommes de terre cuites à l'eau et coupées en rouelles. Recouvrir le tout copieusement de sauce béchamel avec ou sans gruyère et bien relevée. Parsemer de mie de pain et faire gratiner.

Temps de cuisson, 20 à 25 mn

300 g de poisson épluché. 300 g de pommes de terre. Sauce béchamel. 100 g de gruyère. 30 g de mie de pain.

GRATIN DE POISSON PARMENTIER

Restes de poisson

• Mêler à une purée de poisson cuit un tiers de son volume de purée de pommes de terre, le tout tenu moelleux avec un peu de béchamel si c'est nécessaire. Assaisonner, additionner de gruyère râpé.
• Verser en plat à gratin, saupoudrer de fromage et de chapelure, arroser de beurre et faire gratiner.

Temps de cuisson, 15 à 25 mn

500 g de poisson cuit. 300 g de pommes de terre. 3 cuillerées à soupe de béchamel. 50 g de gruyère. 40 g de beurre. 20 g de chapelure.

HUÎTRES GRILLÉES

• Il est bon de faire d'abord pocher les huîtres légèrement, puis de les éponger. Les paner ou simplement les tremper au beurre et les griller à feu vif, bien poudrées de poivre de paprika.

Temps de cuisson, 5 à 6 mn

LANGOUSTE OU HOMARD

• Émincer quelques feuilles de laitue, les saler et les mettre dans un ravier. Disposer dessus un reste de crustacé émincé, recouvrir d'une épaisse mayonnaise et décorer le dessus avec des rondelles ou des quartiers d'œufs durs, quelques quartiers de cœur de laitue et quelques câpres.
• La conserve peut se traiter ainsi.

Préparation, 10 mn

LOTTE EN MÉLI-MÉLO

• Nous disons lotte parce que ce poisson a une chair assez ferme, mais tout autre peut convenir puisqu'il s'agit de passer un reste de la veille.
• Couper le poisson en petites lamelles. Y mêler cornichons, olives, champignons crus, pommes de terre et betterave, le tout coupé en dés. Assaisonner en vinaigrette bien relevée, dresser en ravier et décorer de lames d'œufs durs.

Préparation, 10 mn

300 g de lotte cuite. 8 cornichons. 15 olives. 150 g de champignons. 250 g de pommes de terre. 1/2 betterave. Sauce vinaigrette. 4 œufs durs.

Bouchées feuilletées, recette p. 63

PÂTÉS VARIÉS

Pâtés et timbales de poisson

- On peut faire des pâtés avec des filets de sole, d'anguille ou d'autres poissons, mais à chair ferme. Il faut toujours une farce de poisson faite en général avec du brochet, ou avec du saumon.
- Si l'on sert ces pâtés chauds, il faut les accompagner d'une sauce légère à poisson, sauce vin blanc, sauce Cardinal, Nantua ou autre.

PETITS PÂTÉS CHAUDS

Temps de cuisson, 12 mn

Restes de poisson

- Apprêter une petite farce de poisson ou un hachis de poisson cuit. Étaler de la pâte feuilletée d'une épaisseur moitié plus mince que pour les bouchées. Y découper des rondelles de mêmes dimensions que pour les bouchées ; il en faut 2 pour chaque pâté. Prendre la moitié des rondelles, en mouiller légèrement le tour et en garnir le milieu d'une boulette de farce ou de hachis. Recouvrir avec les autres rondelles. Bien souder le tour en appuyant. Dorer et cuire à four chaud 12 mn. Servir brûlant.

POISSON EN BORDURE À LA CRÉOLE

Temps total de cuisson, 20 à 25 mn

Restes de poisson

- Préparer un riz créole et une sauce indienne (voir pages 262 et 29). Dresser le riz en une belle bordure et mettre au centre le poisson qui aura été épluché et mijoté dans la sauce au curry.

RISSOLES

Restes de poisson

• Avec un reste de poisson mêlé d'un peu de champignons cuits et hachés, d'une cuillerée de sauce et d'une pincée de queues de crevettes, garnir le milieu de larges rondelles de pâte feuilletée. Mouiller le tour et reployer la pâte sur elle-même comme un chausson. Bien souder en appuyant sur le bord et faire frire 6 à 7 mn à friture brûlante.

Temps de cuisson, 6 à 7 mn

250 g de poisson cuit. 100 g de champignons. 50 g de queues de crevettes. 200 g de pâte feuilletée. Bain de friture.

SOUFFLÉ DE POISSON

Restes de poisson

• Éplucher le poisson cuit dont on dispose, l'écraser en fine purée, avec la fourchette si c'est un poisson tendre, avec le hachoir pour les autres. Délayer la purée avec un volume presque égal de béchamel très épaisse. Bien assaisonner, chauffer et, lorsque c'est bouillant, retirer du feu, mélanger les jaunes d'œufs et les blancs en neige.

• Verser dans un plat à soufflé beurré et cuire à four très doux 20 mn environ. Servir de suite comme tout soufflé.

Temps de cuisson, 25 à 35 mn

250 g de poisson cuit. Sauce béchamel. 3 jaunes d'œufs. 2 blancs d'œufs. 20 g de beurre.

TARTELETTES NEPTUNE

• Avec une pâte brisée ou des déchets de pâte feuilletée, faire des petites croûtes dans des moules à tartelettes, les cuire à four bien chaud. Les garnir d'un petit ragoût de moules, crevettes, poisson cuit, additionné de champignons pour atténuer la salaison des moules et crevettes, et lié d'une sauce béchamel ou crevettes (Nantua), etc.

Temps de cuisson, 20 mn

Soufflé de poisson

Vol-au-vent de poisson Lavallière, recette p. 75

TIMBALE AUX FRUITS DE MER

Temps de cuisson, 25 à 35 mn

Pâtés et timbales de poisson

• Avoir une garniture de coquilles Saint-Jacques cuites au vin blanc et escalopées, de moules, de clovisses, d'huîtres, de queues de langoustines, enfin un assortiment de toutes sortes de petits produits marins.
• Chacun cuit séparément se réunit dans une sauce vin blanc (voir page 32) bien crémée, à laquelle on ajoute en dernier lieu un beurre de langoustines fait avec les carapaces de celles employées. Relever la sauce au cayenne. Verser la garniture en timbale.

TIMBALE DE POISSON À LA CARMÉLITE

Temps de cuisson, 25 à 30 mn

Pâtés et timbales de poisson

• Avec une pâte brisée, foncer un moule à timbale beurré, le piquer au fond, le garnir avec une feuille de papier de soie et le remplir de légumes secs, riz ou autre pour mettre à cuire à four chaud sans que la pâte puisse se déformer. Au bout de 20 à 25 mn, vider la timbale, dorer l'intérieur à l'œuf et finir de la cuire et de la sécher à four moyen.
• La garniture se compose de filets de sole au vin blanc, de moules, de crevettes, de champignons et de quenelles de poisson truffées, le tout lié d'une fine sauce vin blanc faite avec la cuisson des soles, des moules et des champignons.

TIMBALES RÉGINA

Temps de cuisson, 10 mn

Restes de poisson

• Beurrer des petits moules à baba et y déposer une rondelle de truffe. Appliquer au fond et sur les bords une petite couche de farce de poisson à la panade (voir page 42) d'un fort demi-centimètre d'épaisseur, que l'on étale avec le doigt mouillé.
• Remplir le vide avec un ragoût de crevettes, de saumon cuit, de moules et de champignons, lié d'une sauce hollandaise et refroidi. Couvrir d'une pellicule de farce et cuire au bain-marie 10 mn.
• Démouler et entourer d'une légère sauce crevettes.

TOMATES CHANOINESSE

Temps de cuisson, 12 à 15 mn

Restes de poisson

• Faire une purée d'un reste de poisson quelconque, la lier d'un peu de béchamel bien relevée, y ajouter 2 jaunes d'œufs hors du feu et remplir de cette crème des moitiés de tomates vidées et assaisonnées. Arroser de beurre fondu et mettre à four chaud 10 ou 12 mn.
• On peut remplacer les tomates par des croustades ou des tartelettes.

6 tomates. 300 g de poisson cuit. Sauce béchamel. 2 jaunes d'œufs. 50 g de beurre.

TURBAN CRÈME GRATIN

Restes de poisson

Temps total de cuisson, 35 à 40 mn

- Ceci constitue un beau plat, mais il faut avoir un reste copieux de poisson.
- Préparer d'abord une pomme de terre duchesse (voir page 262) et, au moyen d'une poche et d'une grosse douille cannelée, faire un turban autour d'un plat rond à feu. Passer à four bien chaud pour dorer la pomme de terre.
- Garnir le centre avec le poisson bien épluché et fragmenté, mêlé de quelques champignons cuits en lames. Recouvrir de sauce béchamel, légère et fromagée. Parsemer de chapelure et passer quelques minutes à four très chaud. Le tout doit être bien doré et l'on obtient un plat qui ne laisse pas soupçonner que ce sont des restes.

Pommes de terre duchesse. 500 g de poisson cuit. 150 g de champignons. Sauce béchamel. 60 g de gruyère râpé. 30 g de chapelure.

VOL-AU-VENT DE POISSON LAVALLIÈRE

Pâtés et timbales de poisson

Temps total de cuisson, 35 à 45 mn

- Toutes les garnitures de timbales ou de croustades peuvent se servir dans une croûte de vol-au-vent faite chez soi ou achetée chez le pâtissier.
- Ainsi, en faisant pocher au vin blanc des filets de sole farcis, et en les mélangeant dans une sauce Nantua à des quenelles, champignons, huîtres et crevettes ou queues d'écrevisses, on a une excellente garniture que l'on verse au dernier moment dans un beau vol-au-vent. Disposer les filets de sole dessus et 2 ou plusieurs écrevisses par-dessus pour décorer.

ZÉPHIRS DE POISSON

Restes de poisson

Temps de cuisson, 10 à 12 mn

- Cette légère et délicate entrée peut se faire avec brochet, merlan, barbue, turbot, ou saumon.
- Faire une farce zéphir (voir page 43). Lorsqu'elle est prête, beurrer des moules à baba ou autres de même contenance – on ne les fait pas en grand moule. Les remplir et pocher au four au bain-marie 12 mn environ. Démouler et arroser d'une sauce de poisson quelconque qui détermine l'appellation : à la Joinville, Cardinal, Nantua, mousseline, béarnaise, etc.

SOUPES DE POISSONS

C'est surtout dans le Midi que l'on a la spécialité de ces soupes vraiment très bonnes, sans oublier la bouillabaisse que les gourmets connaissent bien.

L'AIGO-SAOU (DU PROVENÇAL : EAU SALÉE)

Temps de cuisson, 30 mn

Plat régional

• Prendre des poissons blancs (petites daurades, loups, merlans, lices). Les couper et mettre en casserole avec les pommes de terre coupées, l'oignon et les tomates émincés. Assaisonner avec ail, fenouil, laurier, queues de persil, céleri et un morceau d'écorce d'orange séchée. Saler, poivrer, arroser d'huile d'olive, mouiller d'eau bouillante et cuire rapidement 30 mn environ. Servir le bouillon sur des tranches de pain et le poisson à part.

• On fait de même des soupes aux crabes, aux moules, aux huîtres, etc., et on les condimente, dans le Midi tout au moins, avec du safran.

1 kg de poissons blancs. 5 ou 6 pommes de terre. 1 oignon. 2 tomates. 2 gousses d'ail. Fenouil. Laurier. Persil. Céleri. Écorce d'orange séchée. 1 verre d'huile d'olive.

LA BISQUE D'ÉCREVISSES

Temps de cuisson, 25 mn

• Couper en petits dés un oignon, une carotte, une échalote, un peu de queue de persil. Faire revenir au beurre, puis jeter dedans 20 écrevisses, vivantes, lavées et débarrassées de leur boyau intestinal. Les sauter en plein feu et, quand elles deviennent rouges, les flamber de 2 cuillerées à soupe de cognac et les mouiller d'un verre de vin blanc. Saler, poivrer, ajouter thym et laurier (très peu), couvrir et cuire 10 mn. Il faut au moins 2 écrevisses par personne, 3 seraient mieux. Débarrasser les écrevisses.

• Pendant qu'elles refroidissent, faire une crème de riz en délayant 60 g de beurre avec de la crème de riz de première qualité. Mouiller ensuite avec 1 litre de bouillon pour faire un velouté un peu crémeux ; y ajouter la cuisson des écrevisses, légumes compris, puis laisser cuire pendant que l'on épluche ces crustacés. Garder la chair des queues et piler toutes les carapaces. Ajouter cette purée au potage, cuire doucement 5 mn, passer au tamis le plus fin, remettre au feu avec un complément de liquide si c'est trop épais.

• Relever l'assaisonnement au cayenne, beurrer le potage et le garnir avec les queues coupées en dés.

20 écrevisses vivantes. 1 oignon. 1 carotte. 1 échalote. Persil. 100 g de beurre. 2 cuillerées à soupe de cognac. 1 verre de vin blanc. 40 g de crème de riz. 1 litre de bouillon. Poivre de cayenne.

BISQUE DE LANGOUSTINES

Temps de cuisson, 25 mn

• Procéder exactement comme pour la bisque d'écrevisses. Le prix de revient est cependant plus économique.

LA BOUILLABAISSE

Plat régional

Temps de cuisson, 20 mn

• Il faut un petit mélange de poissons à chair ferme, par exemple des rascasses, des rougets, de la langouste, des grondins, des vives, des congres, de la lotte, des maquereaux, et aussi un ou 2 merlans, car il faut un poisson tendre qui, en s'écrasant à la cuisson, forme la liaison de la sauce.

• Nettoyer et couper tous ces poissons en morceaux et les laver. Faire blondir avec de l'huile les blancs de poireaux et un gros oignon très finement émincés, puis ajouter les gousses d'ail hachées et 500 g de tomates pelées et hachées ou l'équivalent de purée en conserve. Mouiller largement avec de l'eau et jeter le poisson dans cette cuisson. Assaisonner de sel, poivre, persil haché et safran. Arroser le dessus d'une demi-tasse d'huile fine et cuire 20 mn à grands bouillons. Verser la cuisson sur des tranches de pain un peu grillées.

2 kg de poissons à chair ferme. 1 verre d'huile. 2 blancs de poireaux. 1 gros oignon. 2 gousses d'ail. 500 g de tomates pelées. 1 cuillerée à soupe de persil haché. Safran.

LA BOUILLINADE DU ROUSSILLON

Plat régional

Temps de cuisson, 30 mn

• Réunir dans une « ouille » (marmite en terre) 4 cuillerées à soupe d'huile, autant de saindoux ranci, des oignons d'Espagne, une tête d'ail, du persil concassé et un piment doux, des pommes de terre farineuses, 1 kg de poissons en mélange (grondin, baudroie, saint-pierre, rascasses, loup ou bar, moules et crabes mous). Couvrir d'eau à hauteur et saler (10 g au litre). Cuire à gros bouillons pendant 30 mn. Après cuisson, lier le bouillon avec les foies de baudroies pilés au mortier avec une demi-douzaine de gousses d'ail et mélangés à 2 jaunes d'œufs et à de l'huile d'olive.

• Servir soupe et poisson séparément. Les pommes de terre, écrasées par l'ébullition violente et en raison de leur nature, forment un agent de liaison apprécié dans cette soupe.

1 kg de poissons. 4 cuillerées à soupe d'huile. 4 cuillerées à soupe de saindoux ranci. 2 gros oignons d'Espagne. 2 têtes d'ail. 1 cuillerée à soupe de persil. 1 piment doux. 500 g de pommes de terre farineuses. 2 jaunes d'œufs. 2 cuillerées à soupe d'huile d'olive.

BOUILLON DE POISSON

Temps de cuisson, 1 h

• Les populations qui ne sont pas voisines des rives maritimes connaissent assez peu la succulence et les qualités nutritives des soupes et du bouillon de poisson. Dans cet ouvrage consacré à l'utilisation culinaire, c'est-à-dire alimentaire, des poissons, il est nécessaire de faire figurer le bouillon de poisson qui peut être la base d'une foule d'excellents potages.

• Par litre de bouillon, on utilisera des poissons de mer, en mélange ou d'une seule sorte (têtes de turbot et arêtes, arêtes de sole et de barbue, colin, congre, lotte, merlan, etc.), généralement des poissons à chair blanche, et 1 kg de poissons de rivière (le brochet surtout). Comme plantes aromatiques, on emploiera 100 g d'oignons, 50 g de poireau et une carotte moyenne émincés, une branche de persil, une brindille de thym, une parcelle de feuille de laurier et 8 g de sel pour 1,25 litre d'eau.

- Réunir le tout dans une casserole, chauffer jusqu'à ébullition, écumer, maintenir l'ébullition frissonnante pendant 60 mn, retirer du feu et passer le bouillon obtenu à la passoire fine ou à la serviette.
- Ce bouillon reçoit toutes les utilisations du bouillon de bœuf, avec vermicelles, pâtes d'Italie, tapioca, perles du Japon, pain grillé, etc.

Poissons de mer. 1 kg de poissons d'eau douce. 100 g d'oignons. 50 g de poireau. 1 carotte. 1 branche de persil. Thym. 1 feuille de laurier.

LA BOURRIDE

Temps de cuisson, 30 mn

Plat régional

- C'est encore une soupe de l'école provençale.
- Il faut choisir les poissons ordinaires de la bouillabaisse (voir ci-dessus), et les préparer de même en ajoutant en plus des pommes de terre en rondelles. Faire d'autre part un peu d'aïoli (voir page 34) : en garder la moitié pour manger avec le poisson, et mettre le reste dans une casserole. Quand le poisson est cuit, passer la cuisson sur cet aïoli et lier sur le feu sans le faire bouillir, comme une crème. Verser sur des tranches de pain minces légèrement grillées.

La bourride

À droite : bouillon de poisson, recette p. 79

D'OLIVE

LA CHAULDRÉE

Temps de cuisson, 1 h

Plat régional

• Ceci est une soupe du même genre qui se fait sur la côte de l'Atlantique.
• On emploie surtout les très petites soles difficiles à vendre et l'anguille. On cuit avec un peu de vin blanc de pays et un peu d'eau. On peut y mettre aussi des pommes de terre. La soupe se verse sur du pain et le poisson se sert à part.
• Ces soupes de poisson sont vraiment bonnes, surtout avec de la tomate et une bonne condimentation un peu relevée.

Petites soles et anguilles. 3 verres de vin blanc. 500 g de pommes de terre.

LA COTRIADE

Temps de cuisson, 25 à 30 mn

Plat régional

• Cette soupe des pêcheurs bretons se prépare ainsi. Faire revenir au saindoux des oignons émincés ou coupés en quatre. Quand ils sont dorés, verser de l'eau, ajouter quelques pommes de terre coupées en quartiers, sel, poivre, bouquet garni, puis mettre les poissons tout frais pêchés quels qu'ils soient, tout est bon, entiers s'ils sont petits, ou coupés en quartiers. Cuire à feu vif 25 mn.
• Verser le bouillon sur des tranches de pain et servir le poisson avec une vinaigrette et de la christe-marine (plante qui croît au bord de la mer et dont on mange les feuilles confites au vinaigre) en salade.

1 kg de poissons de mer. 4 cuillerées à soupe de saindoux. 3 oignons. 250 g de pommes de terre.

CRÈME CARDINAL

Temps de cuisson, 20 à 25 mn

• Faire une crème de riz et la terminer avec un beurre de homard bien rouge (voir page 39). Garnir le potage de petits dés de homard.

CRÈME D'HUÎTRES

Temps de cuisson, 5 à 8 mn

• Ouvrir, à raison de 6 par personne, des belles huîtres. Recueillir soigneusement leur eau dans une casserole, y déposer les huîtres, extraites de leur coquille et chauffer doucement jusqu'aux premières manifestations de l'ébullition. Laisser pocher, sans bouillir, 5 mn.
• Égoutter les huîtres, les ébarber, les diviser en deux ou trois morceaux et les mettre dans la soupière de service. Passer l'eau de cuisson au linge et l'ajouter à un décilitre de sauce béchamel légère cuite avec un gros oignon et passée en écrasant l'oignon. Terminer cette crème avec de la crème épaisse et une pincée de feuilles de cerfeuil. Cette recette peut être appliquée aux moules, aux clovisses, et à tous les coquillages fins.

36 huîtres. 1 dl de sauce béchamel. 1 gros oignon. 1 cuillerée à soupe de crème épaisse. 1 cuillerée à café de cerfeuil.

LA MIGOURÉE

Plat régional

Temps de cuisson, 1 h

- Ce plat est encore dans la note de la chauldrée, sauf que les poissons, aussi variés que possible et coupés en morceaux, se font rissoler au beurre et se cuisent ensuite avec un court-bouillon très fortement aromatisé et préparé une heure à l'avance.
- Quand c'est bien cuit, lier la sauce avec un petit roux blond, bien beurrer et servir.
- Aux poissons ordinaires s'ajoutent les petites seiches, qui sont beaucoup employées et que l'on appelle là *casserons*, comme dans le Béarn on les appelle chipirones, calmars. On peut en mettre dans tous les plats de poissons variés.

LA PAUCHOUSE

Plat régional

Temps de cuisson, 25 à 30 mn

- Il s'agit là d'une spécialité régionale, que l'on déguste avec plaisir en Bourgogne, soit à Beaune, à Saulieu, ou à Dijon. C'est une sorte de matelote au vin blanc.
- Le mieux est d'avoir le poisson tout frétillant et qu'il soit aussi varié que possible : tanches, carpes, brochetons, anguilles, perches, barbeaux, truites, etc.
- Nettoyer, écailler et laver vivement les poissons sans les laisser séjourner dans l'eau. Les couper en morceaux et les mettre en chaudron avec l'assaisonnement, les lardons, les oignons coupés en quartiers, les gousses d'ail entières et un petit bouquet garni.
- Mouiller bien à couvert avec du vin blanc assez alcoolisé et placer le récipient sur un feu ardent pour que les flammes dépassent les bords, de sorte qu'à l'ébullition le vin doit flamber. Laisser cuire à bon feu 25 à 30 mn, puis faire un roux blond mouillé avec la cuisson des poissons. Laisser alors mijoter le poisson dans sa sauce, puis le servir avec des croûtons de pain frits au beurre et frottés d'ail.
- Sur les côtes de l'Atlantique, à l'opposé de la Bourgogne, nous retrouvons un apprêt analogue pour le poisson, la chauldrée, mais qui n'est pas faite strictement avec du poisson de rivière (voir page 82).

1 kg de poissons de rivière. 100 g de lardons. 3 gros oignons. 5 ou 6 gousses d'ail. 1 bouquet garni. 70 cl de vin blanc. 30 g de farine. 30 g de beurre.

POTAGE AUX HUÎTRES

Temps total de cuisson, 20 à 25 mn

- Faire une crème de riz et lui ajouter 2 douzaines d'huîtres cuites dans leur eau ainsi que cette eau elle-même passée au linge.
- Ce potage est très usité en Amérique.

SOUPE AU CONGRE

Temps de cuisson, 1 h

• Procéder comme pour la bouillabaisse avec oignons, poireaux, tomates, ail, puis mettre le congre coupé en tranches. Couvrir et tenir à petit feu 15 mn pour faire suer le poisson. Le mouiller de 2 litres d'eau bouillante ; saler, poivrer, ajouter un morceau de fenouil, des queues de persil et un peu de laurier. Cuire 45 mn doucement, puis passer la cuisson et un peu de la chair du congre au tamis pour la liaison.

• Remettre au feu, ajouter une légère pointe de curry ou de safran suivant le goût et y faire pocher du gros vermicelle blanchi. C'est un potage épais.

1 kg de congre. 1 verre d'huile. 2 blancs de poireaux. 1 gros oignon. 2 gousses d'ail. 500 g de tomates. 1 morceau de fenouil. Queues de persil haché. 1 feuille de laurier. Pointe de curry ou de safran. Vermicelle.

SOUPE DE LA CÔTE DES MAURES

Temps de cuisson, 35 à 40 mn

• Dans une casserole, colorer à l'huile d'olive les oignons émincés. Ajouter 1 kg de minuscules poissons et crustacés de toutes variétés, comme les pêcheurs en trouvent en abondance dans leur filet. À mesure que les poissons chauffent, les triturer avec une cuillère en bois en plein feu pour obtenir l'évaporation de l'eau dont ils sont saturés, puis par dessèchement une pâte croustillante. Ajouter les tomates fraîches coupées en quartiers, assaisonner avec du sel, du poivre et un fort bouquet garni avec fenouil et thym en majorité.

• Lorsque les tomates sont elles-mêmes amalgamées à la pâte, mettre dans le mélange des pommes de terre farineuses et émincées, du vin blanc de Cassis et une forte prise de safran. Réduire de moitié. Couvrir alors largement d'eau et

Crème d'huîtres, recette p. 82

La pauchouse, recette p. 83

À droite : la cotriade, recette p. 82

cuire 20 mn à gros bouillons. Passer et presser fortement. Remettre la soupe à bouillir, vérifier l'assaisonnement et y pocher les spaghettis brisés.

• Dans la soupière préparée, mettre une cuillerée à soupe d'aïoli (voir page 34), y mélanger le double de parmesan râpé et délayer en versant lentement la soupe. Voiler de parmesan râpé et servir.

1 kg de poissons et crustacés. 2 cuillerées à soupe d'huile d'olive. 250 g d'oignons. 500 g de tomates. 1 bouquet garni. 250 g de pommes de terre farineuses. 1 verre de vin blanc de Cassis. Safran. 50 g de spaghettis. 1 cuillerée à soupe d'aïoli. 4 cuillerées à soupe de parmesan râpé.

SOUPE DE POISSON DES PÊCHEURS

Temps de cuisson, 45 à 50 mn

• Prendre un mélange de poissons très frais (loup, rascasses, mulet), du crabe, une petite langouste, environ 100 g par personne de ce mélange. Les couper en morceaux après nettoyage. Faire roussir légèrement à l'huile oignon, poireau et gousse d'ail. Ajouter les tomates coupées, mouiller avec le vin blanc et assez d'eau pour bien baigner le poisson que l'on ajoute dès l'ébullition. Assaisonner, mettre la langouste coupée toute vive et cuire à bon feu 40 mn.

• Ôter ensuite le poisson avec l'écumoire, et faire cuire dans le bouillon quelques poignées de gros vermicelle que l'on aura blanchi avant, 3 ou 4 mn à l'eau salée.

• Servir très chaud avec du fromage râpé, et le poisson avec un peu de sa cuisson.

500 g de poissons. 1 crabe. 1 petite langouste. 2 cuillerées à soupe d'huile. 1 oignon. 1 poireau. 1 gousse d'ail. 3 ou 4 tomates. 1 verre de vin blanc. 100 g de gros vermicelle. 50 g de fromage râpé.

VELOUTÉ D'OURSINS

Temps de cuisson, 25 à 30 mn

• Ce potage est un peu coûteux (il faut compter 8 oursins par convive), mais d'une extrême finesse. Avec des ciseaux, ouvrir les oursins en cercle par la partie supérieure où se trouve l'œil et extraire toutes les divisions charnues et rouges.

• Par ailleurs, faire blondir au beurre et cuire un petit oignon émincé. Y ajouter la chair des oursins et chauffer 2 mn. Verser le tout dans du velouté de poisson léger et cuire très doucement 20 mn avec l'addition d'une petite tomate.

• Fouler le velouté à l'étamine à l'aide d'une spatule, le remettre en ébullition 2 mn puis, hors du feu, le lier avec un jaune d'œuf dilué avec de la crème épaisse. Cette opération, faite dans le velouté bouillant, cuit suffisamment le jaune pour obtenir une liaison correcte. Ne plus faire bouillir.

32 oursins. 40 g de beurre. 1 oignon. 7 dl de velouté de poisson. 1 tomate. 1 jaune d'œuf. 1 cuillerée à soupe de crème épaisse.

WATERZOÏ À LA FLAMANDE

Plat régional

Temps de cuisson, 45 mn

• Ce plat, d'origine flamande, est absolument le pendant de notre classique matelote. Il faut pour le faire 2 kg de poissons de rivière variés tels que brochet, carpe, tanche, anguille, loche, etc.

• Après le nettoyage usuel, tous ces poissons sont divisés en tronçons ; les têtes, parures et queues sont utilisées pour obtenir un fumet de poisson (voir page 26) ou du bouillon maigre. Les tronçons sont réunis dans une casserole, rangés par ordre de délicatesse, les plus fins ou fragiles sur le dessus. Ajouter un fort morceau de beurre. Condimenter avec persil, thym, laurier, céleri émincé finement ; saler, poivrer. Mouiller à hauteur des poissons avec le fumet et mettre en ébullition. Cuire assez violemment pour obtenir une liaison naturelle par la réduction et le mélange intime du fumet et du beurre.

• Au moment de servir, retirer le bouquet, verser dans la soupière sur une liaison de crème et de jaunes d'œufs que l'on remue avec la louche. En aucun cas la sauce ne doit être épaisse, car on présente en même temps des tartines de pain beurrées (de préférence du pain noir).

2 kg de poissons de rivière. 70 g de beurre. 1 bouquet garni. 2 brins de persil. 1 branche de céleri. 3 cuillerées à soupe de crème fraîche. 2 jaunes d'œuf. 250 g de pain noir.

POISSONS DE MER

Nous classons dans un chapitre spécial les poissons d'eau douce, dans un autre les crustacés et coquillages, cet ordre nous semblant plus rationnel. Nous n'avons pas la prétention de présenter dans cet ouvrage toute la multitude des poissons, mais seulement ceux qui sont les plus connus et les plus fréquents sur nos marchés. Les poissons sont parfois dénommés différemment suivant les régions ; nous avons choisi les dénominations les plus usuelles. Sans vouloir entrer dans des considérations scientifiques, il nous paraît intéressant de donner quelques définitions concernant l'ordre ou la famille de chaque sujet traité, avec les particularités qui peuvent intéresser les lecteurs.

Nous espérons faciliter leurs recherches en disposant nos sujets dans l'ordre alphabétique.

L'ALOSE

Ce poisson appartient à la famille des Clupéidés et, bien qu'il se pêche à l'embouchure des fleuves, je le classe néanmoins parmi les poissons de mer, puisqu'il remonte de l'océan vers les fleuves au commencement du printemps, pour établir ses frayères aux embouchures. On le pêche de mars à fin mai ou au début de juin suivant la température.

L'alose remonte parfois fort loin dans les rivières en évitant les barrages et les fortes chutes d'eau si elle le peut. D'après E. Belloc, on en rencontre dans les cours d'eau jusqu'à 800 kilomètres de la mer.

Sa chair est excellente et fort prisée des gourmets, malgré ses nombreuses arêtes. Outre les trois formules proposées ici, l'alose peut se traiter par le court-bouillon tout comme le bar ou le brochet.

ALOSE FARCIE À L'ANGEVINE

Temps total de cuisson, 45 mn à 1 h

Plat régional

- En dehors de la saison de l'alose, qui est assez brève, on peut faire de même le brochet, la carpe, le bar ou le mulet. Il faut un poisson de 1,5 kg environ, œuvé de préférence, mais, à défaut, les laités peuvent aussi se préparer ainsi.
- Faire une farce en écrasant les œufs avec un morceau de beurre, une grosse poignée d'oseille émincée et cuite au beurre, un petit morceau de mie de pain trempée au bouillon ou au lait et bien pressée, 2 œufs entiers et un assaisonnement... à la hussarde !
- Écailler et vider le poisson par les ouïes sans ouvrir le ventre, le laver et l'éponger. Introduire la farce à l'intérieur sans trop la bourrer, puis coucher l'alose dans un plat creux à four, au fond duquel on aura répandu une cuillerée d'échalote hachée, du persil et du beurre. Mouiller ensuite avec une bouteille de vin blanc d'Anjou et cuire au four 45 mn. Couvrir et arroser très souvent. Servir tel quel, autant que possible dans le plat de cuisson.

1 alose œuvée de 1,5 kg. 80 g de beurre. 125 g d'oseille. 50 g de mie de pain. 2 cuillerées à soupe de lait. 2 œufs. 1 échalote. 2 brins de persil. 1 bouteille de vin blanc d'Anjou.

ALOSE GRILLÉE MAÎTRE D'HÔTEL

Temps de cuisson, 6 à 15 mn

• On traite de cette manière les aloses ne dépassant pas les 3 livres.
• Il faut, après avoir vidé et écaillé l'alose, la ciseler sur les deux faces assez profondément, puis la fariner et l'huiler pour la poser sur un gril préparé d'avance, bien chauffé afin que la chair soit saisie et n'adhère pas aux barres du gril. Pour la marche de la grillade, se conformer aux indications de la page 23. Huiler et saler plusieurs fois pendant la cuisson mais peu à la fois. Bien s'assurer de l'état de la cuisson, car rien n'est aussi désastreux à servir qu'un poisson saignant. Poser l'alose sur un beurre à la maître d'hôtel préparé dans le plat chaud et l'accompagner de pommes de terre à l'anglaise (facultatif).

1 alose de moins d'1,5 kg. 3 cuillerées à soupe de farine. 1 verre d'huile.

ALOSE À L'OSEILLE

Temps total de cuisson, 25 à 30 mn

• Ce plat peut se préparer de deux manières, chacune ayant ses partisans.
• *Première méthode.* Faire braiser le poisson dans une poissonnière sur un lit d'oignons et d'échalotes émincés et jaunis au beurre. Mouiller d'une demi-bouteille de vin blanc. Assaisonner d'huile ou de beurre pour éviter le dessèchement de la partie non immergée. Faire prendre le bouillon sur le feu, puis couvrir le poisson d'un papier huilé. Le mettre au four pour cuire en l'arrosant quelquefois. Dresser cette alose sur un lit d'oseille à la crème préparée à part, puis bien faire réduire la cuisson avec un morceau de beurre et arroser le poisson.
• *Deuxième méthode.* Faire fondre l'oseille au beurre avec les oignons et une pointe d'ail, du sel et du poivre. Mettre cette oseille au fond d'une daubière. Poser dessus l'alose un peu rôtie au beurre et l'y enfoncer autant que possible. Couvrir et cuire au four 60 mn au moins, ou plus suivant le poids du poisson.

Première méthode : 1 alose. 2 oignons. 1 échalote. 80 g de beurre. 1/2 bouteille de vin blanc. 3 cuillerées à soupe d'huile. 200 g d'oseille. 1 tasse à thé de crème fraîche.
Deuxième méthode : 1 alose. 2 oignons. 1 gousse d'ail. 80 g de beurre. 200 g d'oseille.

L'ANCHOIS

Tout le monde connaît ce petit poisson de la Méditerranée qui appartient à la famille des Clupéidés et dont la principale destination est le ravier. C'est une entrée que l'on trouvera au chapitre des *Hors-d'œuvre*.

L'ANGE

Ce poisson, classé dans la famille des Squatinidés, devient très grand et l'on rencontre des sujets de 100 kg. On n'en trouve pas souvent sur nos marchés bien qu'il se trouve dans toutes les mers et océans qui ceinturent nos côtes. Sa chair

Alose
à l'oseille,
recette p. 91

est comestible et, sans prétendre à aucun record gastronomique, on peut l'accommoder comme du veau.

L'ANGUILLE DE MER

Voir Le congre. On donne en effet au congre le nom d'anguille de mer, en raison de sa similitude avec l'anguille de rivière. Certains sujets peuvent atteindre une taille de 3 m.

LE BAR

Ce poisson délicieux, qui appartient à la famille des Percidés, est des plus voraces. Il remplace parfois la truite lorsque celle-ci est trop chère, mais il n'en a ni la finesse incomparable ni la couleur puisque sa chair est blanche. De plus, je ne trouve pas qu'il y ait une grande économie à cette substitution, parce que la truite ayant une petite tête et peu d'intestins, il reste davantage de chair comestible dans une truite de 5 livres vidée que dans un bar de 7 livres qui a une tête énorme et beaucoup d'intestins.

Le bar se fait pocher au court-bouillon, présenté avec une sauce au choix, ou il se fait braiser au vin blanc. On le sert aussi parfois froid à la gelée.

On appelle couramment loups les petits bars. On trouvera à ce nom les recettes les concernant.

Bar grillé au fenouil, recette p. 94

BAR FARCI À LA RÉGENCE

Cuisson, 1 h
Préparation finale, 25 mn

• Désosser un bar de 3 à 4 livres, de manière à ne pas laisser d'arêtes ; pour cela l'ouvrir par le dos, de préférence, et passer un petit couteau le long de l'arête. Ne laisser que quelques centimètres de la queue pour pouvoir présenter le poisson , laisser également la tête. Assaisonner les chairs et étaler dessus une bonne épaisseur de farce de poisson, farce de brochet de préférence, farce fine (voir pages 41 et suivantes) que l'on peut facultativement truffer. Refermer le poisson en lui laissant bien sa forme et le faire braiser 60 mn dans un bon fond de court-bouillon au vin blanc, en le tenant couvert d'un papier beurré, car il n'a pas besoin de baigner.

• Lorsqu'il est cuit, l'égoutter, lui ôter la peau et le laisser un peu refroidir. Le recouvrir ensuite d'une légère couche de pâte à choux sans sucre, que l'on étale régulièrement et que l'on dore à l'œuf. Avec le bout d'un petit couteau rond, appuyer un peu sur la pâte pour imiter la forme des écailles. Passer ensuite ce poisson au four pour cuire et colorer cette pâte à choux.

• Ceci constitue un fort joli mets bien présenté, que l'on dresse sur plat long, entouré d'une belle bordure de persil frit. Disposer de chaque côté 5 ou 6 écrevisses troussées, cuites au court-bouillon. Servir chaud accompagné d'une excellente sauce Nantua (voir page 31) additionnée de truffes en filets.

1 bar de 1,5 à 2 kg. Farce de poisson. Court-bouillon au vin blanc.
Pâte à choux sans sucre. 1 œuf. 5 ou 6 écrevisses. Sauce Nantua. 1 ou 2 truffes.

BAR GRILLÉ AU FENOUIL

Temps de cuisson, 25 à 30 mn

• Vider le bar et inciser ses flancs. Introduire une botte de fenouil à l'intérieur du poisson et le frotter d'huile, de poivre et de graines de fenouil séchées. Laisser reposer pendant le préchauffage du gril ou du four. Garnir le gril de branches de fenouil avant d'y poser le bar.

• Servir accompagné de petits oignons frais, de quartiers de citrons et, éventuellement, d'une sauce fine ; la béarnaise convient très bien (voir page 27).

BAR À LA JOINVILLE

Temps de cuisson, 30 à 35 mn

• Cuire le bar au court-bouillon. Dresser le poisson en l'entourant de petites barquettes en pâte brisée ou feuilletée remplies d'un ragoût de crevettes. Servir avec une sauce crevettes (voir page 29).

BAR SAUCE VÉNITIENNE

Temps de cuisson, 30 à 35 mn

• Faire pocher le bar au court-bouillon sans ébullition et le servir sur serviette avec un entourage de beau persil frisé, quelques minces lames de citron dessus et une sauce vénitienne à part (voir page 32). Avec tous les poissons bouillis on peut servir des pommes de terre à l'anglaise.

LA BARBUE

La barbue appartient à la famille des Bothidés, comme le turbot. Classée dans les poissons riches par la finesse de sa chair qui peut se prêter à de multiples présentations, elle figure sur la table des meilleures fourchettes. La barbue offre une certaine analogie d'aspect avec le turbot, mais il ne faut pas les confondre car la chair est différente : celle de la barbue est délicate, friable, alors que celle du turbot, certes aussi délectable, est plus ferme. En outre, la barbue a des écailles et le turbot n'en a pas.

La barbue peut se servir entière, cuite au court-bouillon, ou bien en filets et recevoir les mêmes apprêts que les filets de sole : à la meunière, à la Mornay, à la florentine, etc. Pour détacher les filets, on ne retire pas la peau d'abord comme il sera indiqué aux filets de sole ; on détache les filets en glissant le couteau dessous et on retourne le poisson sur la planche pour glisser le couteau entre cuir et chair. Tous les déchets servent à faire le fumet pour obtenir la sauce ensuite.

BARBUE À L'AMIRAL

Temps de cuisson, 30 à 35 mn

• Inciser longitudinalement, du côté noir, une barbue de 2,5 kg et soulever légèrement les filets pour les séparer de l'arête. Briser cette dernière en deux ou trois endroits, ce qui permettra de cuire le poisson sans que la chair se brise. Mettre dans l'intérieur de la barbue 2 cuillerées de beurre assaisonné de sel et de poivre.

- Placer le poisson sur la grille beurrée d'une turbotière. L'assaisonner de sel et de poivre. Mouiller de 5 dl de fumet de poisson (préparé au vin de Chablis). Faire partir sur le fourneau. Achever de cuire au four, à chaleur douce, en arrosant. Retirer le poisson de la turbotière, l'ébarber, enlever la peau noire et l'arête intérieure et dresser la barbue sur un grand plat de service.
- Pour préparer la sauce, passer le fond de cuisson à la passoire fine et le réduire de moitié. Ajouter 2 dl de velouté maigre et le réduire en plein feu, jusqu'à bonne consistance et en ajoutant, petit à petit, 3 ou 4 dl de crème fraîche épaisse. Compléter la sauce avec 100 g de beurre d'écrevisses, 2 cuillerées de fine champagne (flambée) et une pointe de cayenne. Passer à l'étamine.
- Napper le poisson, bien épongé, avec cette sauce brûlante et l'entourer d'une garniture amiral.

1 barbue de 2,5 kg. 70 g de beurre. 5 dl de fumet de poisson. 2 dl de velouté maigre. 4 dl de crème fraîche épaisse. 100 g de beurre d'écrevisses. 2 cuillerées de fine champagne. Pointe de cayenne.

BARBUE À LA CHANCELIÈRE

Temps de cuisson, 45 à 50 mn

- Préparer une fine julienne bien taillée avec 50 g de rouge de carotte, 50 g d'oignon et de blanc de poireau mélangés, 100 g de champignons crus et une truffe. Cuire cette julienne doucement à l'étuvée, puis la mouiller d'une demi-bouteille de vin blanc. La cuire 5 mn, et verser sur le poisson dans un grand plat à four.
- Assaisonner, couvrir d'un papier huilé et faire pocher au four en arrosant souvent pendant 45 à 50 mn, pour une barbue de 4 à 5 livres. Égoutter la cuisson et la faire réduire avec de la crème épaisse et de la béchamel en ayant soin d'y laisser la julienne. La sauce doit être exquise et assez relevée. Napper le poisson avec, et l'entourer de petits champignons de Paris étuvés et, éventuellement, de queues de crevettes liées à la sauce crevettes.

1 barbue de 2 à 2,5 kg. 80 g de carottes. 1 oignon. 1 poireau. 250 g de champignons. 1 truffe. 1/2 bouteille de vin blanc. 4 cuillerées à soupe de crème fraîche. Sauce béchamel. Sauce crevettes.

BARBUE FARCIE À LA MINERVE

Temps de cuisson, 45 à 50 mn

- Il faut ici effectuer un petit travail délicat qui consiste à désosser le poisson tout en le laissant entier. Pour cela on fait du côté noir une incision au milieu, tout le long de l'arête proéminente, et l'on glisse alors un couteau moyen assez flexible sous le filet en le détachant par petites saccades de l'arête d'un bout à l'autre. On répète cette opération sur l'autre filet, puis on casse l'arête aussi près que possible de la queue et de la tête. Il ne reste plus, ayant écarté les filets, qu'à passer le couteau sous l'arête pour finir de détacher celle-ci. Ce travail est méticuleux mais peut se faire à l'avance.

• On prépare alors une farce mousseline de poisson (voir page 41) additionnée d'un peu de champignons hachés cuits au beurre et refroidis. Introduire cette farce dans la partie désossée du poisson ; rabattre les filets dessus et mettre la barbue à pocher au vin blanc. Réduire ensuite le vin avec 250 g de crème épaisse et un quart de litre de béchamel, relevée au poivre de paprika.

• Dresser avec précaution la barbue sur un grand plat chaud, la napper de sauce, en en servant à part, et l'entourer de belles têtes de champignons tournées et de quenelles faites avec le reste de la farce, s'il y en a – cela n'est pas obligatoire car les champignons suffisent.

1 barbue. Farce mousseline. 250 g de champignons. 60 g de beurre.
4 cuillerées à soupe de vin blanc. 250 g de crème épaisse. 1/4 de litre de béchamel.
Poivre de paprika.

BARBUE À LA FRANÇAISE

Temps de cuisson, 40 à 45 mn

• Préparer et cuire la barbue au vin blanc selon la méthode habituelle.

• Pour faire la sauce, réduire le fond, le lier de 4 dl de velouté maigre et le terminer avec de la crème fraîche et du beurre. Diviser cette sauce en deux parties : conserver l'une blanche et additionner l'autre de beurre d'estragon bien vert. Passer séparément ces sauces à l'étamine.

• Pour la garniture, servir des petites cassolettes en appareil duchesse, garnies d'un ragoût de moules à la poulette, des écrevisses cuites au court-bouillon et des grosses lames de truffes. Pour dresser la barbue, saucer une moitié en blanc, l'autre moitié en vert, et disposer les garnitures autour, une rangée de lames de truffes séparant les deux couleurs.

Barbue à la chancelière
recette p. 95

La barbue offre chair délicate, i se prête à de breux apprêts.

BARBUE POCHÉE SAUCE MOUSSELINE

Temps de cuisson, 25 à 45 mn

- Le poisson bien écaillé des deux côtés, les nageoires coupées aux ciseaux, les ouïes arrachées et le ventre nettoyé, il est bon de le laisser dégorger dans l'eau froide pour que le sang, s'il en reste, soit évacué ; la chair en sera d'autant plus blanche.
- Cuire le poisson ensuite simplement à l'eau salée et citronnée sans aucun légume, en le mettant à froid et en le retirant sur le côté du feu dès que l'ébullition tend à se manifester. Le laisser pocher ainsi de 25 à 45 mn suivant sa grosseur. L'égoutter, le dresser sur un plat spécial garni d'une serviette, ou sur une planche à poisson habillée de même. L'encadrer d'une auréole de beau persil frisé et plaquer au milieu quelques minces lames de citron.
- Servir en même temps une sauce mousseline. Une sauce hollandaise, Cardinal ou autre conviendrait aussi.

BARBUE SOUFFLÉE

Temps de cuisson, 50 à 55 mn

- Il faut retirer l'arête du poisson sans abîmer celui-ci, comme il est expliqué plus haut (voir *Barbue farcie à la Minerve*). Mettre à la place de l'arête une farce de poisson mousseline additionnée d'un peu de crème fouettée et d'un gros blanc en neige. Cette farce bien blanche sera tenue assez relevée. Saler et poivrer l'intérieur de la barbue avant d'y mettre cette couche de farce, et rabattre les filets par-dessus. Il faut ensuite placer délicatement le poisson dans un plat creux à four, l'arroser d'une demi-bouteille de vin blanc, l'assaisonner et le cuire au four avec un papier beurré grassement dessus. Le four un peu chaud sans excès, il faut compter 50 mn au moins pour la cuisson, en arrosant souvent.

• Ce plat est digne de figurer sur les plus riches tables. On peut faire la sauce que l'on veut, mais en y ajoutant ou en utilisant le vin de cuisson. Verser un peu de sauce sur le poisson et le reste à part. Je recommande une sauce Cardinal.

1 barbue. Farce mousseline. 3 cuillerées à soupe de crème fouettée. 1 blanc d'œuf. 1/2 bouteille de vin blanc. Sauce Cardinal.

BARBUE À LA THÉODORA

Temps de cuisson, 50 à 55 mn

• C'est un très joli plat de dîner fin. Il faut cuire la barbue entière au four avec une demi-bouteille de vin blanc, du sel, du poivre blanc en grains. Couvrir d'un papier huilé. Arroser plusieurs fois le poisson au cours de la cuisson. Préparer pendant ce temps une livre de croquettes de pommes de terre très peu salées, dans lesquelles on mêle quelques queues de crevettes décortiquées. Ces croquettes seront façonnées en forme de petites poires, pour être dressées debout.

• Faire une sauce au vin blanc avec la cuisson de la barbue, sauce bien beurrée. En verser 5 cuillerées à part dans une casserole et y mêler un peu de beurre de crevettes (voir page 38) et une cuillerée à soupe de purée de tomates épaisse afin d'obtenir une petite sauce rouge que l'on met dans un cornet de papier.

• Placer la barbue sur un grand plat, la napper avec de la sauce au vin blanc et aussitôt faire un quadrillage avec la sauce rouge contenue dans le cornet. Dresser les croquettes frites au dernier moment tout autour et debout. Servir le reste de la sauce à part. Ce plat peut se faire aussi avec les filets de barbue en reconstituant à peu près le poisson.

1 barbue. 1/2 bouteille de vin blanc. 500 g de croquettes de pommes de terre. 100 g de queues de crevettes. Sauce vin blanc. Beurre de crevettes. 1 cuillerée à soupe de purée de tomates.

BARBUE À LA TOSCA

Temps de cuisson, 50 à 55 mn

• Procéder comme ci-dessus quant à la cuisson et à la sauce dont un tiers sera additionné de purée de tomates. Préparer des quenelles de poisson en farce mousseline (voir page 41) avec du brochet ou du merlan, colin, etc. Mouler ces quenelles à la cuillère à soupe et les pocher à l'eau salée.

• Dresser la barbue et la napper de la sauce au vin blanc. Parsemer le poisson de truffes en filets fins, et l'entourer avec les quenelles sur lesquelles on verse la sauce rouge.

BARBUE À LA VICTORIA

Temps de cuisson, 50 à 55 mn

• Désosser la barbue comme il est dit pour la *Barbue farcie à la Minerve*, et la farcir d'une fine farce de poisson mousseline. La faire pocher au four au vin blanc de Bourgogne en l'arrosant souvent, pendant 45 à 50 mn. Pendant ce temps, cuire au court-bouillon un petit homard de 500 à 600 g, le décortiquer et piler la carapace pour faire un beurre de homard (voir page 39) qui servira à préparer une sauce Cardinal (voir page 28).
• Dresser délicatement la barbue sur le plat, la napper de sauce Cardinal et placer dessus une rangée d'escalopes de queue de homard chauffées au beurre. Disposer une lame de truffe dessus. Servir à part le reste de la sauce dans lequel on a ajouté les déchets de homard.

1 barbue. Farce mousseline. 1/2 bouteille de vin blanc. 1 homard de 500-600 g. Sauce Cardinal.

TRONÇONS DE BARBUE À LA DUGLÉRÉ

Temps de cuisson, 15 à 25 mn

• Cette délicieuse préparation, qui porte le nom d'un excellent maître cuisinier, chef au célèbre *Café anglais* sur les boulevards, peut être appliquée à tous les poissons en filets ou en tronçons. Les barbues ou les turbots préparés ainsi ne doivent pas peser plus d'1 kg ou 1,5 kg.
• Faire blondir au beurre un gros oignon finement émincé, puis y ajouter 500 g de tomates pelées, vidées et un peu hachées. Les laisser bien fondre. Pendant ce temps découper la barbue en morceaux et les cuire au vin blanc. Mettre cette cuisson dans les tomates, ajouter du persil haché et un peu d'échalote. Cuire 8 à 10 mn, puis ajouter un bon morceau de beurre manié avec farine à poids égal. Allonger d'un peu d'eau si la sauce est très épaisse, relever l'assaisonnement. Verser la sauce sur le poisson maintenu au chaud, parsemer de persil et servir.

1 barbue. 1 oignon. 500 g de tomates. 3 verres de vin blanc.
5 cuillerées à soupe de persil haché. 1 échalote. 50 g de beurre. 50 g de farine.

LA BAUDROIE

Voir La lotte de mer. Ce poisson de la famille des Lophiidés est en effet plus connu sous le nom de lotte, et nous le lui laisserons pour ne pas compliquer le travail et la mémoire de la ménagère. C'est un poisson avantageux, sans arêtes ni déchets puisqu'il vient à Paris vidé et étêté : son aspect au naturel est presque terrifiant !

LA BONITE

Ce poisson peu connu dans la partie nord de la France est commun à la Méditerranée. Il appartient à la famille des Scombridés, comme le thon et le maquereau. Il ressemble à ce dernier par la couleur, mais il est bien plus proche du thon par ses dimensions ; son aspect est celui d'un gros maquereau.

La bonite se coupe en tranches et se fait griller, ou se cuit au court-bouillon. C'est un poisson à chair grasse et les gros sujets peuvent se conserver en boîte à l'huile, comme le thon.

Il n'y a pas lieu de lui consacrer des recettes, celles qui concernent le thon pouvant lui être appliquées.

LE CABILLAUD

Le cabillaud et l'églefin qui lui ressemble appartiennent à la famille des Gadidés, famille nombreuse. Le cabillaud n'est autre que la morue fraîche, et l'églefin – ou aigrefin ou aiglefin, car on lui applique un état civil varié – sert à faire le délicieux haddock.

À droite : cabillaud à la Mistral, recette p. 102

Le cabillaud est très bon, mais son défaut réside dans la fragilité de sa chair après cuisson. Il se cuit au court-bouillon, entier ou en tranches, il se frit, se fait à la poêle...

Tous les traitements lui conviennent. Il offre quelque analogie avec le colin, de la même famille, mais le colin est plus fin et de chair moins fragile.

CABILLAUD BOUILLI NATURE

Temps de cuisson, 10 à 15 mn

- Cuire le cabillaud en tranches au court-bouillon. Le dresser sur serviette avec un bouquet de persil frisé à chaque bout.
- Servir en même temps une timbale de pommes de terre à l'anglaise et une saucière de beurre fondu.

CABILLAUD FRIT

Temps de cuisson, 8 à 10 mn

- Passer des tranches assez minces de cabillaud au lait puis à la farine. Les faire frire à friture brûlante 8 à 10 mn. Les servir avec des quartiers de citron ou une sauce tartare.

CABILLAUD MARINA

Temps de cuisson, 10 à 15 mn

Plat froid

- Cuire au court-bouillon et refroidir des tranches de cabillaud ou de colin. Les dresser sur plat froid et les décorer de minces lanières de saumon fumé cru que l'on dispose en quadrillage.
- Mettre une rondelle d'olive dans les croisillons et border les tranches de poisson avec une mayonnaise assez épaisse que l'on couche au moyen d'une poche et d'une douille cannelée.
- Disposer des lames minces de citron autour du plat.

CABILLAUD À LA MISTRAL

Temps total de cuisson, 25 à 30 mn

• Saisir à l'huile des deux côtés des tranches de cabillaud farinées. Les mettre dans un plat à gratin creux. Faire frire dans la même huile 250 g de tomates pelées et hachées et 150 g de champignons émincés. Ajouter une pointe d'ail, du sel, du poivre et du persil. Quand le tout est bien fondu et saisi, mouiller d'un verre de vin blanc, verser sur le poisson et autour. Saupoudrer de chapelure, arroser d'huile et faire gratiner au four 15 à 20 mn.

• C'est un plat de cuisine méridionale et ménagère.

Tranches de cabillaud. 5 cuillerées à soupe de farine. 7 cuillerées à soupe d'huile. 250 g de tomates. 150 g de champignons. 1 gousse d'ail. 2 brins de persil. 1 verre de vin blanc. 3 cuillerées à soupe de chapelure.

CABILLAUD À LA PORTUGAISE

Temps de cuisson, 15 à 20 mn

• Détailler le cabillaud en tranches de 250 g. Les assaisonner de sel et de poivre. Les ranger dans un plat à sauter contenant, pour 5 tranches, 100 g de beurre, un décilitre d'huile, 100 g d'oignon haché revenu au beurre, une petite gousse d'ail écrasée, 2 pincées de persil concassé, 500 g de tomates pressées et concassées, 100 g de riz aux trois quarts cuit à l'eau salée et 2 dl de vin blanc.

• Couvrir la casserole et faire partir à grand feu. Cuire à couvert pendant 10 mn.

• Au bout de ce temps, découvrir l'ustensile pour la réduction, laquelle doit se trouver à point en même temps que le poisson, dont la cuisson complète demande 18 mn. Dresser les tranches sur un plat long et les couvrir avec la cuisson et la garniture.

5 tranches de cabillaud de 250 g. 100 g de beurre. 1 dl d'huile. 2 oignons. 1 gousse d'ail. 1 cuillerée à café de persil. 500 g de tomates. 100 g de riz. 2 dl de vin blanc.

CABILLAUD SAUCE PERSIL

Temps de cuisson, 10 à 15 mn

• Faire cuire au court-bouillon des tranches de cabillaud de 150 g environ et les servir accompagnées d'une sauce blanche (voir page 26) additionnée d'une pincée de persil haché.

CABILLAUD SAUTÉ À LA BOMBAY

Temps de cuisson, 6 à 8 mn

• Détailler la chair de cabillaud en morceaux carrés de 4 centimètres de côté. Assaisonner de sel et de curry, fariner. Faire sauter vivement à la poêle, au beurre clarifié. Dresser dans une bordure de riz à l'indienne (voir page 262). Mettre autour de cette bordure de la fondue de tomates et des aubergines en gros dés, sautées à l'huile, disposées en bouquets alternés. Saupoudrer de persil haché.

Servir la sauce curry (voir page 29) à part ou en napper le poisson juste avant de servir.

1 kg de cabillaud. 1/2 cuillerée à café de curry. 3 cuillerées à soupe de farine. 50 g de beurre. 5 tomates. 800 g d'aubergines. 3 cuillerées à soupe de persil haché. Sauce curry.

LE CARRELET

Ce poisson, comme le flétan et la limande, est de la famille des Pleuronectidés. Il est plat et se différencie des limandes par des points de couleur rouge orangé qu'il porte sur le côté noir de sa peau. C'est un poisson très commun, mais qui rend bien service dans la cuisine ménagère.

Il se fait surtout frire, cuire au beurre ou à l'huile à la poêle après avoir été fariné, mais il se traite aussi d'autres façons, soit entier, soit en filets.

CARRELETS AU GRATIN

Temps de cuisson, 20 mn

- Hacher finement 100 g de champignons crus. Les faire rissoler dans un peu de beurre, puis ajouter une demi-tasse à café de vin blanc et une tasse à thé de sauce brune. Assaisonner. Ajouter une cuillerée de purée de tomates, une autre de persil haché, puis verser cette sauce sur 3 carrelets de 200 g chacun, placés dans un plat à gratin, salés et poivrés. Saupoudrer d'une pincée de chapelure et faire cuire les poissons en les faisant gratiner en même temps. Servir de suite avec du persil haché.
- Tous les poissons, soit entiers s'ils sont plats, soit en tranches ou en filets, peuvent se préparer ainsi. Par exemple les limandes, les plies, les merlans, les rougets, etc.

3 carrelets de 200 g. 100 g de champignons. 50 g de beurre. 1/2 tasse à café de vin blanc. 1 tasse à thé de sauce brune. 1 cuillerée à soupe de purée de tomates. 2 cuillerées à soupe de persil haché. 1 cuillerée à soupe de chapelure.

CARRELETS SUR LE PLAT À LA MINUTE

Temps de cuisson, 15 mn

- Nettoyer les carrelets et fendre un peu la peau de chaque côté avec la pointe du couteau en formant comme un quadrillage. Les mettre dans un plat à gratin. Disposer dessus du sel et du poivre, 3 ou 4 échalotes hachées et aussi du persil. Arroser à fleur du poisson avec du vin blanc, parsemer de chapelure, mettre des noisettes de beurre en place et cuire dans un four brûlant pour assurer la cuisson en même temps que le gratin.
- Tous les poissons ou tranches de poisson peuvent se faire ainsi ; aussi bien les soles que les merlans ou les morceaux de gros poissons.

3 carrelets. 3 ou 4 échalotes. 2 brins de persil. 2 verres de vin blanc. 2 cuillerées à soupe de chapelure. 80 g de beurre.

LE CHALUET

Ce poisson de la famille des Cottidés est aussi appelé chaboisseau, diable de mer, scorpion de mer, crapaud de mer. Il est très laid, très épineux et ne quitte guère les côtes océanes où on le pêche à marée basse. Les pêcheurs en font d'excellentes soupes, ainsi que d'un autre spécimen de la même famille appelé souris de mer à cause de sa taille plutôt petite.

LE CHIEN DE MER

Voir La roussette, qui est le vrai nom de ce poisson très commun.

LE CHINCHARD

De la famille des Carangidés, ce poisson ressemble un peu au maquereau, mais il est assez petit. Le chinchard se blottit souvent sous les méduses. Il est mis en conserve soit à l'huile, soit à la tomate.

LE COLIN

Ce poisson est aussi appelé lieu noir. Il appartient à la famille des Gadidés et rend de très grands services en cuisine.

Il se fait entier, en filets ou en tranches, au court-bouillon ou frit, et reçoit toutes les préparations que l'on veut. Considéré autrefois comme un poisson commun, il a pris du galon depuis ces dernières années et son prix s'est élevé d'autant, malgré son abondance. Il se détaille surtout en filets.

On peut aussi présenter le colin suivant la plupart des formules que l'on trouve aux filets de sole.

COLIN BOUILLI AVEC SAUCES DIVERSES

Temps de cuisson, 15 mn

• On peut servir avec un colin ou un tronçon de colin les mêmes sauces que l'on servirait avec un bar ou une truite : sauces aïoli, Chivry, crevettes, Cardinal, Nantua, hollandaise, etc. (voir chapitre *Sauces*).

COLIN À LA FLORENTINE

Temps de cuisson, 20 mn

• Cuire le colin comme indiqué aux *Filets de colin chauds à la russe*, avec la même sauce. Par ailleurs, faire cuire 10 mn à l'eau salée 3 livres d'épinards bien effeuillés. Les égoutter, rafraîchir, presser dans les mains et les faire sauter au beurre. Mettre ces épinards tels quels dans le fond du plat à gratin, les filets de poisson dessus, les napper de sauce Mornay (voir page 30) et faire gratiner.

Colin bouilli à l'aïoli, recette p. 34

• On peut préparer de même tous les poissons en filets ou tout au moins désossés. Les deux éléments forment un tout délicieux.

1 kg de filets de colin. 2 oignons. 1 carotte. 2 échalotes. 80 g de beurre. 1 verre de vin blanc. 1 cuillerée à soupe de persil haché. 1 branche de céleri. 1 citron. 2 cuillerées à soupe de farine. 1,5 kg d'épinards. Sauce Mornay.

COLIN À LA MORNAY

Temps de cuisson, 20 mn

• Cuire le colin comme indiqué aux *Filets de colin chauds à la russe*. Faire une sauce béchamel très épaisse que l'on éclaircit un peu avec le vin blanc de la cuisson du poisson, mais après avoir bien laissé réduire celle-ci en plein feu. Ajouter à cette sauce une poignée de gruyère râpé.
• Mettre le poisson dans un plat à gratin, verser la sauce dessus, parsemer de chapelure, arroser de beurre fondu et faire gratiner à feu vif.

1 kg de filets de colin. 2 oignons. 1 carotte. 2 échalotes. 125 g de beurre. 1 verre de vin blanc. 1 cuillerée à soupe de persil haché. 1 branche de céleri. 1 citron. 2 cuillerées à soupe de farine. Sauce béchamel. 60 g de gruyère râpé. 3 cuillerées à soupe de chapelure.

COLIN PANÉ À L'ANGLAISE

Temps de cuisson, 10 mn

• Assaisonner de sel et de poivre les filets de colin tronçonnés. Les passer dans du lait, puis les rouler dans la farine. Les tremper ensuite bien soigneusement dans du blanc d'œuf battu avec autant d'huile, et enfin les passer dans la chapelure blonde. Les ranger à mesure dans un plat allant au four (plat de fer ou de cuivre étamé), les arroser d'huile et les cuire ainsi 8 à 10 mn à four très brûlant. Servir en plaçant un beurre maître d'hôtel (voir page 39) sous les filets afin que leur chaleur le fasse fondre.

• On peut, les ayant cuits de cette manière, les accompagner d'une sauce tomate et de pommes de terre d'une façon quelconque.

1 kg de filets de colin. 3 cuillerées à soupe de lait. 2 cuillerées à soupe de farine. 1 blanc d'œuf. 6 cuillerées à soupe d'huile. 3 cuillerées à soupe de chapelure. 80 g de beurre. 1/2 citron. 1 cuillerée à café de persil haché.

COLIN À LA PARMENTIER

Temps de cuisson, 20 à 25 mn

Restes de poisson

• Cuire des pommes de terre à l'eau, les couper en lames assez épaisses et les placer en bordure sur un plat rond à gratin. Mettre au milieu le reste de colin, ou d'un autre poisson dont on dispose, bien épluché. Parsemer de champignons émincés et rissolés et recouvrir le tout d'une sauce crevettes (voir page 29), ou simplement d'une béchamel un peu tomatée, ce qui lui donne la couleur crevette. Saupoudrer un ou 2 jaunes d'œufs durs hachés, arroser de beurre et faire mijoter 15 mn à four moyen.

200 g de colin cuit. 500 g de pommes de terre. 250 g de champignons. Sauce crevettes. 2 œufs durs. 60 g de beurre.

COLIN À LA RUSSE

Temps de cuisson, 10 à 15 mn

Plat froid

• Partager en deux un beau morceau de colin cuit et froid et mettre dans un plat les deux moitiés dont les arêtes ont été soigneusement ôtées. Garnir les extrémités du plat avec un petit monticule de salade russe liée de mayonnaise.

• Décorer l'ensemble au moyen d'une poche et d'une douille cannelée, avec une mayonnaise très ferme, obtenue en mettant un jaune d'œuf de plus pour la même proportion d'huile.

FILETS DE COLIN À LA BERCY

• Procéder comme pour les merlans du même nom (voir page 126).

FILETS DE COLIN À LA DUGLÉRÉ

• Procéder comme pour les tronçons de barbue du même nom (voir page 99).

FILETS DE COLIN AU GRATIN

- Procéder comme pour les carrelets du même nom (voir page 103).

FILETS DE COLIN CHAUDS À LA RUSSE

Temps de cuisson, 25 à 30 mn

- Couper en minces rondelles 2 oignons, une carotte et 2 échalotes et faire cuire doucement ces légumes au beurre à couvert. Les mouiller d'un verre de vin blanc et cuire 15 mn à bon feu. Saler, poivrer, ajouter du persil haché et du céleri haché, du jus de citron et un morceau de beurre pétri d'un peu de farine.
- Ces légumes étant bien cuits, les verser sur les filets de poisson crus, rangés dans un plat à gratin et assaisonnés légèrement puisque la sauce l'est déjà. Parsemer d'une pincée de mie de pain, arroser de beurre et mettre à four chaud pour assurer la cuisson en même temps que le gratin.

1 kg de filets de colin. 2 oignons. 1 carotte. 2 échalotes. 80 g de beurre. 1 verre de vin blanc. 1 cuillerée à soupe de persil haché. 1 branche de céleri. 1 citron. 2 cuillerées à soupe de farine. 1 cuillerée à soupe de mie de pain.

TRONÇON DE COLIN À L'ANGLAISE

Temps de cuisson, 18 à 20 mn

- Tous les gros poissons ou tronçons de poisson peuvent se traiter ainsi nature, ce qui se dit à l'anglaise.
- Cuire le poisson dans un court-bouillon bien condimenté en évitant toute ébullition pendant 18 à 20 mn par kilogramme. Le servir sur serviette après l'avoir dépouillé et l'entourer de pommes de terre à l'anglaise, d'un bouquet de persil, de tranches de citron et, facultativement, de champignons cuits préalablement. Servir un beurre fondu à part.

TRONÇON DE COLIN BOUILLI SAUCE CÂPRES

Temps de cuisson, 18 à 20 mn

- Pour le cas où l'on n'a pas besoin d'un colin entier, mais seulement d'un beau morceau, on le fera cuire au court-bouillon. Étant donné que la chair de ce poisson est assez rapidement cuite et que le court-bouillon ne doit pas bouillir, il faut préparer d'avance le court-bouillon pour que le poisson soit pénétré des principes aromatiques.
- Servir le colin sur un plat garni d'une serviette qui en éponge le court-bouillon. L'entourer de persil vert, et présenter à part une sauce aux câpres (voir page 28) avec, si l'on veut, des pommes de terre à l'anglaise.

TRONÇON DE COLIN FROID À LA RUSSE

Temps de cuisson, 18 à 20 mn

Plat froid

- Pocher le colin suivant les indications données ci-dessus. Laisser refroidir. Napper le poisson de gelée après l'avoir décoré de quelques petits motifs de truffe. Compléter avec de la gelée hachée. Poser le colin sur un bout du plat et, de l'autre, disposer une salade russe en dôme que l'on recouvre de blancs d'œufs durs, de jaunes d'œufs et de truffes (le tout haché séparément). Alterner les teintes. Terminer avec des croûtons de gelée et du persil.

LE CONGRE

Le congre ou anguille de mer appartient à la famille des Anguillidés ; il y a des congres à peau noire et d'autres à peau plus claire. Ces poissons peuvent atteindre jusqu'à 2 m de longueur et certains spécimens font 25 kg. Sans être de qualité, le congre est cependant appréciable dans la cuisine ménagère ; sa chair ferme se prête à la cuisson et on en fait des matelotes tout comme avec sa cousine l'anguille de rivière. Il se prépare aussi rôti ou en cocotte, et, d'une manière générale, il vaut mieux que sa réputation.

Comme tous les poissons, le congre se cuit en tranches ou en tronçons, au court-bouillon et se sert avec une sauce aux câpres ou une autre à son goût (voir chapitre *Sauces*). On peut aussi le faire frire en tranches minces farinées et le servir avec une sauce tartare ; ces apprêts sont d'ailleurs communs à presque tous les poissons.

CONGRE BRAISÉ EN COCOTTE AUX LENTILLES

Temps de cuisson, 1 h

Plat économique

• Piquer de lardons un morceau de congre pesant 1 kg. Le faire revenir au beurre en cocotte avec des oignons, des carottes et un bouquet garni. Quand les légumes sont roussis, mouiller avec un peu de vin, rouge ou blanc suivant ses préférences. Assaisonner, couvrir et laisser braiser tout doucement au moins 60 mn.

Congre à la maraîchère

• Préparer à part des lentilles. Égoutter la cuisson du congre, ôter le bouquet et ajouter les carottes et oignons aux lentilles assaisonnées. Lier le jus d'un peu de beurre manié de farine pour former une sauce légère, et servir le poisson découpé entouré des légumes, le jus à part.
• On peut remplacer les lentilles par des haricots.

1 kg de congre. 100 g de lardons. 2 oignons. 2 carottes. 1 bouquet garni. 70 g de beurre. 2 verres de vin blanc ou rouge. 300 g de lentilles. 30 g de farine.

CONGRE À LA COCOTTE

Temps de cuisson, 40 mn

• Prendre une belle tranche d'environ 1 kg, couper les nageoires et la faire revenir au beurre en cocotte de fonte, avec une vingtaine de petits oignons autour. Quand le tout est bien jauni, mouiller avec un verre de vin blanc, assaisonner de sel, de poivre et d'un bouquet garni. Couvrir et laisser cuire lentement soit dans le four, soit à petit feu pendant 40 mn.
• Servir le poisson entouré des petits oignons et de pommes de terre à l'anglaise. Lier le jus de cuisson avec une noix de beurre mélangé de farine et arroser le congre de cette sauce.

1 kg de congre. 200 g de petits oignons. 70 g de beurre. 1 verre de vin blanc. 1 bouquet garni. 30 g de farine.

CONGRE À LA MARAÎCHÈRE

Plat économique

Temps de cuisson, 50 à 55 mn

• Faire une jardinière de légumes avec des carottes, des navets, des oignons, des haricots verts et un cœur de chou. Tous ces légumes coupés en morceaux sont rissolés à la margarine ou à l'huile, puis poudrés légèrement de farine, mouillés d'eau, assaisonnés et cuits aux trois quarts.
• Ajouter ensuite quelques tranches de congre, farinées et rissolées un peu à la poêle. Laisser finir la cuisson de l'ensemble à petit feu et servir. On peut ajouter de la tomate en quartiers ou en purée et aussi d'autres légumes : pois, fonds d'artichauts, flageolets, etc.

CONGRE EN MATELOTE

Temps de cuisson, 35 à 40 mn

• Couper en tranches 1 kg de petits congres, les laver et les éponger. Faire jaunir au beurre quelques oignons coupés en quartiers ou les laisser entiers s'ils sont petits. Lorsqu'ils sont presque cuits, mettre dessus les morceaux de congre et baigner le tout avec du bon vin rouge. Saler, poivrer, condimenter d'un bouquet garni et cuire à bon feu ; ce poisson étant de chair ferme, la cuisson peut bouillir. Après 20 à 25 mn, ajouter 250 g de champignons bien nettoyés et préalablement sautés au beurre, soit entiers soit en morceaux suivant leur grosseur. Cuire encore 10 mn, puis lier la cuisson avec 50 g de beurre fin pétri avec une bonne cuillerée à café de farine de façon à constituer une sauce crémeuse mais pas trop épaisse ; la goûter et mettre à point.

• Comme le vin rouge cuit se décompose et devient violacé, il est bon de colorer la sauce avec du caramel ou de la glace de viande. Servir avec des croûtons frits autour du plat (facultatif).

1 kg de petits congres. 120 g de beurre. 3 oignons. 3 verres de vin rouge. 1 bouquet garni. 250 g de champignons. 1 cuillerée à café de farine. Caramel ou glace de viande.

CONGRE À LA MATHURINE

Temps de cuisson, 45 mn

• Prendre 1 kg de congre d'un seul morceau. Le faire revenir en cocotte, au beurre ou à l'huile brûlante. Y ajouter un oignon et une carotte en rouelles et, quand le tout est coloré, mouiller avec un demi-verre de vin blanc et un verre de crème de lait. Saler, poivrer et couvrir la cocotte pour laisser cuire lentement le tout pendant 45 mn.

• Pendant ce temps, faire cuire des pommes de terre au four, puis les vider pour en conserver la pulpe que l'on écrase avec du sel, du poivre, de la muscade râpée et un fort morceau de beurre. Ajouter 2 jaunes d'œufs par livre de cette purée et façonner alors comme de petites galettes bien régulières que l'on dore à l'œuf. Les mettre au four sur une tôle beurrée. Dresser le congre avec, dessus, sa sauce passée au tamis fin et les pommes de terre autour. Servir bien chaud.

1 morceau de congre d'1 kg. 4 cuillerées à soupe d'huile. 1 oignon. 1 carotte. 1/2 verre de vin blanc. 1 verre de crème de lait. 500 g de pommes de terre. Muscade. 100 g de beurre. 2 jaunes d'œufs. 1 œuf entier.

CONGRE À LA MÉNAGÈRE

Temps de cuisson, 45 à 50 mn

Plat économique

• Le congre rôti ainsi est excellent, malgré ses arêtes un peu nombreuses. Il faut d'abord lui ôter la peau. Il serait préférable de piquer le congre, une fois dépouillé, avec des petits lardons, comme on pique un filet de bœuf.

• Prendre 1 kg de congre, le dépouiller, faire bien rissoler au beurre et mettre au four chaud avec des petits oignons autour, un bouquet garni et un bon assaisonnement. Quand l'extérieur est bien roussi, mouiller d'un verre de vin blanc et continuer la cuisson toujours à découvert, en arrosant la pièce fréquemment. La cuisson demande de 45 à 50 mn. Il convient de s'assurer de la parfaite cuisson afin de ne pas servir le poisson saignant.

• On peut lier le jus avec une cuillerée de tomate concentrée, ou avec un beurre manié de farine et un jus de citron. Accompagner d'une purée de pommes de terre ou de haricots blancs : c'est délicieux.

1 kg de congre. 100 g de petits lardons. 50 g de beurre. 150 g de petits oignons. 1 bouquet garni. 1 verre de vin blanc.

FILETS DE CONGRE EN ÉPERLANS

Temps de cuisson, 12 à 15 mn

• On peut présenter ces filets comme une friture d'éperlans et c'est très bon. Il faut dépouiller des tranches assez minces de congre et ôter l'arête, puis détailler les chairs en filets de la taille de l'index. Les faire macérer 60 mn dans un peu de lait froid salé, puis les égoutter et les rouler dans la farine pour qu'ils soient bien enduits.

• Les plonger, par petites quantités à la fois, dans une friture d'huile brûlante. Les dresser en buisson et les servir aussitôt, pendant qu'ils sont bien croquants, avec des quartiers de citron.

LA DAURADE OU DORADE

Ce poisson appartient à la famille des Sparidés qui compte différents sujets dont la daurade, le pageau et le pagre sont les spécimens les plus appréciés.

La daurade est bien connue de nos ménagères, qui doivent veiller à ce que la chair en soit ferme, l'œil brillant et les ouïes bien rouges. On peut cuire ce poisson entier soit au court-bouillon, soit au four avec diverses sauces et garnitures. Présentée aussi en tranches ou en filets, la daurade se prête à de nombreuses préparations.

DAURADE À LA BERCY

• Procéder comme pour les merlans du même nom (voir page 126).

DAURADE À LA BOURGEOISE

Temps de cuisson, 20 à 25 mn

• Se fait entière si elle ne dépasse pas 700 à 800 g, ou en tranches au-dessus de ce poids. Mettre la daurade dans un plat creux à gratin dont le fond sera parsemé copieusement d'échalotes hachées passées au beurre sans être rissolées. Répandre dessus et autour une bonne quantité de champignons en lames. Mouiller assez fortement de vin blanc, saler, poivrer, ajouter du persil haché, quelques noisettes de beurre et glisser à four chaud. Arroser la daurade pendant sa cuisson. Après environ 20 mn, parsemer de chapelure et faire bien gratiner sans plus arroser. Servir dans le plat même.

1 daurade. 3 échalotes. 80 g de beurre. 250 g de champignons. 3 verres de vin blanc. 2 cuillerées à soupe de persil haché. 3 cuillerées à soupe de chapelure.

DAURADE GRILLÉE

Temps de cuisson, 25 à 30 mn

• Bien nettoyer et écailler le poisson, puis faire de chaque côté des incisions tout du long assez profondes, puisque ce poisson est épais. Le fariner ensuite, le

Daurade grillée, recette p. 111

badigeonner d'huile et le mettre à cuire sur le gril à feu modéré. Le temps de cuisson dépendant de la grosseur du poisson ne peut être indiqué ; d'ailleurs je ne conseille pas de griller de très gros poissons, on a trop souvent des mécomptes avec.

DAURADE NOÉMIE

Temps de cuisson, 35 à 40 mn

Pour 10 personnes

- Recette d'après René Viaux, chef de cuisine, « Meilleur Ouvrier de France ».
- Prendre 2 daurades de 1,5 kg environ, les écailler et les vider par les ouïes selon l'usage, bien les laver après habillage intérieurement et extérieurement. Préparer une farce avec 200 g de mie de pain trempée au lait et pressée sans exagération ; 150 g d'oignons et d'échalotes ciselés et fondus au beurre ; 500 g de duxelles sèche bien blanche (champignons, oignons et échalotes passés à la poêle) ; 15 cl de crème. Bien malaxer le tout en ajoutant du sel, du poivre, une prise de fleur de thym, et introduire dans les poissons par les ouïes.
- Beurrer un plat en terre allant au four, assez grand pour contenir les 2 daurades. Parsemer sur le beurre 40 g d'échalote ciselée et 200 g de champignons émincés. Poser les poissons, les saupoudrer de sel modérément, les arroser avec 40 cl de vin blanc sec et autant de fumet de poisson. Diviser sur le tout 80 g de beurre en noisettes. Cuire au four de bonne chaleur et arroser souvent.

Daurade rôtie

• Aux deux tiers de la cuisson, ajouter 50 cl de crème en arrosant les poissons. La sauce se forme seule, sans farine, par la combinaison du fumet, de la crème et du glaçage de la surface des poissons, pendant la cuisson et grâce à la réduction partielle de tous ces éléments. Servir très chaud dans le plat de cuisson.

2 daurades. 200 g de mie de pain. 2 verres de lait. 5 oignons. 4 échalotes. 450 g de champignons. 65 cl de crème. 140 g de beurre. 1 prise de fleur de thym. 40 cl de vin blanc sec. 40 cl de fumet de poisson.

DAURADE RÔTIE

Temps de cuisson, 30 à 45 mn

• Bien écailler le poisson et ciseler les flancs. Assaisonner, huiler, ajouter thym, laurier et mettre à four chaud. Arroser souvent de beurre fondu ; l'huile est préférable au début de la cuisson, mais le beurre doit lui succéder. Quand le poisson est bien cuit, le mettre sur un plat et tenir au chaud. Déglacer le fond de cuisson avec un filet de vin blanc, laisser réduire 5 mn et ajouter hors du feu un morceau de beurre frais et du persil haché. Dresser la daurade sur un lit de pommes de terre braisées au four et verser la sauce sur le tout.

1 grosse daurade. 4 cuillerées à soupe d'huile. 80 g de beurre. 1 cuillerée à soupe de vin blanc. 2 cuillerées à soupe de persil haché. Thym. Laurier.

FILETS DE DAURADE SAUCE ANCHOIS

Temps de cuisson, 15 à 20 mn

• Pour détacher les filets de ce poisson, il faut d'abord lui couper la tête, puis, en appuyant la main gauche bien à plat dessus, faire glisser un couteau mince le long de l'arête depuis la queue jusqu'à l'autre extrémité, en s'y prenant avec adresse pour ne pas laisser trop de chair sur l'arête ; l'opération renouvelée sur la seconde face vous livre deux beaux filets. Les laver et les éponger.

• Avec les arêtes et les têtes, faire un petit fumet de poisson au vin blanc qui servira d'abord pour pocher les filets et ensuite pour faire une sauce blanche bien crémeuse à laquelle on additionne au moment de servir une cuillerée à café d'essence d'anchois, ou 2 à 3 filets d'anchois à l'huile, écrasés et passés au tamis en fine purée.

• L'essence d'anchois, que l'on trouve en flacon dans le commerce, est plus pratique, puisqu'elle évite de salir tamis et pilon, qui sont bien difficiles à débarrasser de l'odeur de l'anchois. C'est aussi bien plus vite fait.

FILETS OU TRANCHES DE DAURADE À L'ARLÉSIENNE

Temps de cuisson, 18 mn

• Fariner les filets ou les morceaux de poisson et les cuire à la poêle avec moitié beurre et moitié huile. Les mettre dans le plat et jeter à leur place 500 g de tomates épépinées et coupées assez menues. Saler, poivrer, ajouter des échalotes hachées et de l'ail écrasé.

• Cuire ces tomates, puis les mouiller d'un filet de vin blanc. Bien réduire, persiller, beurrer et verser sur les poissons.

1 kg de filets de daurade. 3 cuillerées à soupe d'huile. 70 g de beurre.
500 g de tomates. 2 échalotes. 1 gousse d'ail. 1 cuillerée à soupe de vin blanc.
1 cuillerée à soupe de persil.

L'ÉGLEFIN

Dit aussi aiglefin ; ce poisson appartient à la famille des Gadidés, tout comme le cabillaud. On l'utilise surtout pour faire le délicieux haddock fumé (voir page 118) que chacun connaît ; on n'emploie pour cela que les spécimens moyens ne dépassant pas 1 kg à 1,5 kg.

Les gros églefins se traitent aussi frais, comme le cabillaud. Il n'y a donc pas lieu d'en faire le sujet de recettes particulières.

L'ÉPERLAN

Ces petits poissons font partie de la grande famille des Salmonidés et, même si la cuisine savante leur a appliqué des recettes travaillées, j'estime que la friture doit être leur fin dernière.

ÉPERLANS FRITS EN BUISSON

• Les passer au lait salé, les fariner ensuite et les plonger, peu à la fois, dans un bain de friture d'huile brûlante que l'on tient en plein feu pour qu'il reste chaud. Servir les petits poissons aussitôt frits et bien croquants, accompagnés de persil frit et de quartiers de citron.

Temps de cuisson, 6 à 12 mn

L'ÉQUILLE

Elle appartient à la famille des Ammodytidés, tout comme le lançon auquel elle ressemble. Ce curieux poisson vit dans le sable des rivages qu'il creuse avec rapidité ; il y pond d'ailleurs des œufs qui se collent et se mêlent au sable. Lorsque la marée recouvre le sable, l'équille sort chercher sa nourriture. Très mince et long, ce poisson, qui n'a pas d'arêtes, se fait frire comme l'éperlan.

L'ESTURGEON

Ce poisson, de la famille des Acipenseridés, vit dans les mers, mais au printemps, au moment de la ponte, il remonte les fleuves : on le pêche dans le Danube et les fleuves de Russie. En France, on en pêche parfois dans la Garonne et le golfe de Gascogne. Ce sont ses œufs qui deviennent après certaines préparations le caviar dont la vogue fut si grande.

L'esturgeon, remarquable par les écussons osseux qui ornent son dos, atteint des dimensions impressionnantes.

Sa chair comestible s'apprête de diverses façons.

CAVIAR

• Il peut être intéressant de savoir comment on le prépare, même si on le fait rarement soi-même. Voici, grosso-modo, l'exposé de la fabrication du caviar à grains et du caviar solide.

• On met les œufs extraits de l'esturgeon sur un tamis formé d'un cadre en bois sur lequel on a tendu un filet en coton à mailles très serrées, à travers lesquelles les grains de caviar doivent pourtant passer. On étend les œufs sur le tamis en les pressant avec les mains ; les grains se séparent des membranes ovariennes et tombent dans un tonneau, tandis que les fibres restent sur le tamis. Pour préparer le caviar liquide, on met dans le tonneau qui reçoit les grains de caviar du sel en poudre très fin, 4 à 6 % suivant la saison (d'ailleurs moins le caviar est salé et plus on l'estime) ; toutefois ce n'est qu'en hiver qu'on peut le préparer ainsi. Bientôt les grains acquièrent de la résistance en s'imbibant de sel et on a la sensation de remuer des perles. C'est le signe que le caviar est fait à point. On le transvase alors dans des barils de tilleul, les seuls qui ne lui communiquent aucun goût désagréable.

Éperlans frits,
recette p. 115

• Si l'on veut préparer du caviar solide, on verse dans le tonneau contenant les œufs une dissolution de sel, dont le degré de concentration varie également avec la température. Pour que les grains s'imprègnent bien, on imprime à la saumure un mouvement circulaire, en la remuant avec une pelle, puis on verse toute la masse sur un grand tamis en crin. Quand le liquide superflu s'est écoulé, on met le caviar dans des sacs de natte ; on les presse fortement pour en exprimer la saumure et pour en faire une masse homogène. On retire le caviar pressé des sacs et on en remplit des barils en foulant fortement. Les barils sont toujours garnis intérieurement de toile. On en remplit aussi des boîtes de fer-blanc qu'on ferme hermétiquement. Enfin, pour rehausser le goût du caviar, on ajoute communément, dans les boîtes ou dans les barils, de la muscade, des clous de girofle, du poivre et autres aromates.

• Il est à remarquer que le caviar solide est d'un goût moins délicat que le premier à cause des grains crevés qu'il renferme, résultant de la pression énergique à laquelle il a été soumis. Cependant c'est la sorte la plus courante.

GRENADINS D'ESTURGEON AUX ÉPINARDS

Temps de cuisson, 30 à 35 mn

• Couper des escalopes un peu épaisses (125 g) sur de l'esturgeon. Les aplatir un peu puis les traverser chacune de 3 lardons entrecroisés. Les ranger sur un lit de carottes et d'oignons en rouelles dans un plat grassement beurré. Ajouter un bouquet garni, mouiller d'un grand verre de vin blanc et mettre au four avec du sel et du poivre. Les faire cuire ainsi pendant 30 à 35 mn, en arrosant très souvent et en les beurrant.

• Les servir autour d'épinards au beurre avec leur cuisson réduite.

600 g d'esturgeon. 12 lardons. 3 oignons. 3 carottes. 80 g de beurre.
1 bouquet garni. 1 verre de vin blanc.

TRANCHE D'ESTURGEON EN COCOTTE

Temps de cuisson, 45 mn

• Prendre une tranche ou darne de 2 ou 3 livres, ôter la peau en passant un couteau dessous, et piquer la chair de lardons, ou la barder d'une fine lamelle de lard gras. Faire revenir la tranche en cocotte au beurre, avec autour des oignons et des carottes en rouelles. Quand les légumes sont un peu jaunis, mouiller avec un verre de vin blanc et un décilitre de purée de tomates. Saler, poivrer, couvrir et laisser braiser lentement pendant 45 mn. Servir avec la sauce et des légumes : champignons, courgettes ou pommes de terre.

1 tranche d'esturgeon d'1 kg ou 1,5 kg. 100 g de lardons ou 50 g de lard gras. 3 oignons. 3 carottes. 80 g de beurre. 1 verre de vin blanc. 1 dl de purée de tomates.

LE FLÉTAN

Il appartient à la famille des Pleuronectidés. C'est un poisson plat, de même que la barbue à laquelle il ressemble, mais sa forme est plus allongée. Le flétan peut atteindre des dimensions gigantesques.

On ne peut guère cuisiner ce poisson : sa chair très blanche qui n'a pas de consistance est très fragile. Cuit au court-bouillon, on le présente entier avec une sauce un peu relevée. Il se fait frire en tranches ou entier quand il est petit.

Tranche d'esturgeon en cocotte

LE GRONDIN

Le grondin, nommé aussi trigle, appartient à la famille des Triglidés. Ce poisson très commun est appelé ainsi parce qu'il fait entendre une espèce de grognement quand on le sort de l'eau. Son corps est épineux et sa tête assez grosse. Le grondin constitue un des éléments de la bouillabaisse. De chair ferme, il se cuit entier, en filets ou en morceaux. On le prépare aussi en matelote au vin blanc ou rouge. On l'appelle parfois rouget-grondin, mais il ne faut pas le confondre avec le délicieux rouget-barbet.

FILETS DE GRONDIN AUX TOMATES

Temps de cuisson, 10 à 12 mn

• Couper la tête et lever les filets de 3 grondins de 150 à 200 g. Les fariner et les cuire à la poêle avec moitié beurre et moitié huile, les assaisonner de sel et d'un tour de moulin à poivre. Les dorer convenablement sur les deux faces, puis les dresser en plat que l'on tient au chaud pendant que l'on fait cuire dans le beurre qui reste dans la poêle 500 g de tomates coupées en quartiers et vidées. Assaisonner de sel, de poivre et d'une pointe d'ail (si l'on veut). Cuire à bon feu 5 à 8 mn et verser sur le poisson cette fondue de tomates, puis du persil haché.

3 grondins. 60 g de beurre. 3 cuillerées à soupe d'huile. 500 g de tomates. 1 gousse d'ail. 2 cuillerées à soupe de persil haché.

LE HADDOCK

Ce délicieux poisson fumé n'est autre que l'églefin dont nous parlions plus haut. C'est d'Angleterre que nous vient ce poisson, mais il est préparé aussi dans tous les pays nordiques. C'est un mets délicat dont le goût de fumé n'est pas très prononcé.

Le haddock se fait cuire simplement à l'eau, sans sel ou presque, et se sert avec du beurre fondu, non cuit, ou une sauce crème ou hollandaise. Il faut l'accompagner de pommes de terre à l'anglaise.

Si l'on tient à bien conserver l'arôme de ce poisson, on se contente de le mettre à four chaud dans un plat après l'avoir seulement humecté d'eau, sans qu'il baigne.

LE HARENG

Le plus populaire de nos poissons appartient à la famille des Clupéidés, comme l'alose, la sardine, l'anchois, le sprat, etc.

La cuisine ménagère y peut faire de fréquents emprunts, car c'est un poisson bon marché. Il y a des harengs laités (portant de la laitance) et d'autres œuvés (portant des œufs), qui ont tous leurs amateurs.

HARENGS À LA BOULONNAISE

• Faire pocher les harengs au vin blanc. Retirer ensuite les laitances, les écraser et les mélanger, ainsi que la cuisson réduite, à une sauce Soubise (voir page 31). Verser sur les harengs et saupoudrer de persil haché.

Temps de cuisson, 10 à 12 mn

HARENGS À LA DIABLE

• Battre un blanc d'œuf avec un peu de moutarde en poudre et de sel. Fariner les harengs, les tremper dans cet œuf et les rouler dans la mie de pain. Les ranger ensuite sur un plat de métal et les arroser de beurre. Cuire à four bien chaud en les arrosant plusieurs fois. Les servir simplement avec du beurre fondu dans lequel on a délayé une pointe de cayenne.

Temps de cuisson, 12 à 15 mn

6 petits harengs. 1 blanc d'œuf. 1 cuillerée à café de moutarde en poudre. 3 cuillerées à soupe de farine. 4 cuillerées à soupe de mie de pain. 80 g de beurre. Pointe de cayenne.

HARENGS GRILLÉS SAUCE MOUTARDE

• C'est la recette la plus généralement mise en pratique. Vider, écailler et essuyer les harengs ; s'ils pèsent plus de 100 g, les ciseler de chaque côté. Les fariner et les cuire soit au gril soit à la poêle ; si c'est au gril, il faut huiler les poissons, mais la plupart du temps on les cuit à la poêle tout en leur laissant ce nom de grillés, qui sonne mieux.
• On les sert brûlants avec une sauce moutarde à part (voir page 31).

Temps de cuisson, 15 mn

HARENGS GRILLÉS MAÎTRE D'HÔTEL

• Procéder comme ci-dessus et servir sur un beurre maître d'hôtel.

LA LAMPROIE

Nous avons encore ici un poisson de mer qui remonte dans les fleuves pour effectuer la ponte. La lamproie appartient à la famille des Pétromyzontidés. Ses orifices branchiaux sont constitués par sept trous de chaque côté de la tête ; sa bouche forme ventouse.

LAMPROIE EN MEURETTE

Plat régional

Temps de cuisson, 2 h

• C'est là un plat délicieux de la région du Sud-Ouest.
• Il faut une lamproie vivante. La suspendre par la tête, la saigner en recueillant le sang, la dépouiller en l'ébouillantant, puis la vider et la couper en

tronçons. Faire une sauce avec 2 oignons en quartiers bien rissolés au beurre ou à la graisse d'oie. Mêler 2 cuillerées à soupe de farine, laisser roussir, mouiller d'une bouteille de bon vin blanc, assaisonner et y mettre les morceaux de lamproie. Éplucher et couper en morceaux longs comme le doigt 500 g de blancs de beaux poireaux, les laver et les faire revenir un peu, puis les ajouter au poisson. Cuire 2 heures. Pour servir, lier avec un léger beurre manié.

1 lamproie. 2 oignons. 90 g de beurre. 5 cuillerées à soupe de farine.
1 bouteille de vin blanc. 500 g de blancs de poireaux.

LAMPROIE AUX POIREAUX

Temps de cuisson, 4 h

Plat régional

- Ébouillanter la lamproie pour lui enlever la peau, la laver, la nettoyer et la couper en 6 ou 8 morceaux. Prendre autant de blancs de beaux poireaux que de morceaux de poisson et faire revenir les uns et les autres au beurre. Mouiller avec la moitié d'une bouteille de bordeaux rouge et un peu de fine armagnac que l'on flambe. Ajouter encore un verre d'eau, car le vin seul fait la sauce âcre. Saler, poivrer, mettre un bouquet garni et laisser mijoter à faible ébullition pendant 4 heures au moins à couvert.
- La sauce peut être liée avec du beurre manié ou un peu de sang de lamproie, mais elle ne doit pas être épaisse. Servir avec des croûtons frits, c'est délicieux.
- Ce plat se fait beaucoup en Aquitaine.

1 lamproie. 500 g de blancs de poireaux. 100 g de beurre.
1/2 bouteille de bordeaux rouge. 3 cuillerées à soupe de fine armagnac.
1 bouquet garni. 3 cuillerées à soupe de farine.

Harengs grillés sauce moutarde
recette p. 119

LAMPROIE AU SAUTERNES

Plat régional

Temps de cuisson, 1 h

• Ébouillanter la lamproie afin d'enlever la peau. La vider et la couper en tronçons que l'on fait macérer 30 mn dans un vinaigre salé. Rincer le poisson et l'essuyer.

• Mettre une couche d'oignons émincés dans une casserole et poser les morceaux de lamproie dessus. Arroser d'huile fine, saler, poivrer et parsemer de belles têtes de champignons. Tenir sur feu doux pour colorer l'oignon légèrement en dessous. Mouiller avec du Sauternes et un petit verre de cognac.

• Couvrir hermétiquement et cuire à feu excessivement doux pendant au moins 60 mn. Lier alors la cuisson avec un beurre manié de farine. Ajouter du piment et du persil haché.

1 lamproie. 4 cuillerées à soupe de vinaigre. 3 oignons. 5 cuillerées à soupe d'huile. 150 g de champignons. 3 verres de Sauternes. 1/2 verre de cognac. 50 g de beurre. 50 g de farine. 1 cuillerée à soupe de persil haché. 1 pointe de piment.

LE LIEU

Ce poisson n'est autre que le merlan jaune qui se nomme ainsi dans certaines régions.

LA LIMANDE

Il y a deux espèces de limandes qui appartiennent à la famille des Pleuronectidés : la limande grise et la limande-sole. Cette dernière est plus allongée, plus fine de chair, et remplace la sole dans la bonne cuisine quotidienne.

On traite la limande comme le carrelet ou la plie, et on peut appliquer aux limandes-soles les recettes les plus simples des filets de sole.

LA LOTTE DE MER

De son vrai nom baudroie, de la famille des Lophiidés, la lotte de mer, sans être classée dans les poissons fins, est un poisson avantageux qui se traite en sauces de toutes sortes : un peu fade au naturel, on peut dire que c'est la sauce qui fait manger le poisson.

Il peut se cuire au court-bouillon et être accompagné d'une sauce aux câpres ou autre, mais le mieux est de le servir en filets escalopés cuits au vin blanc, puis servis nappés de sauce Dugléré, vin blanc, etc.

En raison de l'eau que rend la lotte en cuisant, il ne faut mettre qu'un peu de vin blanc pour la cuire. Pour cette même raison, mieux vaut ne pas la faire en friture ni à la meunière. Elle est très bonne au gratin, préparée comme le carrelet (voir page 103).

FILETS DE LOTTE AURORE

Temps de cuisson, 25 à 35 mn

- Pocher les escalopes de lotte au vin blanc. Faire une sauce blanche au lait à laquelle on ajoute la cuisson très réduite et assez de purée de tomates pour obtenir une sauce de couleur orangée. La beurrer et la relever fortement. Bien égoutter les filets et les napper de sauce.

FILETS DE LOTTE À LA BONNE FEMME

Temps de cuisson, 20 à 30 mn

- Couper 750 g de lotte de mer en filets, les cuire au vin blanc, bien assaisonnés. Faire une petite sauce hollandaise avec 2 jaunes d'œufs, et cuire avec du citron et du beurre 250 g de champignons émincés.
- Réduire des trois quarts la cuisson du poisson et l'ajouter à la sauce, avec les champignons et du persil haché. Couvrir le poisson avec cette sauce et le passer 5 mn à four très vif pour qu'il dore dessus.
- Tous les filets de poisson peuvent se faire ainsi.

750 g de filets de lotte. 4 verres de vin blanc. 1 échalote. 2 jaunes d'œufs. 1/2 citron. 90 g de beurre. 250 g de champignons. 1 cuillerée à soupe de persil haché.

LOTTE À LA CAROLINE

Temps de cuisson, 25 à 35 mn

Plat économique

- Faire blondir un gros oignon haché au beurre, puis y jeter 150 g de riz et faire encore revenir le tout ensemble 3 mn. Mouiller le riz avec un demi-litre d'eau, saler, poivrer, ajouter 2 cuillerées de purée de tomates et un bouquet garni. Cuire 18 à 20 mn.
- Pendant ce temps, couper en escalopes 500 g de lotte de mer. Les assaisonner, les fariner et les faire revenir vivement à la poêle dans un peu de beurre et d'huile brûlante.
- Quand le riz aura cuit 10 mn, ajouter le poisson et terminer la cuisson, le tout ensemble, encore 8 mn. Si toutefois le riz paraissait trop à sec, remettre un peu d'eau au bout de 15 mn ; il doit être à sec, mais rester quand même moelleux.

500 g de lotte. 1 oignon. 80 g de beurre. 150 g de riz. 2 cuillerées à soupe de purée de tomates. 1 bouquet garni. 3 cuillerées à soupe de farine. 3 cuillerées à soupe d'huile.

LE LOUP DE MER

C'est l'autre nom du bar (voir page 92) ; on donne cette appellation aux spécimens de moins de 150 g. Les loups fréquentent surtout les côtes rocheuses de la Méditerranée. Les petits loups se font griller ou pocher au vin blanc et se servent aussi froids.

LOUPS DE MER À LA FRANCINE

Temps de cuisson, 15 à 25 mn

• Ciseler, fariner et cuire les loups à la poêle avec du beurre et de l'huile. Les dresser en plat long. Jeter dans la poêle de cuisson les tomates pelées, vidées et hachées grossièrement. Assaisonner et saupoudrer de fines herbes hachées puis, une fois bien fondues, les verser sur les poissons que l'on entoure de pommes de terre paille, c'est-à-dire coupées en fine julienne et frites très sèches.

1 kg de loups. 50 g de beurre. 4 cuillerées à soupe d'huile. 250 g de tomates. 2 cuillerées à soupe de fines herbes.

LOUPS DE MER SAUCE GRIBICHE

Temps de cuisson, 15 à 25 mn

• Faire pocher les loups dans un petit court-bouillon bien relevé et additionné d'un peu de céleri.

• Pour la sauce, hacher un oignon très finement, ainsi que des fines herbes. Faire une vinaigrette ; y ajouter 2 cuillerées à soupe du court-bouillon des poissons et le blanc d'un œuf dur coupé en filets fins. Cette sauce peut être moutardée légèrement suivant les goûts. Elle est froide, même si l'on sert le poisson chaud.

1 kg de loups. Court-bouillon. 1 branche de céleri. 1 oignon. 1 cuillerée à soupe de fines herbes. Vinaigrette. 1 blanc d'œuf dur.

LE MAQUEREAU

Ce poisson appartient à la famille des Scombridés. Sa chair est grasse comme celle du hareng, du thon, de la bonite, etc., et elle ne convient pas à tous les tempéraments en raison de sa forte teneur en lipides.

Très nutritif, ce poisson, notamment les petits maquereaux de Dieppe que l'on fait griller, a de nombreux amateurs. Il peut subir quelques apprêts qui le feront encore mieux apprécier.

FILETS DE MAQUEREAU MIREILLE

Préparation et cuisson, 10 à 20 mn

• Assaisonner les filets, les fariner et les cuire à la poêle à l'huile brûlante. Quand ils sont cuits, les dresser sur plat, changer l'huile et y jeter, quand elle est brûlante, une poignée de champignons crus hachés, un oignon, une échalote et un peu d'ail hachés. Faire bien rissoler le tout et verser sur les filets. Les arroser d'un filet de vinaigre brûlant. Entourer le poisson de tomates coupées et sautées à l'huile ; parsemer l'ensemble de persil.

1 kg de filets de maquereau. 8 cuillerées à soupe d'huile. 3 cuillerées à soupe de farine. 125 g de champignons. 1 oignon. 1 échalote. 1 gousse d'ail. 1 cuillerée à soupe de vinaigre. 300 g de tomates. 2 cuillerées à soupe de persil haché.

À droite : le merlan, un poisson aussi peu onére que délicieux.

Maquereaux vénitienne

MAQUEREAUX VÉNITIENNE

Temps de cuisson, 15 mn

• Cuire les maquereaux au vin blanc et les napper d'une sauce blanche aux fines herbes additionnée de ce vin blanc réduit. Parsemer de thym et de romarin et servir accompagné de pommes de terre en papillotes. Tenir la sauce épaisse en raison du vin blanc qui l'éclaircit.

MAQUEREAUX BOUILLIS SAUCE PERSIL

Temps de cuisson, 10 à 12 mn

• Cette préparation est surtout appliquée quand on a de gros poissons.
• Les couper en tronçons et les cuire au court-bouillon, puis les servir avec une sauce blanche ménagère additionnée d'une bonne quantité de persil haché.

MAQUEREAUX GRILLÉS MAÎTRE D'HÔTEL

• Procéder comme pour les harengs du même nom (voir page 119).

LE MERLAN

Poisson démocratique par excellence, un peu plus relevé que le hareng par la finesse de sa chair, il est aussi accessible aux bourses modestes. Il appartient à la famille des Gadidés, comme le colin et l'églefin.

Le merlan se prête à de multiples apprêts culinaires. Sa chair sert parfois à faire des farces et des quenelles de poisson.

MERLANS À L'ANGLAISE

Temps de cuisson, 8 à 12 mn

• Découper les merlans en tronçons sans ôter la peau ; fendre les morceaux en deux et les faire mariner avec du sel, du poivre, du citron et du persil. Les cuire au beurre à la poêle. Bien les dorer, napper de sauce blanche ou de beurre fondu et servir avec des pommes de terre nature.

FILETS DE MERLAN À LA ORLY

Temps de cuisson, 6 à 12 mn

• Détacher les filets de merlan, ôter la peau et les tremper un par un dans une pâte à frire, les frire à l'huile brûlante et les servir avec une sauce tomate.

MERLANS À LA BERCY

Temps de cuisson, 15 à 25 mn

• Faire dorer au beurre à la poêle les petits oignons entiers, puis y verser un verre de vin blanc. Laisser le vin réduire de moitié et ajouter un peu d'eau pour remplacer le vin évaporé. Saler, poivrer et lier très légèrement avec du beurre manié avec une cuillerée à café de farine. La sauce doit être clairette.

• Déposer les merlans crus nettoyés, salés et poivrés, dans un plat creux à gratin. Verser la sauce, ajouter la branche de céleri coupée en petits tronçons et quelques rondelles de citron. Le poisson doit être assez copieusement arrosé de sauce. Mettre à four bien chaud.

• Tous les poissons ou filets de poisson peuvent se présenter de même.

1 kg de merlans. 1 verre de vin blanc. 250 g d'oignons grelot. 60 g de beurre. 1 cuillerée à café de farine. 1 citron. 1 branche de céleri.

MERLANS À LA BRETONNE

Temps de cuisson, 20 à 30 mn

• C'est exactement la même préparation que ci-dessus, mais on met en plus dans la sauce Bercy une fine julienne de carottes, oignons, blancs de poireaux et champignons, julienne cuite d'abord au beurre à l'étuvée.

MERLANS EN BROCHETTE

Temps de cuisson, 8 à 12 mn

• Passer un couteau le long de l'arête en remontant de la queue à la tête de chaque côté, puis couper l'arête au ras de la tête qui reste avec les deux filets adhérents ; les laver et les éponger. Assaisonner les filets, les fariner et les paner à l'œuf battu et à la mie de pain blanche, puis les rouler sur eux-mêmes jusqu'à la tête et les maintenir ainsi en les traversant d'une brochette.

• Les faire frire et les servir aussitôt sur serviette, avec ou sans les brochettes, en les accompagnant de persil frit et de sauce tomate beurrée.

MERLANS À LA COLBERT

Temps de cuisson, 8 à 10 mn

• Fendre les merlans tout le long du dos et les désosser en retirant délicatement l'arête. Les assaisonner intérieurement, les fariner et les paner en les trempant dans l'œuf battu et dans la chapelure. Les faire frire à l'huile brûlante. Une fois bien égouttés, introduire à la place de l'arête une noix de beurre Colbert (voir page 38).

MERLANS FRITS

Temps de cuisson, 6 à 8 mn

• Observer les prescriptions données pour la friture page 22 : ciseler les poissons s'ils dépassent 100 g, puis les tremper au lait salé et les rouler dans la farine. Bien les secouer pour faire tomber l'excédent de farine et les cuire à friture brûlante, peu à la fois pour ne pas la refroidir. Tenir les merlans croquants et bien dorés. Les dresser et servir sitôt frits avec du citron et du persil frit.

MERLANS À LA LYONNAISE

Temps de cuisson, 10 à 15 mn

• Faire cuire les merlans à la poêle comme pour la meunière ci-dessous.

• Dans une autre poêle, faire fondre et jaunir au beurre tout doucement une assez forte proportion d'oignons hachés. Quand ils sont cuits, les mouiller d'un demi-verre de vin blanc, laisser bien cuire 15 mn, puis ajouter un filet de vinaigre et verser sur les merlans. Parsemer de persil.

1 kg de merlans. 1 verre de lait. 3 cuillerées à soupe de farine. 160 g de beurre. 2 citrons. 3 cuillerées à soupe de persil haché. 3 oignons. 1/2 verre de vin blanc. 1 cuillerée à soupe de vinaigre.

MERLANS À LA MEUNIÈRE

Temps de cuisson, 10 à 15 mn

• Passer les merlans au lait salé et les rouler dans la farine puis les cuire à la poêle au beurre brûlant mais pas coloré. Si les merlans dépassent 100 g, les ciseler d'abord. Bien dorer chaque côté. Dresser les poissons sur plat chaud, les arroser de jus de citron et verser du beurre noisette dessus. Parsemer de persil haché et disposer autour du plat une bordure de minces lames de citron.

• Cet apprêt simple et sans prétention s'applique à tous les poissons, filets ou tranches de poisson.

1 kg de merlans. 1 verre de lait. 3 cuillerées à soupe de farine. 125 g de beurre. 2 citrons. 3 cuillerées à soupe de persil haché.

Merlans
à la Bercy,
recette p. 126

MERLANS SUR LE PLAT

Temps de cuisson, 15 à 20 mn

• Ranger les poissons dans un plat creux à four, avec un semis d'échalotes hachées au fond du plat. Les saler, poivrer, persiller et les arroser copieusement de vin blanc. Saupoudrer de mie de pain, arroser de beurre et cuire à four très chaud. Servir de suite.

1 kg de merlans. 2 échalotes. 1 cuillerée à soupe de persil.
1/2 bouteille de vin blanc. 2 cuillerées à soupe de mie de pain. 60 g de beurre.

MERLANS AU VIN BLANC

Temps de cuisson, 10 à 15 mn

• Faire cuire sans bouillir (pocher) 4 merlans arrosés d'un demi-verre de vin blanc. Saler et poivrer. Donner environ 10 mn de cuisson pour des merlans de 125 g. Préparer pendant ce temps une sauce blanche (voir page 26). Quand les merlans sont pochés, égoutter leur cuisson et la faire réduire à grands bouillons jusqu'à ce qu'il n'en reste plus que 2 cuillerées à soupe : les ajouter à la sauce blanche et verser sur les merlans.
• Tous les poissons peuvent être présentés de même.

4 merlans. 1/2 verre de vin blanc. Sauce blanche.

Temps de cuisson, 10 mn

QUENELLES DE MERLAN EN SAUCE

• Ces quenelles se font en farce à la panade, ou en farce mousseline (voir pages 41 et suivantes). On les moule à la cuillère à soupe ou dans des moules à

Merlans à l'anglaise, recette p. 126

barquettes, on les cuit à l'eau comme il est dit à la même notice et on les sert nappées d'une sauce de poisson dont les arêtes et débris constituent l'élément. Ce peut être une sauce Nantua, crevettes, vin blanc, Soubise, Mornay, etc.
On peut aussi dresser ces quenelles dans un vol-au-vent ou une croustade, ou comme garniture autour d'un gros poisson, comme la carpe Chambord, par exemple.

LA MORUE

C'est certainement le poisson qui atteint la plus forte consommation, et comme il peut se préparer de multiples façons, c'est un des plus intéressants pour la cuisine familiale.

C'est un aliment de premier ordre, reconstituant, nutritif, sain et dont la valeur en calories est supérieure à celle du bœuf. Nos braves pêcheurs bretons vont les pêcher jusqu'à Terre-Neuve, Saint-Pierre-et-Miquelon.

La morue, qui consommée fraîche est appelée le cabillaud (voir page 100), appartient à la grande famille des Gadidés. Lorsqu'elle est cuite à l'eau, il faut surtout éviter l'ébullition. On la fait pocher, c'est-à-dire cuire sans bouillir. On peut aussi la préparer en friture, à la poêle.

BOUILLABAISSE DE MORUE

Temps de cuisson, 1 h

- Faire fondre à blanc 125 g d'oignons, 75 g de blancs de poireaux et 25 g d'ail haché dans 1,5 décilitre d'huile. Mouiller avec un litre trois quarts d'eau, mettre

2 g de poivre, 10 ou 15 fléchettes de safran, un fort bouquet garni composé de persil, de thym et de laurier et faire bouillir. Ajouter 500 g de pommes de terre de Hollande coupées en rondelles épaisses. Laisser cuire 15 mn. Ajouter alors 1,5 kg de morue épaisse, blanche et dessalée que vous aurez coupée en morceaux de 4 à 5 cm de côté, et un décilitre d'huile. Continuer la cuisson à feu vif jusqu'à ce que la morue et les pommes de terre soient à point, ce qui demande 15 mn. Quelques secondes avant la fin de la cuisson, jeter deux fortes pincées de persil haché. Servir avec des tranches de pain grillées frottées à l'ail.

1,5 kg de morue. 125 g d'oignons. 75 g de poireaux. 25 g d'ail. 2,5 dl d'huile. 10 ou 15 fléchettes de safran. 1 bouquet garni. 500 g de pommes de terre de Hollande. 1 cuillerée à soupe de persil haché.

BRANDADE DE MORUE

Temps de cuisson, 40 mn

• Prendre 500 g de morue bien blanche et la faire pocher sans la laisser trop cuire. Bien l'éplucher et l'effeuiller ; la mettre dans une casserole contenant un décilitre d'huile brûlante et bien la travailler à la spatule pour l'écraser. Ajouter une gousse d'ail broyée puis, petit à petit en la travaillant vigoureusement, lui incorporer encore 2 dl d'huile d'olive brûlante, mais cela par 3 cuillerées à soupe à la fois. Lorsqu'on a mis et fait absorber à la morue 6 à 8 cuillerées d'huile, y mélanger 3 cuillerées de lait bouillant, de sorte que l'on doit obtenir comme une pâte ayant la consistance d'une crème épaisse compacte que l'on dresse en dôme. Entourer de très petits croûtons triangulaires frits à l'huile.

500 g de morue. 3 dl d'huile d'olive. 1 gousse d'ail. 6 cuillerées à soupe de lait.

BRANDADE NÎMOISE

Préparation et cuisson, 35 à 40 mn

Plat régional

• Voilà, avec le cassoulet, la star de la cuisine languedocienne. La brandade peut figurer sur les armes de Nîmes, comme le cassoulet sur celles de Toulouse. C'est une purée, on pourrait dire une crème, de morue. Pour l'obtenir, il faut non pas de la morue en filets vendue en boîte, mais de la morue au sel que l'on dessale 24 heures.

• Il s'agit de cuire la morue sans la faire bouillir. L'éplucher ensuite, en laissant seulement la peau blanche. L'effeuiller dans une casserole et la triturer à la spatule très vigoureusement, tout en lui incorporant peu à peu, par 2 cuillerées à la fois, du lait bouillant et de l'huile d'olive brûlante, parfumée d'un peu d'ail ; mettre alternativement les deux éléments, fort dissemblables, à la vérité. Ce travail d'écrasement et d'intégration à la fois est certes assez pénible. Il faut obtenir une purée blanche, crémeuse comme une purée de pommes de terre. La servir dans une timbale ou un légumier ou un plat creux, avec des petits croûtons de pain frits à l'huile piqués dessus.

500 g de morue salée. 2 dl d'huile d'olive. 1 gousse d'ail. 2 dl de lait.

COQUILLES DE MORUE

• Prendre la morue cuite, l'effeuiller en petits morceaux. Préparer une béchamel à laquelle on ajoute du fromage râpé, des champignons. Mélanger la morue et la sauce. Remplir des coquilles de Saint-Jacques, saupoudrer de chapelure et de fromage râpé, ajouter une noisette de beurre et faire gratiner au four.

Temps total de cuisson, 25 mn

CROQUETTES DE MORUE

• Elles se font avec un reste de morue cuite et coupée en dés. La mélanger avec une sauce béchamel à laquelle on ajoute du fromage râpé. Laisser refroidir le tout. Prendre une cuillerée de ce mélange, rouler en forme de boule, passer dans un œuf battu puis dans de la chapelure.

• Faire frire à l'huile. Servir les croquettes dorées sur une serviette et entourer de persil en branche.

Temps de cuisson, 20 mn

MORUE À LA BÉCHAMEL

• Couper la morue en carrés, la cuire, l'éplucher et préparer la sauce. Fondre 125 g de beurre dans une casserole, ajouter 35 g de farine, cuire ce roux sans le colorer, mouiller avec du lait jusqu'à consistance convenable (environ un demi-litre). Faire bouillir 10 mn, retirer du feu, ajouter un décilitre de crème, mettre alors la morue et servir.

Temps de cuisson, 20 mn

500 g de morue. 125 g de beurre. 35 g de farine. 1/2 litre de lait. 1 dl de crème.

MORUE À LA BÉNÉDICTINE

• Faire pocher 500 g de morue, puis l'effeuiller en retirant peau et arêtes. La piler dans un mortier avec 200 g de pommes de terre pelées, cuites et bien séchées. Travailler ce mélange avec le pilon, puis y incorporer peu à peu un décilitre d'huile et 2 décilitres de lait. Assaisonner alors à point cet appareil de morue avec du sel fin, si nécessaire, et une petite pincée de poivre blanc moulu. À l'aide d'une cuillère, y incorporer un décilitre de crème fouettée bien ferme.

• On peut se servir de cet appareil de morue pour garnir des bouchées, des croustades ou un vol-au-vent. Si on le sert tel quel, on le verse dans un plat à gratin beurré. Lisser la surface de l'appareil, l'arroser de beurre fondu et clarifié, et faire gratiner à four chaud.

Temps de cuisson, 45 mn

***500 g de morue. 200 g de pommes de terre. 1 dl d'huile. 2 dl de lait.
1 dl de crème fouettée.***

MORUE AU BEURRE NOIR

• Procéder comme pour la raie du même nom (voir page 139).

Morue
à la biscain

MORUE À LA BISCAIN

Temps de cuisson, 20 mn

• Couper en carrés de la morue bien dessalée. La fariner et la jeter dans une poêle contenant de l'huile brûlante. Laisser la morue dorer des deux côtés, l'enlever. Ajouter alors les tomates fraîches coupées en quartiers, les oignons et la gousse d'ail hachés, et du poivre rouge, du paprika ou une légère pointe de cayenne. Lorsque les tomates sont bien fondues, remettre la morue et laisser mijoter le tout 10 mn. Servir chaud.

500 g de morue. 3 cuillerées à soupe de farine. 5 cuillerées à soupe d'huile. 300 g de tomates. 3 oignons. 1 gousse d'ail. Pointe de cayenne ou de paprika.

MORUE À LA CRÈME

Temps total de cuisson, 40 mn

• La morue doit être fortement dessalée. Fariner les morceaux et les cuire au beurre dans une poêle, tout doucement pour bien donner le temps à la chaleur d'atteindre le milieu de la morue. On en ouvre un morceau pour voir si au centre la chair est bien blanche ; si elle est rosée, laisser cuire un peu plus.

• Quand la morue est à point – elle doit être à peine dorée – la mettre sur le plat. Verser dans la poêle 150 g de crème de lait épaisse, ajouter un filet de vinaigre et faire fortement bouillir 2 mn. Poivrer légèrement, saler *s'il le faut* et verser sur le poisson.

500 g de morue. 4 cuillerées à soupe de farine. 60 g de beurre. 150 g de crème de lait épaisse. 1 cuillerée à soupe de vinaigre.

MORUE AUX ÉPINARDS

• Dessécher au beurre des épinards hachés, y ajouter une pointe d'ail et les lier avec une petite quantité de béchamel. Assaisonner sans mettre trop de sel. Ajouter la morue cuite et bien effeuillée. Bien broyer le tout ensemble, puis verser dans un plat à gratin, saupoudrer de chapelure, arroser d'huile et faire gratiner à four vif.

Préparation et cuisson, 40 mn

MORUE À LA FERMIÈRE

• Faire cuire la morue et faire cuire aussi quelques pommes de terre au four. Vider celles-ci et piler la pulpe avec la morue soigneusement épluchée. Y ajouter un bon morceau de beurre frais, du persil et de l'ail hachés finement. Il faut une quantité presque égale de pommes de terre et de morue. Y ajouter un peu de crème ou de lait. Mettre en plat à gratin. Saupoudrer de fromage et de chapelure et faire gratiner.

Temps de cuisson, 40 mn

500 g de morue. 500 g de pommes de terre. 60 g de beurre. 2 brins de persil. 1 gousse d'ail. 3 cuillerées à soupe de crème fraîche. 50 g de gruyère râpé. 2 cuillerées à soupe de chapelure.

Morue sautée à la lyonnaise, recette p. 136

MORUE FRITE

Préparation et cuisson, 25 mn

• Prendre des filets de morue dessalés, les détailler en morceaux de la grosseur du doigt, les tremper dans du lait, puis les passer à la farine et les faire frire à l'huile très chaude.
• Servir avec une purée de pommes de terre ou une sauce tomate.

MORUE AU GRATIN

Temps de cuisson, 25 à 30 mn

• Couper la morue en carrés, la faire blanchir et égoutter. La passer dans du lait et la rouler dans la farine. La faire dorer dans un peu de beurre et d'huile. La dresser sur un plat, l'entourer de moules et de champignons, verser dessus une sauce béchamel et la faire gratiner au four.

MORUE À LA MARSEILLAISE

Temps de cuisson, 1 h

• Mettre au fond d'une casserole 25 g de beurre, des oignons hachés finement, des câpres, un anchois, du persil, du poivre, deux gousses d'ail, une cuillerée de sauce tomate.
• Mettre la morue sur ce lit, ajouter un peu de beurre, couvrir hermétiquement et laisser cuire 60 mn.

300 g de morue. 50 g de beurre. 2 oignons hachés. 20 g de câpres. 1 anchois. 1 brin de persil. 2 gousses d'ail. 1 cuillerée à soupe de sauce tomate.

MORUE À LA MÉNAGÈRE

Temps de cuisson, 20 mn

• Faire dessaler la morue pendant 24 heures en changeant l'eau plusieurs fois. Avant de cuire le poisson, faire cuire des pommes de terre en robe des champs. Couper la morue en morceaux et la faire cuire sans bouillir dans de l'eau non salée. Dès qu'elle est sur le point de bouillir, la retirer sur le côté du feu et l'y laisser environ 10 mn.
• Préparer ensuite une sauce béchamel ; y ajouter un gros oignon haché fin et cuit doucement au beurre, sans qu'il soit coloré. La sauce doit être ensuite éclaircie avec un peu de la cuisson de la morue. Peler les pommes de terre et les couper en tranches, effeuiller la morue par-dessus en supprimant peau et arêtes. Verser la sauce sur le tout, après l'avoir relevée d'un peu de poivre.

500 g de morue. 500 g de pommes de terre. 1/2 litre de sauce béchamel. 1 oignon. 50 g de beurre.

MORUE À LA MILANAISE

Temps de cuisson, 20 mn

• Bien dessaler la morue et couper les filets en morceaux carrés. Les battre légèrement avec le plat du couteau puis les passer dans la farine, dans l'œuf battu et dans la mie de pain blanche mélangée de fromage de parmesan râpé. Cuire les filets au beurre bien chaud et les servir dorés, arrosés de beurre et de jus de citron. Servir en même temps une sauce tomate.

MORUE À LA PARMENTIER

Préparation et cuisson, 40 mn

- Préparer 300 g de purée de pommes de terre, y ajouter du poivre, de la muscade, 25 g de beurre et une cuillerée de crème. Dresser cette purée en couronne dans un plat allant au four.
- Faire blanchir la morue, la mélanger d'une sauce béchamel à laquelle on ajoute du fromage râpé. Emplir l'intérieur de la couronne de cette préparation, saupoudrer de chapelure, de fromage et de beurre. Faire dorer au four.

500 g de morue. 300 g de pommes de terre. Pointe de muscade. 60 g de beurre. 1 cuillerée de crème fraîche. Sauce béchamel. 100 g de gruyère râpé. 3 cuillerées à soupe de chapelure.

MORUE À LA PASCAL

Temps total de cuisson, 45 mn

- Prendre un beau morceau de morue bien dessalée. Le passer dans de la crème ou du lait, puis dans la farine. Le faire cuire à la poêle à l'huile très chaude. Laisser dorer et cuire lentement. Servir avec une couronne de moules frites (voir page 223), du jus de citron et une bonne sauce rémoulade.

MORUE À LA PERSILLADE

Temps de cuisson, 15 mn

- Faire blanchir la morue. La dresser sur un plat avec des pommes de terre bouillies. Saler, poivrer, arroser de beurre frais et de jus de citron. Parsemer de persil haché.

MORUE À LA PROVENÇALE

Temps de cuisson, 25 à 30 mn

- Faire sauter dans 1,5 décilitre d'huile un gros oignon haché, 4 tomates pelées, pressées et concassées. Ajouter une pointe d'ail broyé, une pincée de persil, 125 g d'olives noires dénoyautées, du sel, du poivre et la morue fraîchement cuite et effeuillée. Laisser mijoter 10 mn.

500 g de morue. 1,5 dl d'huile. 1 oignon. 4 tomates. 1 gousse d'ail. 1 brin de persil. 125 g d'olives noires dénoyautées.

MORUE EN RAGOÛT À LA PROVENÇALE

Temps de cuisson, 25 à 30 mn

- Faire roussir un oignon haché, 2 tomates, 2 gousses d'ail et un bouquet garni. Mettre une cuillerée de farine et mouiller à l'eau. À l'ébullition, ajouter des pommes de terre coupées en ronds, puis la morue dessus. Faire cuire à la bouche du four et servir avec du persil haché et une pointe d'ail.

500 g de morue. 1 oignon. 2 tomates. 3 gousses d'ail. 1 bouquet garni. 1 cuillerée à soupe de farine. 500 g de pommes de terre. 1 cuillerée à soupe de persil haché.

MORUE SAUTÉE À LA LYONNAISE

Temps de cuisson, 20 à 25 mn

- Prendre 500 g de morue, la couper en morceaux pas trop gros que l'on farine et fait cuire légèrement au beurre. On peut aussi faire cuire la morue coupée directement au beurre.
- Pendant ce temps, faire blondir au beurre, dans une poêle, les gousses d'ail non épluchées. Y ajouter les pommes de terre préalablement cuites à l'eau, puis la morue bien épluchée.
- Faire sauter quelques minutes le contenu de la poêle, puis l'arroser d'un filet de vinaigre. Verser sur un plat chaud et servir avec un peu de persil haché dessus.

500 g de morue. 3 cuillerées à soupe de farine. 80 g de beurre. 10 gousses d'ail. 250 g de pommes de terre. 1 cuillerée à soupe de vinaigre. 1 cuillerée à soupe de persil haché.

MORUE SAUTÉE AUX TOMATES

Temps de cuisson, 20 à 25 mn

- La morue étant dessalée et coupée en carrés, la fariner. Mettre les morceaux dans un beurre brûlant à la poêle, et les cuire ainsi pas trop vite ; il faut 12 à 15 mn pour la cuisson. Mettre ensuite le poisson dans un plat et jeter dans le beurre qui a servi à le cuire 250 g de tomates (pour 500 g de morue) pelées, vidées et hachées grossièrement.
- Quand la tomate est cuite, assaisonner pas trop fort en sel, poivre et persil haché et ajouter, si l'on veut, un peu d'ail haché fin. Donner encore quelques secondes de cuisson et verser sur la morue.

500 g de morue. 3 cuillerées à soupe de farine. 80 g de beurre. 250 g de tomates. 1 gousse d'ail. 1 cuillerée à soupe de persil haché.

LA MOTELLE OU LOCHE DE MER

De la famille des Gadidés, ce poisson reste généralement localisé sur les côtes où on le pêche sous les pierres plates à marée basse. Il se cuisine comme le merlan.

Il existe aussi une espèce similaire en eau douce, la loche de rivière, mais qui n'a rien de transcendant. On la mélange généralement aux perches ou tanches pour faire des matelotes.

LA MOURINE

Aussi appelée tère, elle appartient à la famille des Myliobatidés ou Aigles de mer. Elle ressemble à la raie, mais possède au milieu de la queue un aiguillon venimeux. On la prépare comme la raie.

LE MULET

Appelé aussi muge et cabot, il appartient à la famille des Mugilidés. Il ressemble au bar, mais ses écailles sont plus larges, et ce poisson n'a pas l'aspect de poisson fin qu'a le bar qu'il remplace parfois, avec une qualité inférieure. Le mulet se nourrit de toutes les matières organiques dans les estuaires et les ports qu'il fréquente de préférence, ce qui l'a fait surnommer par les cuisiniers le cochon de mer.

Il peut subir les mêmes recettes que le bar, et se mettre aussi en matelote (surtout les petits). Voici encore quelques formules qui lui conviennent en raison de leurs compositions relevées qui corrigent son faible goût.

Mulets à la gitane, recette p. 138

MULETS À LA GITANE

Temps de cuisson, 30 à 35 mn

• Faire bouillir à l'eau environ 10 mn la moitié d'un pied de fenouil, le rafraîchir et l'émincer. Le mettre au fond d'un plat long à four, huilé fortement, en le mêlant avec 2 beaux oignons émincés, quelques tomates pelées, vidées et coupées en tranches ainsi qu'un poivron vert. Faire fondre le tout dans l'huile du plat, puis mettre le mulet dessus. L'arroser d'un doigt de xérès, saler, poivrer et mettre au four couvert d'un papier huilé. Cuire au moins 30 mn pour un poisson de 2 à 3 livres en arrosant plusieurs fois. Lever les filets avant de servir.

1 mulet. 1/2 pied de fenouil. 3 cuillerées à soupe d'huile. 2 oignons. 4 tomates. 1 poivron vert. 3 cuillerées à soupe de xérès.

MULETS À LA RIVIERA

Temps de cuisson, 25 à 30 mn

• Fariner et cuire à la poêle au beurre des petits mulets de 300 g. Si l'on a de plus gros poissons, il convient de les faire en filets. Les relever dans le plat de service et faire cuire dans la même poêle quelques tomates pelées et hachées, un peu d'échalote, du persil, du thym et du laurier pulvérisés. Cuire un instant, puis mouiller d'un peu de vin blanc et beurrer. Verser sur les poissons. Parsemer d'un peu de chapelure, arroser d'huile ou de beurre et passer quelques minutes au four. Servir chaud.

• Le mulet peut aussi se faire à l'oseille comme l'alose (voir page 91), mais il est bon de le griller environ 10 mn avant de le mettre sur l'oseille.

1 kg de mulets. 3 cuillerées à soupe de farine. 90 g de beurre. 4 tomates. 1 échalote. 1 brin de persil. Thym et laurier. 2 verres de vin blanc. 2 cuillerées à soupe de chapelure.

LE NONNAT

Ce petit poisson absolument minuscule et transparent, de la famille des Gobiidés, ne se voit pas beaucoup en dehors du littoral de la Méditerranée. Il se fait frire à friture très brûlante.

NONNATS ET POUTINA

Temps de cuisson, 2 mn

• Ce sont des alevins de poissons migrateurs que l'on ne pêche en général que sur le littoral méditerranéen ; ils se traitent le plus souvent par la friture. On les passe au lait et à la farine et on les plonge par petites quantités pour bien les saisir dans l'huile brûlante. Cuits en 2 mn, ils doivent être très croquants. *Plat régional*

• Ces poissons se préparent parfois, mais rarement, en omelette ou en potage.

• Dans la région saintongeoise, on a la piballe qui est le frai de l'anguille. On la fait frire ou on la traite en matelote.

L'ORPHIE

Ce poisson est étrange par son espèce de bec allongé, fendu entièrement, et aussi par la couleur verte de sa chair, qui éloigne bien des gens. Il appartient à la famille des Bélonidés.

La chair de l'orphie est bonne cependant, mais comme on en voit rarement sur nos marchés, nous ne la citons que pour mémoire.

LE PERROQUET DE MER

Très joli poisson à cause de sa couleur rouge très vive, on l'appelle aussi vieille ou, dans le Midi, roucaous ou rochier, parce qu'il fréquente surtout les rochers. Il appartient à la famille des Labridés.

Le perroquet a sa place dans la bouillabaisse (voir page 79).

LA PLIE

C'est l'autre nom du carrelet (voir page 103).

LA RAIE

On distingue la raie commune et la raie bouclée, ainsi nommée en raison des petits écussons cornés et garnis d'un piquant recourbé qu'elle a sur le corps. Elle appartient à l'ordre des Raies ou Hypotrèmes.

Elle doit être consommée fraîche, car sa décomposition est rapide et la raie dégage alors une odeur ammoniacale qui la rend immangeable. Elle ne nécessite pas beaucoup d'apprêts, c'est le beurre noir qui lui est adjoint, mais il en faut une bonne quantité et les périodes de restrictions ne lui sont pas propices. Les petites raies dites raitons se font frire.

RAIE AU BEURRE NOIR

Temps de cuisson, 20 à 25 mn

- Cuire la raie coupée en morceaux au court-bouillon, puis l'égoutter, ôter la peau des deux côtés, et aussi les boucles s'il y en a. La mettre sur le plat, saler, poivrer d'un tour de moulin, parsemer de câpres au vinaigre et de persil haché. Arroser copieusement de beurre bien noir.
- Puis verser un verre à liqueur de vinaigre dans la poêle brûlante en la tenant au bout du bras, car cela pétille et saute. Donner un tour de bouillon, et verser sur la raie.

1 kg de raie. 2 cuillerées à soupe de câpres. 1 cuillerée à soupe de persil haché. 80 g de beurre. 2 cuillerées à soupe de vinaigre.

Raie au beurre noir, recette p. 139

RAIE À LA NORMANDE

Temps de cuisson, 20 à 25 mn

• Procéder comme précédemment, en remplaçant le beurre noir par 150 à 200 g de crème de lait. Saler, poivrer, donner un bouillon, arroser la raie. Verser un filet de vinaigre par-dessus.
• On peut aussi servir la raie bouillie avec une sauce aux câpres ou autre, lorsque l'on ne dispose pas d'assez de beurre ou de crème. S'il en reste, on peut faire des beignets comme avec les restes de morue.

1 kg de raie. 2 cuillerées à soupe de câpres. 1 cuillerée à soupe de persil haché. 150 à 200 g de crème de lait. 2 cuillerées à soupe de vinaigre.

LA RASCASSE

Poisson de la Méditerranée, la rascasse, de la famille des Scorpénidés, est l'élément indispensable de la bouillabaisse marseillaise. C'est un poisson très épineux, d'aspect féroce, que les marchandes du Vieux Port ne manipulent qu'avec circonspection, tant ses piqûres sont venimeuses.

LE ROUGET-BARBET

Le rouget-barbet, qui appartient à la famille des Mullidés, est originaire de la Méditerranée où il vit dans les roches. La Manche et l'Océan en abritent aussi qui sont moins fins. Appelé parfois surmulet, il ne faut pas le confondre avec le rouget-grondin qui n'est pas de la même espèce, ni de la même qualité. Ce poisson est particulièrement recherché des gourmets, qui se contentent de l'écailler,

Rougets
à l'algéroise

de l'essuyer et de le faire griller sans le vider ; mais pour cela il faut le cuire au sortir de l'eau.

ROUGETS À L'ALGÉROISE

Temps de cuisson, 30 à 35 mn

- Tapisser un plat allant au feu d'une fondue de tomates assaisonnée d'un peu de safran en poudre et mélangée de fenouil haché. Ranger sur cette fondue les rougets (choisis petits). Assaisonner de sel et de poivre, mouiller d'un peu de vin blanc, arroser d'huile et faire cuire au four.
- Lorsque les rougets sont cuits, les saupoudrer de chapelure, les arroser d'huile et les faire gratiner légèrement. Parsemer de persil haché.

1 kg de petits rougets. 4 tomates. Pointe de safran. 50 g de fenouil. 2 verres de vin blanc. 5 cuillerées à soupe d'huile. 2 cuillerées à soupe de chapelure. 1 cuillerée à soupe de persil haché.

ROUGETS À LA FRANCILLON OU MONTE-CARLO

Temps de cuisson, 25 à 30 mn

- Griller ou cuire les rougets à la meunière, et les dresser sur de minces croûtons de pain taillés à la dimension des poissons, frits au beurre et recouverts de beurre d'anchois (voir page 38) assez copieusement. Entourer les rougets d'une couronne de pommes de terre paille.

ROUGETS AU GRATIN

- Procéder comme pour les carrelets du même nom (voir page 103).

ROUGETS GRILLÉS

Temps de cuisson, 10 mn

• Nettoyer et essuyer les rougets. S'ils pèsent plus de 100 g, il faut les ciseler de chaque côté. Les fariner après les avoir salés, et les graisser d'huile pour les poser sur le gril bien chaud. Servir avec un beurre maître d'hôtel (voir page 39).

ROUGETS MEUNIÈRE

Temps de cuisson, 10 à 25 mn

• Fariner les rougets et les cuire au beurre à la poêle tout doucement de chaque côté. Les dresser et arroser de jus de citron, puis verser dessus du beurre noisette fait dans la poêle de cuisson. Parsemer de persil haché et border le plat de minces demi-lames de citron.

ROUGETS À LA MONTROUGE

Temps de cuisson, 15 mn

• Les cuire à la meunière et les dresser sur une purée de champignons. Placer sur chacun 2 têtes de champignons grillées au beurre, et arroser légèrement les poissons avec quelques cuillerées de crème épaisse chauffée, salée et citronnée.

ROUGETS À LA NIÇOISE CHAUDS

Cuisson, 30 mn

• Cuire les rougets à l'huile à la poêle et les couvrir d'une fondue de tomates à l'huile et à l'ail. Placer sur chacun 2 filets d'anchois en diagonale.

ROUGETS À LA NIÇOISE FROIDS

Temps de cuisson, 15 à 30 mn

Plat froid

• Faire pocher des petits rougets avec du vin blanc et quelques anneaux d'oignons. Quand ils sont refroidis, les dresser côte à côte sur un plat long et disposer sur chacun une petite salade de tomates pelées, pressées, coupées en dés et assaisonnées avec de l'huile, du vinaigre et du cerfeuil haché. Placer sur la salade les rondelles d'oignons graduées. Entourer les poissons avec leur cuisson bien réduite et froide. Décorer le plat de demi-lames de citron. Servir glacé.

6 petits rougets. 2 cuillerées à soupe de vin. 3 oignons. 500 g de tomates.
2 cuillerées à soupe d'huile. 1 cuillerée à soupe de vinaigre.
1 cuillerée à café de cerfeuil haché. 1 citron.

ROUGETS PHOCÉENS

Temps de cuisson, 35 à 40 mn

• Recette d'après René Viaux, chef de cuisine, « Meilleur Ouvrier de France ».
• Choisir des rougets de la Méditerranée de 160 g, à raison d'un poisson par convive. Les vider (inutile s'ils sont presque vifs), les laver, les éponger et faire dorer rapidement dans une poêle contenant un peu d'huile d'olive. Assaisonner comme il est indiqué aux poissons à la meunière (page 23).

• À la moitié de la cuisson, retirer les rougets et les disposer dans un plat en terre allant au four et préalablement frotté avec de l'ail ; le fond, arrosé d'un peu d'huile d'olive, est parsemé d'une cuillerée à soupe d'échalote hachée. Recouvrir les poissons de tranches épaisses de tomates bien mûres et épépinées, de courgettes et d'aubergines, ces deux dernières frites à l'huile. Intercaler et chevaucher ces légumes qui doivent former une véritable couche. Assaisonner et finir de cuire au four de bonne chaleur en arrosant avec du vin blanc sec, environ 6 cl par poisson.
• Ce mets peut être dégusté chaud ou froid. Le servir dans le plat de cuisson. La sauce doit être courte.

6 rougets. 7 cuillerées à soupe d'huile d'olive. 1 gousse d'ail. 1 échalote.
300 g de tomates. 300 g de courgettes. 300 g d'aubergines. 1/2 bouteille de vin blanc.

ROUGETS À LA PORTUGAISE

Temps de cuisson, 20 à 25 mn

• Ranger les rougets sur un plat creux et les assaisonner. Faire cuire à la poêle avec de l'huile et du beurre des tomates en quartiers. Les assaisonner avec du sel, du poivre, du persil, des échalotes hachés et un soupçon d'ail. Quand les tomates sont bien fondues, les mouiller d'un demi-verre de bon vin blanc, faire bouillir 5 mn.
• Recouvrir alors les poissons de cette fondue, parsemer de chapelure et mettre à four chaud pour cuire les rougets et faire gratiner le dessus.

6 rougets. 500 g de tomates. 3 cuillerées à soupe d'huile. 50 g de beurre.
1 cuillerée à café de persil haché. 1 échalote. 1 gousse d'ail. 1/2 verre de vin blanc.
2 cuillerées à soupe de chapelure.

LA ROUSSETTE

Ce poisson, appelé aussi chien de mer ou touille, fait partie de la famille des Scyliorhinidés.

Les savants le classent dans l'ordre des Squales avec les requins, mais il n'est pas le plus féroce.

La roussette vit sur nos côtes et sa chair n'est pas désagréable, bien que sans consistance. Elle n'a pas d'arêtes et, avec une bonne sauce, on en fait des plats agréables. De plus c'est un des meilleurs marchés sur les éventaires.

ROUSSETTE EN FRITOT

Plat économique

Temps de cuisson, 20 à 25 mn

• Ébouillanter un morceau de chien de mer pour ôter la peau, puis le couper en tranches assez minces. Les saler, poivrer, fariner et les tremper dans l'œuf battu ; les rouler dans la mie de pain et les faire frire à friture brûlante. Servir avec une sauce tomate.

Roussete à la provençale

Roussette au riz

ROUSSETTE AU GRATIN

Temps de cuisson, 15 à 25 mn

Plat économique

• La veille, cuire un morceau de roussette au court-bouillon bien assaisonné ; le retirer, le dépouiller et ôter l'arête. En refroidissant la chair devient très ferme. Couper le poisson en tranches que l'on range dans un plat à four avec des champignons, des échalotes et des fines herbes hachés. Arroser de vin blanc, parsemer de chapelure, beurrer et faire gratiner à four vif.

1 kg de roussette. 250 g de champignons. 2 échalotes. Fines herbes.
2 verres de vin blanc. 2 cuillerées à soupe de chapelure. 50 g de beurre.

ROUSSETTE AUX HARICOTS

Temps de cuisson, 15 à 25 mn

Plat économique

• Les haricots (haricots blancs ou flageolets) seront cuits d'avance à l'eau, comme de coutume. Pour écorcher aisément la roussette, il suffit de la tremper dans l'eau bouillante et de la frotter avec un torchon rugueux ou un gros sac (mais on la vend généralement dépouillée). Bien la laver et la couper en morceaux. Les faire revenir en cocotte avec 2 oignons hachés ; les poudrer de farine et laisser un peu colorer. Ajouter encore, si l'on veut, une gousse d'ail hachée. Mouiller d'un peu de vin blanc et d'eau, tomater si possible, assaisonner en tenant bien relevé et laisser cuire 10 mn. Ajouter alors les haricots égouttés et donner encore 10 mn de légers bouillons. Servir saupoudré de persil haché.

1 kg de roussette. 500 g d'haricots. 2 oignons. 2 cuillerées à soupe de farine.
1 gousse d'ail. 2 verres de vin blanc. 1 tomate. 1 cuillerée à soupe de persil haché.

ROUSSETTE À LA PROVENÇALE

Plat économique

Temps de cuisson, 25 à 30 mn

• Tremper le poisson dans l'eau bouillante, puis le frotter avec un torchon rugueux pour le dépouiller. Le couper en tronçons, laver et égoutter. Faire une sauce avec une bonne quantité d'oignons et d'échalotes hachés, roussis, puis poudrés de farine. Ajouter 2 gousses d'ail hachées, les tomates en quartiers, mouiller avec du vin blanc de façon à avoir une sauce un peu clairette. Faire revenir à la poêle avec un peu d'huile les champignons émincés, les incorporer à la sauce, saler et poivrer, ajouter le persil haché. Cuire 10 mn.

• Déposer le poisson dans un plat à gratin, verser la sauce bien relevée pardessus, parsemer de mie de pain, cuire et faire gratiner à four très chaud.

1 kg de roussette. 3 oignons. 2 échalotes. 5 cuillerées à soupe d'huile. 2 cuillerées à soupe de farine. 2 gousses d'ail. 1 verre de vin blanc. 1 kg de tomates. 250 g de champignons. 1 cuillerée à soupe de persil haché.

ROUSSETTE AU RIZ

Plat économique

Temps de cuisson, 20 à 25 mn

• Faire cuire le riz à la créole. Ébouillanter et dépouiller un morceau de roussette, le couper en tronçons pas trop gros. Assaisonner et fariner les morceaux, puis les cuire au beurre , ôter la peau. Dresser le riz en dômes, disposer les morceaux de roussette à côté. Servir accompagné de sauce blanche, de coulis de tomate ou, plus simplement, de beurre noisette.

Sardines grillées, recette p. 147

LE SAINT-PIERRE

Ce poisson de la famille des Zéidés ne paie pas de mine, mais c'est cependant un des plus fins. On l'appelle aussi poule de mer. D'après la légende, la tache noire que ce poisson a à droite et à gauche ne serait autre que l'empreinte des doigts de saint Pierre, l'apôtre pêcheur, disciple de Jésus.

Quoi qu'il en soit, ce poisson revient cher parce qu'il a une très grosse tête. Il bonifie la bouillabaisse et se traite en filets que l'on accommode suivant les recettes simples des filets de sole.

LA SARDINE

La sardine fait partie de la famille des Clupéidés. Au moment de la ponte, les sardines se réunissent en bancs et viennent près des côtes ; c'est à ce moment qu'ont lieu les plus grandes pêches. Les trois quarts de la pêche sont réservés à la conserve : les sardines à l'huile font partie des hors-d'œuvre (voir ce chapitre), des déjeuners sur l'herbe, des parties de chasse ou de camping et tout le monde s'en est régalé. On peut conserver les sardines en marinade au vin blanc, mais on les mange aussi fraîches légèrement salées. A. Caillat, cuisinier marseillais, grand chef de la bonne école, a écrit un petit ouvrage contenant 150 recettes pour accommoder les sardines.

SARDINES À LA BONNE FEMME

Temps de cuisson, 20 à 25 mn

• Émincer finement 1 ou 2 oignons, puis les faire blondir à l'huile d'olive. Ajouter 2 ou 3 tomates pelées, vidées et coupées, laisser mijoter. Mouiller d'un peu de vin blanc, saler, poivrer et mettre à cuire 20 mn avec du persil et du laurier. Verser ensuite sur un plat à gratin. Ranger dessus des sardines, saupoudrer de mie de pain, arroser d'huile et faire gratiner.

12 sardines. 1 ou 2 oignons. 3 cuillerées à soupe d'huile d'olive. 2 ou 3 tomates. 1 verre de vin blanc. 1 brin de persil. Laurier. 2 cuillerées à soupe de mie de pain. 3 cuillerées à soupe d'huile.

SARDINES À LA CAUCHOISE

Temps de cuisson, 7 à 8 mn

• Choisir d'assez grosses sardines et lever les filets. Hacher très finement 125 g de champignons pour 6 sardines soit 12 filets. Cuire ce hachis avec une noisette de beurre cuit un peu brun, et le lier d'une cuillerée de purée de tomates très concentrée. Ajouter une cuillerée de mie de pain émiettée, du sel, du poivre, des fines herbes hachées et faire mijoter le tout pour obtenir une purée consistante. La laisser refroidir et l'étaler sur les filets qui auront été lavés et essuyés. Placer ceux-ci dans un plat à four, verser quelques cuillerées de bon vin blanc autour et les faire pocher 5 mn au four. Préparer une petite sauce vin blanc en utilisant le vin de la cuisson. Tenir la sauce assez épaisse, beurrer, relever, et verser sur les sardines. Parsemer d'une pincée de parmesan râpé et faire gratiner à four vif.

6 grosses sardines. 125 g de champignons. 80 g de beurre. 1 cuillerée à soupe de purée de tomates. 1 cuillerée à soupe de mie de pain émiettée. Fines herbes. 3 cuillerées à soupe de vin blanc. 1 cuillerée à café de parmesan.

SARDINES FRITES

Temps de cuisson, 3 mn

- Passer les sardines au lait, puis les rouler dans la farine et les frire à l'huile brûlante ; 3 mn suffisent. Les servir avec des quartiers de citron.

SARDINES GRILLÉES MAÎTRE D'HÔTEL

Temps de cuisson, 5 à 7 mn

- C'est la manière la plus simple et la meilleure de déguster les sardines fraîches. Fariner les sardines bien essuyées, les graisser d'huile et les griller à feu vif 2 à 3 mn de chaque côté.
- Les servir sur un beurre maître d'hôtel (voir page 39).

SARDINES À LA ORLY

Temps de cuisson, 5 à 7 mn

- Supprimer les têtes et fendre les sardines le long du dos pour pouvoir en détacher les arêtes. Assaisonner de sel, de poivre, de persil et fenouil hachés et de jus de citron.
- Les laisser ainsi mariner 60 mn. Les tremper ensuite dans une légère pâte à frire et les plonger dans la friture brûlante.
- Quand la pâte est bien dorée et croquante, égoutter les sardines, les dresser sur serviette et passer en même temps une sauce tomate beurrée.

LA SOLE

La sole appartient à la famille des Soléidés.

C'est bien le poisson le plus estimé des gourmets et des cuisiniers en raison des multiples préparations qu'il permet. De plus, la sole est présente sur les marchés toute l'année.

Un peu coûteuse pour un budget limité, elle est tout de même abordable quand on veut faire un petit extra pour recevoir des amis. On lui applique des recettes très simples et des recettes recherchées pour les jours de fête ou les réceptions.

Toutes ces recettes de soles entières peuvent s'appliquer aux filets de sole, mais certaines, telles que soles frites, à la meunière, Colbert, Dugléré, se font de préférence avec la sole entière.

Petits conseils du chef

COMMENT ON LÈVE LES FILETS DE SOLE

Si l'on veut obtenir des filets de sole, on procède de même des deux côtés pour enlever les deux peaux (voir page 253 et suivantes). Fendre alors la sole tout le long de l'arête et glisser le couteau tout à fait à plat, de manière à détacher les filets sans couper l'arête ni laisser de chair dessus. Il faut un couteau légèrement flexible. Bien détacher le filet d'un bout à l'autre pour ne pas le raccourcir. Chaque sole produit 4 filets et on compte 2 filets par personne, en se basant sur des soles de 400 g.

Les arêtes et les têtes des soles traitées en filets seront utilisées pour faire un fumet de poisson qui trouvera son emploi pour la cuisson de ceux-ci ou pour la sauce d'accompagnement.

BORDURE DE FILETS DE SOLE URBAIN DUBOIS

Temps total de cuisson, 40 mn

- Garnir les parois d'un moule à bordure beurré de 12 pièces de filets de sole bien aplatis et assaisonnés. Placer ces filets en diagonale, en les superposant légèrement les uns sur les autres, et en les faisant déborder du moule à leurs deux extrémités.
- Masquer ces filets de sole d'une couche légère de farce de brochet. Remplir le vide du moule avec des queues d'écrevisses à la Nantua. Sur ce ragoût, qui doit être placé en couche uniforme, mettre une couche peu épaisse de farce de brochet. Ramener sur cette farce les extrémités des filets de sole et bien tasser le tout.

Filets de sole bonne femme

Filets de sole Deauville, recette p. 151

• Faire pocher au bain-marie, à couvert et à chaleur modérée. Laisser reposer quelques minutes avant de démouler. Démouler la bordure sur un plat de service rond.
• Servir comme garnitures 12 noix de coquilles Saint-Jacques préalablement pochées, divisées chacune en deux escalopes, panées à l'anglaise et frites au beurre clarifié. Dresser ces coquilles en buisson au milieu du plat. Mettre 12 belles et épaisses lames de truffes sur la bordure et la napper avec une sauce normande. Servir avec le restant de la sauce à part.

FILETS DE SOLE À L'AMÉRICAINE

Temps de cuisson, 12 à 15 mn

• Il faut d'abord préparer un petit homard à l'américaine (voir page 230), puis faire un fumet de sole dans lequel on fait pocher les filets de sole pliés en deux. Réduire ensuite le fumet pour l'ajouter à la sauce du homard.
• Dresser les filets de sole en turban, garnir le milieu avec les chairs du homard que l'on aura décortiqué, et arroser le tout avec la sauce américaine bien beurrée. Parsemer de persil haché.

FILETS DE SOLE BONNE FEMME

Temps de cuisson, 12 à 15 mn

• Faire pocher les filets de sole au vin blanc, les égoutter et les ranger sur un plat long ; réserver les filets à four moyen quelques minutes. Pendant ce temps, laisser réduire à gros bouillons le jus de cuisson des filets jusqu'à ce qu'il n'en reste plus qu'une cuillerée ou deux. Ajouter alors une sauce hollandaise préparée à part (voir page 30).

• Verser la sauce sur les filets de sole, parsemer la surface de persil haché, orner le plat si l'on veut de quelques rondelles de citron, et servir accompagné de pommes de terre cuites à la vapeur.

800 g de filets de sole. 2 verres de vin blanc. Sauce hollandaise. 1 citron.
1 cuillerée à soupe de persil haché. 1 kg de pommes de terre.

FILETS DE SOLE BOURGUIGNONNE

Temps de cuisson, 15 à 20 mn

• Faire pocher les filets de sole avec du vin rouge, sans les plier en deux, puis réduire la cuisson de moitié et la lier avec un gros morceau de beurre pétri avec de la farine à poids égal. Mettre une cuillerée de glace de viande et un peu de caramel. Saucer les filets et entourer le plat de croûtons de pain frits. Ajouter des champignons à la sauce.

800 g de filets de sole. 2 verres de vin rouge. 50 g de beurre. 50 g de farine.
1 cuillerée à café de glace de viande. Caramel. 125 g de champignons.

FILETS DE SOLE CAPRICE

Temps de cuisson, 12 à 20 mn

• Couper en dés très fins une cuillerée à soupe de rouge de carotte, autant de truffe et faire étuver 15 mn au beurre dans une casserole bien couverte. Ajouter alors un verre à madère de bon madère, laisser mijoter 2 mn, puis verser le tout sur 8 filets de sole pliés en deux et assaisonnés de sel et d'une pointe de cayenne. Faire pocher au four puis réduire la cuisson avec 2 cuillerées à soupe de béchamel et autant de crème double.

• Napper les filets avec cette sauce sans la passer et dresser une demi-tomate sautée au beurre sur chaque filet ; mettre dans chaque tomate une tête de champignon cuite et un soupçon de persil haché.

8 filets de sole. 1 carotte. 1 truffe. 1 verre à madère de madère. 2 cuillerées à soupe de sauce béchamel. 2 cuillerées à soupe de crème double. 4 tomates.
60 g de beurre. 8 têtes de champignons. 1 cuillerée à soupe de persil haché.

FILETS DE SOLE À LA CARDINAL

Temps de cuisson, 12 à 20 mn

• Pocher les filets au vin blanc sans les plier, puis réduire la cuisson à fond et l'ajouter à une sauce Cardinal (voir page 28) additionnée d'un reste de homard coupé en petits dés. Napper les filets de sole avec cette sauce qui peut être forcée en couleur avec quelques gouttes de carmin, mais pas trop.

FILETS DE SOLE AUX CHAMPIGNONS

Temps de cuisson, 12 à 20 mn

• Plier les filets et les faire pocher avec la cuisson des champignons. Faire réduire la cuisson et l'ajouter à une sauce vin blanc très épaisse. Dresser les

champignons au milieu du plat, les filets autour, et napper les filets seulement avec la sauce. Parsemer les champignons de persil haché.
• On peut mettre des morilles ou des girolles.

FILETS DE SOLE CHAUCHAT

• Plier les filets et les pocher avec du beurre et du jus de citron. Masquer le fond du plat de sauce Mornay (voir page 30), dresser les filets en turban. Les entourer d'épaisses rondelles de pommes de terre, coupées sur des pommes fraîchement cuites à l'eau salée. Napper filets et garniture de sauce Mornay et faire glacer.

Temps de cuisson, 12 à 20 mn

FILETS DE SOLE CÔTE D'AZUR

• Couper en filets très fins une carotte, un oignon, une tranche de céleri, une échalote ou 2 oignons et un peu de truffe. Faire cuire ces légumes avec un peu de beurre dans une petite casserole hermétiquement fermée, pendant 8 à 10 mn, puis ajouter un verre de madère, un décilitre de fumet de sole, et verser cette matignon sur 8 filets de sole pliés en deux dans un plat à feu. Les couvrir de papier beurré et cuire au four 12 mn. Égoutter alors la cuisson, la réduire en plein feu avec 200 g de crème épaisse et 3 cuillerées de béchamel. Quand la sauce est bien crémeuse, la retirer, goûter et compléter en relevant l'assaisonnement.
• Dresser les filets de sole sur plat long et les napper copieusement de la sauce sans la passer. Les entourer d'une couronne de moules à la Villeroy (voir page 224) alternées avec des queues de langoustines.

Temps de cuisson, 25 mn

8 filets de sole. 1 carotte. 1 ou 2 oignons. 1 tranche de céleri ou 1 truffe. 1 échalote. 50 g de beurre. 1 verre de madère. 200 g de crème épaisse. 3 cuillerées à soupe de béchamel.

FILETS DE SOLE DEAUVILLE

• Pocher les filets avec le fumet de poisson, le réduire et l'ajouter à une sauce crevettes (voir page 29). Enrouler les filets sur eux-mêmes, puis les napper de sauce, à laquelle on aura ajouté quelques queues de crevettes décortiquées. On peut si l'on veut piquer une crevette rose sur chaque filet.

Temps de cuisson, 12 à 15 mn

FILETS DE SOLE EN ÉVENTAIL

Plat froid

• Plier les filets en deux et les pocher avec du jus de citron et du vin blanc. Refroidir sous légère presse et disposer comme un éventail les filets dans un plat long. Les décorer de truffes et napper d'une bonne gelée faite avec les arêtes.
• Placer quelques écrevisses au court-bouillon pour finir la pointe de l'éventail, puis l'entourer de salade de macédoine de légumes liée à la mayonnaise collée avec de la gélatine fondue. Cette salade peut aussi se mettre au fond du plat

Temps de cuisson, 12 à 15 mn

pour former un socle sur lequel on dresse les filets. Border le plat de gelée ou de lames de citron et servir une mayonnaise à part.

FILETS DE SOLE EN GELÉE

Temps de cuisson, 12 à 15 mn

Plat froid

• Faire pocher les filets au vin blanc et au jus de citron pour qu'ils soient bien blancs, les refroidir et les éponger. Les dresser et décorer de truffes, les glacer de gelée et les garnir suivant son goût de salade ou autre.

FILETS DE SOLE GEORGETTE

Temps de cuisson, 12 à 15 mn

• Faire cuire au four ou en robe des champs autant de belles pommes de terre de Hollande que l'on veut servir de filets de sole. Les vider en réservant un couvercle, puis garnir le fond avec un salpicon de queues d'écrevisses ou de crevettes. Placer au-dessus un filet de sole poché au vin blanc et napper de sauce Nantua (voir page 31). Remettre le couvercle et dresser sur serviette avec un buisson de persil bien vert.

FILETS DE SOLE GRAND-DUC

Temps de cuisson, 12 à 20 mn

• Plier et pocher les filets au vin blanc. Faire réduire la cuisson et l'ajouter à une sauce Mornay (voir page 30) serrée. Dresser les filets sur des croûtons dans un plat rond, en tenant les pointes tournées vers le milieu. Les napper de sauce, saupoudrer de fromage et faire glacer à four vif. Placer entre chaque filet un bouquet de pointes d'asperges sautées au beurre.

FILETS DE SOLE GRANDGOUSIER

Temps de cuisson, 12 à 20 mn

• Lever les filets de 2 soles, les battre et les faire dégorger à l'eau froide, puis les éponger, les plier en deux, les faire pocher avec un excellent vin blanc sec et 2 cuillerées à soupe de fine champagne, après les avoir parsemés de 200 g de champignons crus émincés.

• Lorsqu'ils sont pochés, égoutter la cuisson et la réduire des trois quarts. Lui ajouter alors une cuillerée à soupe de tomate en purée et 250 g de tomates fraîches pelées, vidées et coupées menu et fondues au beurre. L'ensemble étant crémeux, le monter au beurre hors du feu. Relever l'assaisonnement d'une pointe de paprika. Dresser sur plat long chaud, napper copieusement avec cette sauce, puis disposer autour une huitaine de quartiers d'artichauts, petits, blanchis 15 mn, puis finis de cuire à couvert au beurre. Dans chaque quartier d'artichaut piquer une belle crevette bouquet (queue décortiquée) et border le plat de croissants feuilletés.

8 filets de sole. 2 cuillerées à soupe de vin blanc. 2 cuillerées à soupe de fine champagne. 200 g de champignons. 1 cuillerée à soupe de tomate en purée. 250 g de tomates. 100 g de beurre. 2 artichauts. 8 bouquets. Croissants feuilletés.

À droite, filets de sole Marguery, recette p. 154

FILETS DE SOLE À LA JOINVILLE

Temps de cuisson, 12 à 20 mn

• Farcir les filets de sole avec une farce de merlan (voir page 42). Les plier en deux et les faire pocher avec le fumet de poisson. Les dresser en turban et mettre au centre une garniture de crevettes, champignons et truffes.
• Napper le tout de sauce crevettes (voir page 29) additionnée du fumet de poisson réduit. Poser une lame de truffe sur chaque filet de sole.

FILETS DE SOLE À LA MARCELLE

Temps de cuisson, 12 à 15 mn

• Plier en deux et pocher au fumet de poisson 8 filets de sole. Faire cuire 2 litres de belles moules, les éplucher et les passer au tamis. Ajouter cette purée à une sauce vin blanc.
• Napper les filets et les parsemer de truffes coupées en petits filets.

FILETS DE SOLE MARGUERY

Temps de cuisson, 12 à 15 mn

• Faire pocher au fumet de poisson au vin blanc les filets de sole roulés sur eux-mêmes et maintenus par un petit pic en bois. Les égoutter, les dresser sur le plat de service et les tenir au chaud. Prévoir une garniture de moules au vin blanc, de crevettes, de pointes d'asperges et de croquettes de pommes de terre.
• Napper les filets de sauce au vin blanc additionnée du fumet de poisson. Servir sans attendre.

FILETS DE SOLE À LA MARINIÈRE

Temps de cuisson, 12 à 15 mn

• Préparer des moules à la marinière (voir page 223) et se servir de leur cuisson pour faire pocher les filets de sole. Réduire ensuite la cuisson en plein feu avec un bon morceau de beurre frais et une pincée de persil haché.
• Dresser les filets de sole qui doivent être pliés en deux dans des barquettes en pâte brisée que l'on a garnies avec les moules.
• Napper les filets avec la sauce, les parsemer de persil haché.

FILETS DE SOLE À LA MONTROUGE

Temps de cuisson, 12 à 20 mn

• Pocher les filets au fumet de poisson sans les plier. Les dresser sur une purée de champignons cuite, les napper avec une sauce Mornay (voir page 30) épaisse additionnée du fumet très réduit.
• Parsemer de fromage râpé et faire gratiner.
• On peut, dans le même genre, faire des filets de sole en remplaçant la purée de champignons par une autre purée, d'artichauts, de pois frais, etc. On peut aussi dresser les filets en paupiettes.

FILETS DE SOLE MURAT

Temps de cuisson, 15 à 20 mn

- Détailler les filets d'une sole de 400 g en grosse julienne. Les assaisonner, les fariner et les sauter au beurre, à la meunière.
- Sauter au beurre, et séparément, une pomme de terre de moyenne grosseur et un fond d'artichaut (préalablement blanchi) coupés en dés.
- Mélanger à la poêle les filets de sole et les garnitures. Les dresser en buisson sur un plat rond. Mettre dessus 4 tranches de tomate sautées à la poêle, à l'huile. Saupoudrer de persil haché. Ajouter un filet de jus de citron et verser sur le tout un peu de beurre noisette.

1 sole de 400 g. 1 pomme de terre. 1 fond d'artichaut. 80 g de beurre. 1 tomate. 1 cuillerée à soupe d'huile. 1/2 citron. 1 cuillerée à soupe de persil haché.

FILETS DE SOLE NORMANDE

Temps de cuisson, 12 à 20 mn

- Pocher les filets de sole avec du fumet de poisson et de la cuisson de champignons. Égoutter, dresser et entourer les filets avec des moules pochées et ébarbées et des crevettes épluchées. Dresser en ligne sur le milieu du plat 4 huîtres pochées et 4 belles têtes de champignons cuits. Passer les filets au four pendant quelques instants, pencher le plat pour éliminer tout liquide et masquer filets et garniture avec de la sauce normande.
- Compléter la garniture avec quelques lames de truffes (facultatives) disposées en ligne, des fleurons en feuilletage, des goujons panés en manchons et frits au moment, 4 moyennes écrevisses troussées.

FILETS DE SOLE À LA ORLY

Temps de cuisson, 10 à 12 mn

- Procéder comme pour les filets de merlan du même nom (voir page 126). On peut aussi les paner et les enfiler dans des petites brochettes pour les frire au lieu de les passer dans la pâte à frire.

FILETS DE SOLE À LA PARISIENNE

Temps de cuisson, 12 à 20 mn

- Les filets sont pliés en deux et cuits au fumet de sole à base de vin blanc. Faire une excellente sauce vin blanc avec cette cuisson, bien la beurrer et en faire deux parts dont l'une reste telle et dont l'autre est additionnée de beurre d'écrevisses pour l'obtenir rouge (sauce Nantua ou Cardinal).
- Dresser les filets de sole sur un plat, en couronne, et les napper avec ces sauces, les uns blancs, les autres rouges. Sur les blancs, piquer une crevette rouge ; sur les roses, mettre une lame de truffe. La sauce doit napper complètement les filets, car on n'en sert pas à part.
- On peut toujours ajouter une garniture, soit de champignons, soit de crevettes.

FILETS DE SOLE SAINT-GERMAIN

Temps de cuisson, 12 à 15 mn

• Badigeonner de beurre fondu les filets de sole laissés en long. Les assaisonner, les recouvrir de mie de pain fraîche, les arroser de beurre et les faire griller sur feu doux. Les mettre sur un plat long et garnir de petites pommes de terre nouvelles (ou de pommes de terre noisettes) rissolées au beurre.

• Mettre entre chaque filet une cuillerée de sauce béarnaise. Disposer sur cette sauce un trait régulier de glace blonde de poisson. Saupoudrer de persil.

FILETS DE SOLE À LA SOUBISE

Temps de cuisson, 12 à 20 mn

• Faire pocher au vin blanc les filets de sole pliés en deux. Les dresser sur des moitiés de tomates pochées, remplies de purée Soubise. Faire réduire la cuisson et l'ajouter à une sauce tomate très relevée et bien crémeuse. Napper les filets très proprement avec cette sauce, et servir le reste à part.

FILETS DE SOLE À LA SUCHET

Temps de cuisson, 12 à 20 mn

• Préparer une julienne de rouge de carotte avec une carotte moyenne. La cuire au beurre tout doucement dans une petite casserole hermétiquement fermée. Pendant ce temps préparer sur un plat long une bordure de pommes de terre duchesse. Puis apprêter 2 soles au vin blanc, comme il est expliqué pour les merlans de ce nom. Dresser les soles au milieu de la bordure que l'on aura, au préalable, fait dorer au four. Napper le poisson avec la sauce au vin et le parsemer de filets de carotte cuits au beurre et aussi de filets de truffes.

Paupiettes de sole Mont[illegible] recette p. 158

FILETS DE SOLE SUZANNE

Temps de cuisson, 12 à 20 mn

• Plier et pocher au vin blanc les filets de sole, les dresser dans des croustades à tartelettes remplies de nouilles sautées au beurre. Les napper de sauce Mornay (voir page 30) et les glacer au four.

FILETS DE SOLE SYLVESTRE

Temps de cuisson, 25 mn

• Très fin et bien présenté, ce plat de filets de sole est cité dans *Le Grand Livre de la Cuisine*, par Prosper Montagné et Prosper Salles, mais nous le modifions un peu pour en atténuer le prix de revient.
• Lever les filets de 2 soles et, pendant qu'ils dégorgent dans l'eau courante, tailler en petits dés très réguliers et assez fins ce que l'on appelle une mirepoix.
• Mettre ces légumes au four une dizaine de minutes, bien couverts, puis les mouiller d'un grand verre de madère ou de porto. Laisser mijoter et verser sur les filets de sole rangés dans un plat à feu. Les pocher au four 6 à 8 mn seulement puisque la cuisson est versée bouillante dessus, légumes compris.
• Les filets étant cuits, égoutter la cuisson au sautoir et la réduire en plein feu avec 200 g de crème épaisse et quelques cuillerées de béchamel. Relever l'assaisonnement.
• La garniture se compose de très petites tomates creusées, vidées, pochées au four avec un peu de beurre et remplies ensuite d'une purée de merlan à la crème très fine et bien blanche : les merlans pochés à l'eau salée, épluchés et triturés avec béchamel et beurre. Napper les filets avec la sauce, légumes compris, et entourer avec les tomates.

8 filets de sole. 2 carottes. 125 g de champignons. 1 oignon. 1 échalote. 1 branche de céleri. 100 g de beurre. 1 verre de madère ou de porto. 250 g de crème fraîche. Sauce béchamel. 500 g de petites tomates. 200 g de merlan.

FILETS DE SOLE LA VALLIÈRE

Temps de cuisson, 12 à 20 mn

• Masquer les filets de farce de poisson. Les plier, les contiser aux truffes et les pocher au fumet de poisson. Les dresser en turban, sur une bordure basse en farce mousseline, pochée à l'avance. Les napper légèrement de sauce normande et placer une lame de truffe sur chaque filet.
• Verser au milieu de la bordure une garniture de laitances pochées et escalopées, huîtres pochées et ébarbées, queues d'écrevisses et petits champignons bien blancs, liée de sauce normande finie au beurre d'écrevisses.

FILETS DE SOLE WALEWSKA

Temps de cuisson, 12 à 20 mn

• Recette d'après Escoffier.
• Les filets pliés sont pochés au vin blanc, puis dressés sur des croûtes en pain

brioché. Poser une tranche de queue de homard sur chaque et une lame de truffe. Napper d'une bonne sauce Mornay (voir page 30) et faire glacer au four. Les filets étant dressés en couronne, remplir le puits d'un ragoût de parures de homard, de crevettes et de champignons lié d'une sauce Cardinal (voir page 28).

PAUPIETTES DE SOLE FAVART

Temps de cuisson, 12 à 20 mn

- Farcir les filets de farce de brochet additionnée d'estragon haché. Les rouler en paupiettes comme indiqué ci-dessous. Les pocher au vin de Sauternes.
- Dresser les paupiettes, chacune dans une petite croustade en pâte fine à moitié remplie de salpicon de cèpes à la crème.
- Napper les paupiettes de sauce Nantua (dans laquelle on aura ajouté la cuisson des paupiettes réduites). Saupoudrer de parmesan et faire gratiner.

PAUPIETTES DE SOLE MONTROUGE

Temps de cuisson, 10 à 20 mn

- Ceci est une manière différente de présenter les filets de sole. Il faut faire une farce de poisson mousseline (voir page 41), bien éponger les filets de sole, les battre légèrement avec le plat du grand couteau pour briser les fibres, puis étaler sur chaque filet, du côté où se trouvait la peau, une petite couche de farce que l'on peut additionner de truffes hachées, ou de fines herbes ou de queues de crevettes. Rouler les filets sur eux-mêmes en commençant par la pointe, et les maintenir en forme avec un ou deux tours de fil. Les ranger dans une casserole, debout, les mouiller avec le fumet de poisson que l'on aura fait avec les arêtes et déchets de sole. Couvrir d'un papier beurré et faire pocher au four 10 mn sans ébullition.
- Préparer d'avance autant de bouchées en pâte feuilletée qu'il y a de filets de sole. Placer dans chacune d'elles une paupiette de sole, garnir le dessus de champignons émincés et sautés à la poêle. Déglacer le fond de la poêle avec un peu de fumet de poisson et verser la sauce sur les champignons. Replacer le couvercle des bouchées. Réchauffer le tout au four quelques minutes. Servir sans attendre, avec le reste des champignons.

8 filets de sole. Farce mousseline. 8 bouchées en pâte feuilletée.
250 g de champignons.

SOLE (OU AUTRE POISSON) À LA BASQUAISE

Temps de cuisson, 15 à 20 mn

Plat régional

- Beurrer un plat à four en terre. Étendre au fond une cuillerée d'échalote hachée et poser dessus le poisson bien nettoyé, soit 2 ou 3 soles ou une barbue. Saler, poivrer et verser un demi-verre de vin de Jurançon. Mettre le poisson au four et l'arroser souvent avec le vin et le beurre qu'il y a autour. Il faut bien 15 mn pour cuire des soles, et un temps proportionné à la taille du poisson si c'est un gros.

• Préparer pendant ce temps une sauce béarnaise (voir page 27). Y ajouter la cuisson réduite du poisson. Verser la sauce sur celui-ci pour l'en recouvrir. Saupoudrer encore de 4 ou 5 cuillerées de mie de pain grillée dans du beurre et servir.

2 ou 3 soles. 60 g de beurre. 1 échalote. 1/2 verre de vin de Jurançon. Sauce béarnaise. 5 cuillerées de mie de pain.

SOLE À LA BERCY

• Procéder comme pour les merlans du même nom (voir page 126).

SOLE À LA BRETONNE

• Procéder comme pour les merlans du même nom (voir page 126).

SOLE COLBERT

Temps de cuisson, 10 à 12 mn

• Arracher la peau noire et écailler la peau blanche puis, du côté dépouillé, soulever légèrement les filets sans les détacher entièrement. Casser l'arête à deux endroits, près de la tête et de la queue, pour pouvoir la retirer après la cuisson. Passer la sole au lait puis à la farine, la paner en la trempant dans l'œuf battu et dans la chapelure. La faire frire. Quand elle est bien cuite, retirer l'arête avec soin pour ne pas abîmer le poisson et remplacer l'arête par un beurre Colbert (voir page 38).

SOLE À LA DIEPPOISE

Temps de cuisson, 12 à 20 mn

• Faire cuire 1 litre de moules avec un peu de vin blanc, du poivre et des échalotes émincées, puis faire pocher la sole avec la cuisson des moules. Faire ensuite une sauce blanche bien beurrée avec cette cuisson.
• Éplucher les moules, les mettre autour de la sole et napper le tout avec la sauce. Parsemer de persil haché.

Petits conseils du chef

COMMENT ON PARE LES SOLES

Trancher la tête en la coupant en biais pour réserver plus long le côté opposé au ventre, parce que de ce côté les filets atteignent presque l'extrémité de la tête. Faire ensuite une légère incision du côté de la peau noire au milieu de la longueur de la queue. Gratter avec un couteau de façon à retrousser cette peau jusqu'à ce qu'on puisse la tenir, puis la prendre avec un torchon (pour qu'elle ne glisse pas entre les doigts) et tirer brusquement de la queue à la tête en maintenant la sole de l'autre main. L'opération doit se faire d'un coup sec. Couper alors les nageoires latérales et vider le poisson que l'on lave et essuie. La sole est prête pour être servie entière.

SOLE À LA DUGLÉRÉ

Temps de cuisson, 15 à 25 mn

• Mettre au fond d'un plat à gratin un oignon finement émincé, 1 ou 2 tomates pelées et hachées et un peu de persil haché. Y placer la sole, l'assaisonner et la mouiller d'un demi-verre de vin blanc puis la faire pocher au four. Faire alors réduire la cuisson (tomates comprises) de moitié et la lier avec une cuillerée de purée de tomates et un bon morceau de beurre manié avec une pincée de farine. Verser cette sauce sur la sole, parsemer d'un peu de mie de pain et passer 5 mn à four vif.
• Différents poissons peuvent s'accommoder ainsi, mais s'ils sont gros (barbue, colin) il faut les couper en tronçons. On peut préparer de même de grosses soles coupées en tronçons.

1 sole. 1 oignon. 1 ou 2 tomates. 1 cuillerée à soupe de persil haché.
1/2 verre de vin blanc. 1 cuillerée à soupe de purée de tomates. 50 g de beurre.
20 g de farine. 2 cuillerées à soupe de mie de pain.

SOLE À LA FÉCAMPOISE

Temps de cuisson, 12 à 20 mn

• Procéder comme pour la *Sole à la dieppoise* en ajoutant des crevettes décortiquées, mélangées à la garniture de moules. Ne pas saler la sauce.

SOLE À LA FLORENTINE

• Procéder comme pour le colin du même nom (voir page 104).

SOLES FRITES AU CITRON

Temps de cuisson, 8 à 12 mn

• Tremper les soles, dépouillées de la peau noire et grattées sur la peau blanche, bien lavées et épongées, dans une assiette de lait froid salé légèrement. Les rouler ensuite des deux côtés dans la farine. Les plonger dans une forte quantité de friture très brûlante, d'huile de préférence, et les sortir quand elles sont bien dorées, raides et croquantes. Les égoutter sur un torchon et les saupoudrer de sel fin.
• Dans la friture brûlante, jeter des branches de persil bien épongées, les y laisser une seconde seulement, les enlever à l'écumoire, les rejeter dans l'huile très brûlante 1 mn après. Ces deux immersions successives permettent d'avoir un persil très vert, très croustillant. Si on le laisse trop longtemps, il devient noir ; il faut toujours le plonger à deux reprises.
• Dresser les soles sur plat long garni d'une serviette, et les encadrer avec le persil frit et des quartiers de citron. Servir de suite.

SOLES AU GRATIN

• Procéder comme pour les carrelets du même nom (voir page 103).

Soles au vin blanc, recette p. 163

SOLE GRILLÉE

Temps de cuisson, 8 à 10 mn

- Ciseler légèrement la sole des deux côtés de quelques coups de couteau de manière à former un quadrillage. La fariner, l'huiler et la faire griller en l'arrosant d'huile de temps en temps.
- Dresser la sole sur plat chaud avec une bordure de persil et placer dessus de minces lames de citron. Servir à part du beurre fondu ou maître d'hôtel.

SOLE MÂCONNAISE

Temps de cuisson, 12 à 20 mn

- Pocher la sole, bien assaisonnée, au vin rouge, puis réduire la cuisson de moitié. Y ajouter pour la lier un bon morceau de beurre manié avec un peu de farine, quelques cuillerées de sauce demi-glace et quelques gouttes de caramel pour que la couleur en soit plus brune.
- Entourer la sole d'un côté de tout petits oignons glacés, de l'autre côté de champignons sautés au beurre. Napper le tout avec la sauce au vin rouge.

SOLE À LA MEUNIÈRE, DITE AUSSI AU BEURRE

Temps de cuisson, 12 à 15 mn

- Assaisonner la sole de sel et de poivre, la saupoudrer de farine. La cuire à la poêle, au beurre brûlant. La faire bien dorer de chaque côté. La dresser sur un plat long bien chaud. Parsemer le poisson de persil haché ; exprimer dessus un filet de jus de citron et, au moment de servir, l'arroser avec son beurre de cuisson, chauffé jusqu'à ce qu'il soit devenu « à la noisette » (additionné, avant d'être chauffé, d'un peu de beurre frais). Servir aussitôt, cet apprêt devant être présenté le beurre encore mousseux.

1 sole. 1 verre de lait. 2 cuillerées à soupe de farine. 125 g de beurre. 1 citron. 1 cuillerée à soupe de persil haché.

SOLE À LA MEUNIÈRE OU DORÉE

Temps de cuisson, 12 à 15 mn

- Même mode de préparation. Servir la sole simplement garnie de quartiers de citron et sans l'arroser de beurre à la noisette.
- Tous les poissons préparés « à la meunière », c'est-à-dire cuits à la poêle, au beurre, doivent être servis le plus simplement possible. Il est donc abusif de les orner de garnitures trop maniérées, telles que rondelles de citron décorées de radis roses, de betterave, de persil et autres fioritures peu compatibles avec cet apprêt.
- Disons toutefois que, lorsque la chose est possible, on peut, avant de verser le beurre noisette sur les poissons, les arroser d'un peu de glace blonde de poisson ou d'espagnole maigre, bien dépouillée et réduite. Cette addition augmente la saveur de la préparation.

SOLE À LA MEUNIÈRE AVEC GARNITURES DIVERSES

- Préparée comme il est dit ci-dessus, la sole entière ou en filets peut être diversement garnie. Voici quelques-unes des garnitures employées le plus souvent, et qui sont applicables aussi à tous les poissons, entiers, en tronçons ou en filets, préparés de la même façon.
- *Sole meunière aux aubergines :* aubergines en rondelles, sautées au beurre.
- *Sole meunière à la catalane :* bouquets de julienne de piments doux alternés avec une fondue de tomates et des pommes de terre en dés sautées au beurre.
- *Sole meunière aux cèpes :* cèpes escalopés sautés au beurre.
- *Sole meunière aux concombres :* concombres tournés en petites gousses, étuvés au beurre.
- *Sole meunière aux courgettes :* courgettes en rondelles sautées au beurre.
- *Sole meunière aux morilles :* morilles sautées au beurre.
- *Sole meunière aux tomates :* moitiés de tomates épépinées et sautées au beurre.

SOLE À LA MORNAY

Temps de cuisson, 12 à 20 mn

- Pocher la sole au vin blanc puis réduire la cuisson et l'ajouter à une sauce Mornay (voir page 30).
- Napper la sole, la parsemer de fromage râpé et la faire glacer à four vif.

SOLE À LA NORMANDE

• Ce plat riche peut convenir pour un beau dîner. Préparer une garniture composée de moules, crevettes, champignons, huîtres pochées et truffes.
• Faire pocher la sole au vin blanc avec un peu d'échalotes hachées. Avec la cuisson des moules et des champignons, faire une excellente sauce normande : la lier avec un jaune d'œuf et un peu de crème. Bien relever l'assaisonnement et y ajouter la cuisson de la sole réduite à glace puis, hors du feu, un gros morceau de beurre fin. Dresser la sole sur plat long. Disposer dessus quelques têtes de champignons et des lames de truffes. Mettre la garniture autour après l'avoir fait chauffer au beurre. Napper le tout avec la sauce et disposer par-dessus pour le décor 6 ou 8 éperlans ou goujons panés et frits au beurre, et enfin, si possible, 2 ou 4 écrevisses troussées et cuites.

Temps de cuisson, 12 à 20 mn

SOLES SUR LE PLAT

• Procéder comme pour les merlans du même nom (voir page 128).

SOLE À LA SAINT-GERMAIN

• Assaisonner et paner la sole à la mie de pain en l'y faisant bien adhérer. L'arroser copieusement de beurre fondu et la mettre à cuire à four vif ou sur gril. Servir la sole avec une couronne de petites pommes de terre noisettes et une sauce béarnaise (voir page 27).

Temps de cuisson, 15 à 20 mn

SOLES AU VIN BLANC

• Procéder comme pour les merlans du même nom (voir page 128).

TURBAN DE FILETS DE SOLE À LA JOINVILLE

• Pour 10 personnes, lever les filets de 3 soles. Les faire dégorger et préparer pendant ce temps une farce à quenelles de poisson avec 500 g de merlan ou de colin, poids net (voir page 42). Éponger et farcir les filets et les plier en deux, puis les faire pocher avec le fumet de poisson.
• Préparer une garniture de crevettes et champignons ainsi que quelques lames de truffes. S'il reste de la farce, en former une bordure comme une couronne assez plate et assez large au centre d'un plat rond. Poser un papier beurré dessus et faire pocher 10 mn au four. Préparer aussi une bonne sauce crevettes (voir page 29) additionnée du fumet de poisson très réduit.
• Sur cette bordure ranger, pour former turban, les filets de sole bien épongés. Lier et chauffer la garniture que l'on met au centre de ce turban. Napper les filets de sole avec la sauce crevettes et les décorer d'une lame de truffe et d'une crevette rose piquée sur chacun. Servir une saucière à part.

Temps de cuisson, 12 à 25 mn

Turban
de filets de so
des gourmets

TURBAN DE FILETS DE SOLE DES GOURMETS

Temps de cuisson, 25 à 30 mn

- Ce plat de poisson à déguster froid est digne des grands dîners de gourmets.
- Lever les filets de 2 soles de 300 g, et les faire dégorger à l'eau froide. Les éponger et les disposer dans un plat avec des filets de saumon, taillés dans un beau morceau de 500 g de saumon cru bien rouge. Faire cuire 25 mn au bain-marie et au four. Piler le reste du saumon, le mélanger avec une tasse de béchamel, 50 g de crème, un œuf et 3 jaunes. Bien relever cette farce et remplir ce turban par-dessus les filets, dont on rabat les bouts sur la farce.
- Couler une fine couche de gelée dans un moule à savarin ; disposer dessus quelques belles feuilles de persil plat et laisser prendre. Garnir la paroi du moule avec les filets de sole et de saumon en les intercalant, déposer la farce à l'intérieure, puis rabattre l'extrémité des filets par-dessus. Tenir au frais jusqu'au moment de servir. Démouler le turban sur un plat rond.

2 soles de 300 g. 500 g de saumon cru. 1 tasse de sauce béchamel.
50 g de crème fraîche. 1 œuf entier. 3 jaunes d'œufs. 2 branches de persil plat.

LE STOCKFISCH

On appelle ainsi le poisson séché en général, ou la morue séchée à l'air.

STOCKFISCH CÔTE D'AZUR

Plat régional

Temps total de cuisson, 2 h

• Il faut mettre à tremper 48 heures à l'eau courante le stockfisch séché et salé. Enlever ensuite la peau et les arêtes et couper le poisson en morceaux pas trop gros. Faire blondir à l'huile 3 oignons hachés et 4 poireaux émincés. Ajouter 2 gousses d'ail écrasées, puis une livre et demie de tomates coupées en morceaux. Les laisser fondre un peu, mettre le stockfisch et de l'eau bouillante pour que le poisson soit largement couvert. Cuire 1 h 30 mn et ajouter quelques pommes de terre pelées, coupées en rondelles, et quelques douzaines d'olives noires. Laisser encore cuire 30 mn et finir la sauce avec la purée, 4 ou 5 anchois écrasés et un filet de fine champagne. Servir avec du persil haché.

1 kg de poisson. 3 oignons. 4 poireaux. 2 gousses d'ail. 750 g de tomates.
250 g de pommes de terre. 100 g d'olives noires. 4 ou 5 anchois.
1 cuillerée à soupe de fine champagne. 1 cuillerée à soupe de persil haché.

Thon braisé à la bordelaise, recette p. 166

LE THON

Ce poisson, qui peut atteindre un poids considérable, appartient à la famille des Thunnidés, comme la bonite. Sa chair, comme celles du congre, du hareng et du maquereau, contient une forte proportion de graisse ; sa valeur nutritive égale celle de la viande. On peut d'ailleurs cuisiner le thon comme un morceau de veau, puisqu'il est détaillé en tranches de 5 à 7 cm d'épaisseur. Mais c'est sous forme de conserve à l'huile que le thon est le plus consommé. Le thon est beaucoup pêché en Méditerranée, et mis en conserve sur place.

CONSERVE DE THON À L'HUILE

Temps de cuisson avant stérilisation, 30 mn

• La conserve de thon appartient à la cuisine industrielle ; elle peut néanmoins intéresser quelques lecteurs, c'est pourquoi je l'expose ici en me rapprochant le plus possible des conditions ménagères.

• Couper le thon en tranches épaisses de 6 cm que l'on fait macérer 4 ou 5 heures dans un bain d'eau salée, à raison de 200 g de sel et 1 g de bicarbonate de soude par litre d'eau. Jeter cette eau et en préparer une seconde au même degré, y plonger le poisson et mettre à cuire sur le feu pendant 30 mn environ en évitant l'ébullition. Laisser refroidir dans la cuisson.

• Ôter alors peaux et arêtes. Couper le thon en morceaux calibrés à la dimension des boîtes ou bocaux dans lesquels on les place. Les recouvrir d'huile d'olive, souder ou fermer suivant le procédé applicable aux ustensiles, et faire bouillir pour la stérilisation pendant 1 h 15 mn pour les récipients de 25 cl ; 1 h 45 mn pour ceux de 50 cl. Laisser un peu refroidir avant de les sortir de l'eau.

THON BRAISÉ À LA BORDELAISE

Temps de cuisson, 40 mn

• Faire revenir dans une cocotte, avec un peu de beurre et un peu d'huile, une épaisse tranche de thon. Mettre autour quelques oignons émincés, 1 ou 2 échalotes hachées et un peu d'ail. Quand le tout est assez jauni, ajouter 500 g de tomates pelées, vidées et coupées en quartiers. Couvrir et laisser fondre un peu les tomates. Ensuite découvrir, mouiller avec un verre de bon vin blanc, assaisonner relevé et cuire doucement pendant 40 mn environ. Servir ainsi dans la cocotte si possible, avec du persil haché.

1 tranche de thon. 1 cuillerée à soupe d'huile. 50 g de beurre. 2 oignons. 2 échalotes. 1 gousse d'ail. 500 g de tomates. 1 verre de vin blanc. 1 cuillerée à soupe de persil haché.

Temps de cuisson, 40 mn

THON BRAISÉ AUX CHAMPIGNONS

• Faire revenir une tranche de thon avec moitié beurre et moitié huile. Y ajouter un gros oignon émincé, 2 échalotes en rouelles, 4 ou 5 tomates pelées coupées en quatre. Mouiller d'un demi-verre de vin blanc et d'un décilitre de sauce brune. Assaisonner, couvrir et laisser braiser 30 mn.

• Retirer le poisson, réduire la cuisson et la passer sur tamis en purée, la remettre au feu avec quelques champignons (girolles, par exemple) sautés au beurre. Cuire 10 mn et verser sur le poisson.

1 tranche de thon. 1 cuillerée à soupe d'huile. 60 g de beurre. 1 oignon. 2 échalotes. 4 ou 5 tomates. 1/2 verre de vin blanc. 1 dl de sauce brune. 125 g de girolles.

THON À L'ÉTUVÉE

Temps de cuisson, 50 à 60 mn

• Cuire le thon au beurre à l'étuvée et le garnir de différents légumes : macédoine, épinards, oseille, etc.

THON GRILLÉ À LA MAÎTRE D'HÔTEL

Temps de cuisson, 20 mn

• Huiler une tranche de thon et la poser sur le gril bien chaud, celui-ci assez élevé au-dessus du foyer incandescent si la tranche est épaisse, plus rapproché si elle est mince. Faire cuire en assaisonnant les deux côtés. On s'assure de la parfaite cuisson lorsqu'en piquant avec la pointe du couteau l'os de l'arête on peut assez aisément l'enlever sans qu'il y ait trace de chair adhérente.

• Servir sur un beurre à la maître d'hôtel, avec des pommes de terre autour.

THON À LA MÉNAGÈRE

Temps de cuisson, 45 à 50 mn

• Mettre une belle tranche de thon dans l'eau sur le feu et lui donner 5 à 6 mn d'ébullition. L'égoutter, l'essuyer et la faire revenir à l'huile ou au beurre. Retirer la tranche et faire un roux avec une cuillerée de farine. Mouiller (sans colorer) avec un peu de vin blanc et d'eau, un filet de vinaigre, du sel, du poivre et un bouquet garni. Cuire 45 mn et servir avec des pommes de terre cuites nature.

*1 tranche de thon. 50 g de beurre. 1 cuillerée à soupe de farine.
1 verre de vin blanc. 1 cuillerée à soupe de vinaigre. 1 bouquet garni.*

LE TURBOT

Ce magnifique spécimen de la faune marine appartient à la famille des Bothidés, comme la barbue. Le turbot n'a pas d'écailles, mais des piquants sur le côté noir, ou plus exactement, des protubérances dures et cornées.

On connaît la satire de Berchoux relatant le fait que l'empereur Domitien, ayant reçu un turbot phénoménal, réunit en pleine nuit le Sénat romain pour discuter de la sauce à laquelle ledit turbot serait accommodé et, dit Berchoux :

« Le Sénat mit aux voix cette affaire importante
« Et le turbot fut mis à la sauce piquante. »

Heureux Sénat aux graves préoccupations, mais peu calé en cuisine, car je ne vois pas bien ce délicieux rhombus accompagné d'une sauce piquante !

C'est un poisson de grands dîners et, si on lui connaît de nombreux apprêts, il sera à mon sens le mieux apprécié cuit au court-bouillon et présenté entier, avec une sauce hollandaise ou mousseline. Les recettes données pour la barbue peuvent être utilisées pour le turbot et vice versa. Préparé en filets, on peut appliquer au turbot les garnitures et sauces dont il est fait mention aux filets de sole.

TURBOT BRAISÉ AU VIN D'ALSACE ET PARFUMÉ AU COULIS D'ÉCREVISSES

Temps de cuisson, 25 à 35 mn

Pour 10 personne[s]

- Recette d'après René Viaux, chef de cuisine, « Meilleur ouvrier de France ».
- Prendre un turbot de fraîcheur exemplaire pesant 4 kg au maximum. Le laisser entier ou le diviser en deux parties en sectionnant l'arête dorsale, puis chaque partie en 5 morceaux réguliers de l'arête aux nageoires. Mettre à dégorger 4 heures à l'eau froide, courante ou fréquemment renouvelée.
- Beurrer grassement un plat en terre allant au four, de dimensions suffisantes pour contenir, côte à côte, les 10 morceaux ou la pièce entière. Le saupoudrer d'une cuillerée à potage d'échalote finement hachée. Ranger les tronçons de poisson dessus, mouiller d'une demi-bouteille de vin blanc d'Alsace sec et corsé et d'un demi-litre de fumet de turbot obtenu en cuisant la tête avec les garnitures usuelles. Couvrir avec un papier sulfurisé et beurré. Cuire au four 25 mn. Arroser souvent avec la cuisson.

Turbot poché sauce hollända[ise] recette p. 172

Le turbot, cuisiné entier ou en filets, est digne des repas de fête.

• Pendant ce temps, préparer le coulis d'écrevisses. Prendre 10 écrevisses châtrées, lavées. Les faire sauter vivement dans une cuillerée à soupe d'huile, puis égoutter cette dernière. Flamber avec un décilitre de cognac, parsemer de 3 cuillerées à potage de fine mirepoix déjà étuvée, mouiller à mi-hauteur des écrevisses avec moitié vin blanc et moitié fumet, assaisonner relevé et cuire 10 mn.

• Retirer les écrevisses, les décortiquer et réserver les coffres et les queues intactes pour la garniture.

• Les coffres seront farcis d'une farce mousseline de merlan et de turbot par moitié (voir page 41) et de dés de queues d'écrevisses. Piler les carapaces non réservées, ajouter la cuisson réduite de moitié, fouler le tout à l'étamine ou au tamis très fin et mettre au chaud au bain-marie.

• Après la cuisson du turbot, verser le fond dans une sauteuse et le réduire en plein feu des deux tiers. Ajouter alors un 1/2 litre de fleurette et 6 cuillerées de velouté de poisson ou de sauce normande. Terminer la sauce par l'addition du coulis d'écrevisses. La sauce est tenue assez légère, assaisonnée délicatement par le fait qu'il faut obtenir et respecter une double saveur.

• Dresser sur plat de service très chaud. Y déposer en bon ordre les morceaux de turbot égouttés avec soin. Les napper de la sauce préparée. Placer sur chaque morceau de turbot un coffre d'écrevisse, étuvé au préalable, et 2 petits fleurons en feuilletage.

1 turbot de 3-4 kg. 2 échalotes. 100 g de beurre. 1 bouteille de vin blanc d'Alsace. 10 écrevisses. 1 cuillerée à soupe d'huile. 1 dl de cognac. 50 g de carottes. 60 g de champignons. 50 g d'oignon. 1 branche de céleri. Farce mousseline. 1/2 litre de crème fleurette. Sauce normande.

TURBOT CAMBACÉRÈS

Temps de cuisson, 25 à 35 mn

• Inciser le turbot du côté noir et détacher légèrement les filets de l'arête. Assaisonner intérieurement le poisson. Le mettre sur la grille de la turbotière beurrée. Le recouvrir d'une julienne fine de céleri et de poireau préalablement fondue au beurre. Mouiller avec 5 dl de vin de Champagne et autant d'essence de poisson. Aux trois quarts de la cuisson, ajouter une julienne de truffes et de champignons. Arroser souvent le turbot et le faire glacer légèrement pendant qu'il cuit. L'égoutter et le dresser sur un grand plat long.

TURBOT CRÈME GRATIN

Temps de cuisson, 15 mn

Restes de poisson

• Cette recette constitue une des mille manières d'accommoder les restes, avec n'importe quel poisson.

• Préparer d'abord de la pomme de terre duchesse (voir page 262) avec laquelle on fait une bordure sur un plat rond à gratin, en se servant d'une poche et d'une douille cannelée. Colorer légèrement cette bordure au four, puis en garnir le milieu avec le reste de turbot (ou de tout autre poisson), mélangé de champignons émincés et liés avec de la sauce béchamel crémeuse et bien assaisonnée. Recouvrir le poisson d'une bonne couche de cette même sauce dans laquelle on ajoute une cuillerée à soupe de gruyère râpé. Parsemer d'une grosse pincée de chapelure, arroser de beurre fondu, gratiner à four vif et servir chaud.

TURBOT FRIT SAUCE TARTARE

Temps de cuisson, 10 à 12 mn

• Couper le turbot en tranches. Les passer au lait et à la farine, puis les faire frire à friture très chaude. Dresser sur serviette et servir une sauce tartare à part.

TURBOT DES GOURMETS

Temps de cuisson, 1 h 15

• Vider, ébarber et parer un turbot. Pratiquer sur le milieu du dos du poisson une incision tout au long de l'arête, de laquelle on détache légèrement la chair.

• Retrancher d'autre part la queue à 500 g de beaux champignons dont on tourne les têtes. Hacher les queues et les épluchures, ainsi que les parures de 60 g de truffes épluchées que l'on a découpées en minces rondelles.

• Cela fait, beurrer le fond d'un grand plat à gratin, y répandre le hachis de champignons et de truffes. Placer par-dessus le turbot, le saupoudrer légèrement de sel fin, l'arroser de beurre fondu et le mouiller avec une bouteille de vin blanc, de préférence du Sauternes. Faire partir en ébullition sur le feu ; retirer alors sur le côté et, après 8 à 10 mn de légère ébullition, mettre le plat au four pour y laisser cuire le turbot (couvert d'un papier beurré) pendant 60 mn, en l'arrosant de temps en temps avec sa cuisson.

• Faire ensuite revenir avec une mirepoix, puis cuire au court-bouillon une douzaine d'écrevisses. Les décortiquer et piler leurs carapaces avec 100 g de beurre, pour obtenir un beurre rouge que l'on passe à travers un tamis. Préparer un petit roux blond que l'on délaye avec la cuisson des écrevisses et des champignons. Y ajouter la cuisson du turbot réduite à une consistance sirupeuse. Lier cette sauce avec 3 jaunes d'œufs broyés avec 2 cuillerées à soupe de crème double. La beurrer en y incorporant 200 g de beurre, par petites parties, à l'aide d'un fouet et hors du feu. Dresser le turbot en le décorant avec les rondelles de truffes et les têtes de champignons.

TURBOTIN GRILLÉ

Temps de cuisson, 30 à 35 mn

• Le turbot ne dépassant pas 1 kg ou 1,2 kg peut être grillé suivant le procédé indiqué, après avoir été entaillé de quelques coups de couteau sur les deux faces. Le servir soit avec du beurre fondu ou du beurre maître d'hôtel, soit avec une sauce applicable aux poissons. La sauce béarnaise convient admirablement pour les poissons grillés. Servir des pommes à l'anglaise à part.

TURBOT À LA D'ORLÉANS

Temps de cuisson, 25 à 30 mn

• Pour un service de 6 personnes, il faut un turbot pesant 1 kg ou 1,2 kg. Après l'avoir vidé, paré et lavé, pratiquer le long du dos du poisson une incision jusqu'à l'arête. Le saler et le mettre à dégorger pendant 60 mn dans de l'eau additionnée de lait cru. Au bout de ce temps, égoutter le poisson que l'on place sur une grille dans une turbotière, où on le mouille à la hauteur avec un court-bouillon au vin blanc condimenté. Placer alors la turbotière sur le feu. Lorsque l'ébullition est survenue, retirer la turbotière sur le côté du feu pour y laisser pocher doucement le turbot pendant 40 à 50 mn.

• Au moment de servir, égoutter le turbot que l'on place sur un plat garni d'une serviette en ayant soin de tenir la peau blanche du poisson tournée vers le dessus. Enlever alors délicatement la peau du poisson, dont on découpe les chairs avec précaution en les laissant dans leur position première. Disposer de chaque côté du plat des pommes de terre à l'anglaise et, à chaque extrémité, des coquilles d'huîtres gratinées. Servir chaud le plat ainsi dressé, en le faisant accompagner d'une sauce béarnaise additionnée d'un velouté de poisson confectionné avec la cuisson du turbot.

TURBOT À LA PARISIENNE

Temps de cuisson, 25 à 30 mn

• Inciser le turbot du côté noir et détacher légèrement les filets d'après l'arête. Le mettre sur la grille de la turbotière beurrée. Mouiller avec 5 dl de vin de Champagne et autant d'essence de poisson. Arroser souvent et faire glacer légèrement le turbot pendant sa cuisson.

• Préparer d'autre part un homard à l'américaine (voir page 230) et mettre en attente la chair de la queue. Faire un beurre de homard (voir page 39) avec les déchets de chair, le corail et les parties crémeuses.

• Égoutter et dresser sur un grand plat long le turbot, le napper d'une sauce au vin blanc additionnée d'un beurre de homard. Ranger dessus la chair du homard escalopée, intercalée de lames de truffes. Garnir le tour du poisson de quenelles de brochet truffées et de champignons farcis.

• On peut préparer de même la barbue.

TURBOT POCHÉ SAUCE HOLLANDAISE

Temps de cuisson, 20 à 25 mn

• Inciser la peau du turbot du côté noir et détacher légèrement les filets de l'arête. Le faire pocher à l'eau salée simplement, sans le laisser bouillir. Le servir accompagné d'une fine julienne de carottes et de poireaux, et d'une sauce hollandaise préparée à part (voir page 30). Parsemer le tout de persil et garnir si l'on veut de pommes de terre à l'anglaise.

Turbotin grillé, recette p. 171

À droite, ragoût de poiss[…] recette p. 175

TURBOT À LA RICHEPANSE

Temps de cuisson, 25 à 30 mn

• Faire pocher un turbot avec 1/4 de bouteille de champagne, en l'assaisonnant avec du sel, du poivre, des échalotes et des pelures de champignons. Cuire ce poisson au four en l'arrosant très souvent.
• Préparer une garniture avec des croquettes de pommes de terre, des huîtres, des moules et des cuisses de grenouilles à la Villeroy, des champignons tournés cuits au beurre et des petites croquettes d'écrevisses.
• Faire une sauce béchamel épaisse et l'éclaircir un peu avec la cuisson du poisson réduite, ajouter du curry et un bon morceau de beurre d'écrevisses, ainsi que la chair des queues d'écrevisses coupée en dés.
• Dresser le poisson sur un plat long, le napper de sauce et l'entourer avec la garniture disposée par bouquets alternés.
• Pour le reste de la sauce, réduire la cuisson des deux tiers, la lier de 2 décilitres de velouté et la finir avec de la crème et du beurre ; cette sauce ne se passe pas. Servir à part et décorer le milieu du poisson avec des lames de truffes.

LA VIVE

Ce poisson de la famille des Trachinidés n'est pas très abondant et contient beaucoup d'arêtes.

Il n'est pas très riche en principes nutritifs et les piqûres de ses arêtes dorsales sont venimeuses. C'est cependant un poisson comestible.

Sa chair ferme permet de mêler la vive aux poissons de la bouillabaisse. Elle peut aussi se préparer en filets avec des sauces simples, et se faire à la Orly, c'est-à-dire les filets trempés dans une pâte à frire, frits et servis avec une sauce tomate.

AUTRES PRÉPARATIONS

CASSOULET DE POISSON

Temps de cuisson, 40 à 45 mn

Plat économique

• Cette présentation assez originale du poisson apportera une variante dans les menus. On peut préparer ce cassoulet avec daurade, lotte, congre, morue, merlu et, de préférence, avec des poissons à chair ferme ne s'écrasant pas trop.
• Couper les poissons en tronçons pas trop minces pour ne pas les écraser une fois cuits. Les assaisonner et les mouiller d'un peu de lait, puis les fariner et les faire revenir ou même frire vivement.
• Les mettre ensuite dans un grand plat à four à bords peu élevés. Mouiller avec un peu de vin blanc, de la purée de tomates et un verre d'eau. Assaisonner, ajouter un oignon et une échalote hachés un peu jaunis au beurre, un petit bouquet garni et faire cuire 15 mn.

• Recouvrir avec des haricots blancs cuits à l'avance et un peu de leur cuisson, car ce ne doit pas être sec.
• Parsemer de mie de pain, faire mijoter et gratiner à four moyen pendant 35 mn au plus.

2 kg de poisson. 6 cuillerées à soupe de lait. 3 cuillerées à soupe de farine. 5 cuillerées à soupe d'huile. 25 cl de vin blanc. 4 cuillerées à soupe de purée de tomates. 1 oignon. 1 échalote. 50 g de beurre. 1 bouquet garni. 500 g de haricots blancs. 6 cuillerées à soupe de mie de pain émiettée.

RAGOÛT DE POISSON

Plat économique

Temps total de cuisson, 1 h 15

• Ce type de plat se prépare comme un ragoût de viande, avec des pommes de terre ou avec du riz.
• Dans une cocotte, faire bien rissoler à l'huile, au beurre ou à la graisse, 2 ou 3 oignons en quartiers, quelques poireaux et carottes finement émincés. Quand ces légumes sont bien dorés, les saupoudrer d'une bonne cuillerée de farine et laisser encore roussir le tout, puis mouiller avec de l'eau.
• Saler et poivrer et laisser cuire 45 mn. Ajouter alors des pommes de terre ne s'écrasant pas à la cuisson et cuire encore 20 mn.
• Pendant ce temps, faire cuire au court-bouillon les filets de poisson à chair blanche et ferme, et faire cuire les moules à la marinière (voir page 223).
• Les poissons étant cuits, les ajouter dans la cocotte, avec quelques cuillerées de court-bouillon bien réduit. Ajouter un peu de crème fraîche, laisser mijoter quelques minutes pour que l'ensemble prenne bien le goût du poisson. Déposer les moules débarrassées d'une moitié de leur coquille sur le dessus et parsemer de persil avant de servir.

1 kg de filets de poisson. 3 oignons. 3 carottes. 1 cuillerée à soupe de farine. 2 cuillerées à soupe de crème fraîche. 500 g de pommes de terre. 1/2 litre de moules. 1 cuillerée à soupe de persil haché.

RAGOÛT AU RIZ À LA CRÉOLE

Plat économique

Temps de cuisson, 25 à 30 mn

• Faire blondir au beurre 60 g d'oignons hachés. Y mettre 200 g de riz et le faire un peu revenir. Mouiller avec de l'eau, environ 3/4 de litre, assaisonner de sel et d'une forte pincée de curry. Cuire de 17 à 18 mn.
• Pendant ce temps, faire cuire le poisson au beurre de préférence, par tranches farinées et salées. Le riz étant cuit ne doit pas être tout à fait sec, mais rester moelleux. Mettre les tranches de poisson sur le riz et laisser mijoter 5 mn avant de servir.

800 g de tranches de poisson. 1 oignon. 80 g de beurre. 200 g de riz. Pincée de curry. 3 cuillerées à soupe de farine.

POISSONS D'EAU DOUCE

Après avoir passé la revue des poissons de mer, nous allons étudier les poissons d'eau douce, fort nombreux en France et générateurs d'excellents plats, surtout en cuisine régionale. La liste des poissons d'eau douce est moins longue que celle des sujets de Neptune, mais il y a encore un fructueux butin à rapporter de nos belles rivières de France, et il est curieux de constater que ces poissons sont rarement présentés dans les grands dîners, sauf les truites et les saumons qui se prêtent à de beaux décors, parfois le brochet, alors que l'on a de si délicieuses matelotes ou pauchouses à servir pour régaler les gourmets.

Que de plats exquis se cachent sous les roseaux, dans l'eau vive qui serpente dans nos campagnes, mêlant son murmure cristallin aux mille bruits de la terre ! Passons-les en revue et, puisque j'ai cité plus haut la matelote, commençons par l'anguille qui en est le prototype, même si presque tous les poissons à chair ferme sont susceptibles d'être traités de même : la tanche, la carpe, le brocheton, la brème, le barbillon peuvent concourir à cet excellent plat.

Dans ce chapitre également les poissons apparaîtront dans l'ordre alphabétique.

L'ANGUILLE

L'anguille appartient à la famille des Anguillidés. Sa reproduction a donné lieu à bien des controverses. Les anguilles iraient, paraît-il, se cacher dans la mer des Sargasses pour abriter leurs amours...

ANGUILLE GRILLÉE À LA TARTARE

- Cuire l'anguille au vin rouge comme il est expliqué pour la matelote, éponger les tronçons et les paner, puis les faire griller ou frire. Servir aussitôt avec une salade et de la sauce tartare.

ANGUILLE EN MATELOTE AU VIN ROUGE

Temps de cuisson, 45 à 50 mn

- Elle est dite à la bourguignonne.
- Garnir le fond d'une casserole avec un oignon et 2 échalotes en rouelles minces, une gousse d'ail, un bouquet de persil, du thym, du laurier et une dizaine de grains de poivre. Recouvrir avec l'anguille dépouillée, vidée et tronçonnée. Chauffer la casserole, y verser un filet de cognac et le flamber, puis mouiller à couvert avec du bon vin rouge, saler et cuire environ 20 mn à bon feu. Ce poisson a une chair ferme et peut être soumis à l'ébullition.
- Retirer alors les morceaux d'anguille dans une autre casserole et y ajouter une vingtaine de petits oignons cuits à part en les faisant dorer au beurre d'abord et finir de cuire avec un peu de bouillon. Ajouter aussi 250 g de champignons cuits. Réduire un peu la cuisson par ébullition si l'on juge qu'il y en a trop et la lier avec 50 g de beurre pétri avec une grosse cuillerée de farine. La sauce doit être crémeuse mais pas trop épaisse.

• Colorer cette sauce avec de la glace de viande ou quelques gouttes de caramel, parce que le vin rouge cuit et lié prend une teinte violacée peu appétissante. Laisser mijoter le tout quelques minutes et passer la sauce sur l'anguille que l'on fait encore bouillonner 5 mn. Servir avec des croûtons frits autour.

1 anguille. 1 oignon. 2 échalotes. 1 gousse d'ail. 1 bouquet de persil. Thym et laurier. 10 grains de poivre. 1 cuillerée à soupe de cognac. 1 bouteille de vin rouge. 20 petits oignons. 80 g de beurre. 250 g de champignons. 1 cuillerée à soupe de farine.

ANGUILLE EN MEURETTE

Temps de cuisson, 45 à 50 mn

• Procéder de la même manière. Flamber les poissons, qui doivent être de deux ou trois sortes, avec de l'eau-de-vie de marc, et les cuire au vin rouge. Préparer une garniture de petits oignons et de lardons. Faire frire des croûtons, les frotter avec une gousse d'ail, les mettre au fond du plat et dresser le poisson dessus. Servir une sauce liée au beurre manié.

ANGUILLE POMPADOUR

Temps de cuisson, 45 à 50 mn

• Les tronçons d'anguille étant cuits au vin blanc et refroidis, les éponger, les enrober de sauce à la Villeroy (voir page 224, *Moules à la Villeroy*) et les paner. Les faire frire, les dresser sur serviette avec du persil frit et servir une sauce béarnaise (voir page 27) à part.

ANGUILLE AU SOLEIL

• Tronçonner et cuire l'anguille au vin blanc. Éponger les morceaux et les tremper dans une pâte à frire. Servir avec une sauce tomate à part.

PÂTÉ D'ANGUILLE À LA MARTINE

Pâtés et timbales de poisson

Temps de cuisson, 2 h à 2 h 15

• Ici l'anguille est désossée mais reste entière. Supprimer la tête et bourrer l'anguille à la place de l'arête d'une fine farce de poisson truffée. Envelopper l'anguille comme une galantine dans un linge que l'on coud et la faire pocher d'1 h 15 mn à 1 h 30 mn dans un bon court-bouillon au vin blanc bien condimenté de légumes et de fines herbes.

• L'égoutter, la laisser refroidir, puis étendre une abaisse de pâte feuilletée suffisamment grande pour pouvoir envelopper l'anguille, qui aura été déballée évidemment. Souder la pâte avec un peu d'œuf à la jointure, mais ne pas trop l'appliquer car à la cuisson l'anguille gonfle et la pâte se déchirerait. Donner un peu la forme reptilienne, dorer et cuire 45 mn à four chaud. Servir chaud accompagné d'une sauce faite avec un peu de court-bouillon.

1 anguille. Farce de poisson truffée. 1,5 litre de court-bouillon au vin blanc. 250 g de pâte feuilletée. 1 œuf.

Petits conseils du chef

COMMENT ON TUE ET ON DÉPOUILLE L'ANGUILLE

Disons quelques mots sur la manière de tuer et de dépouiller cet animal. Il faut d'abord saisir l'anguille avec un torchon pour ne pas qu'elle glisse dans les doigts comme... une anguille, et lui frapper violemment la tête sur le coin de l'évier ou de la table.

Faire une incision sous les branchies pour sectionner la peau autour de la tête. Avec une ficelle pendre l'anguille à un clou, retourner un peu la peau autour de cette coupure, la saisir avec le torchon et tirer fortement d'une secousse pour que le poisson se trouve dépouillé. Vider l'anguille par une fente tout le long du ventre et la découper en morceaux.

PÂTÉ CHAUD D'ANGUILLE À LA BRABANÇONNE

Temps de cuisson, 1 h à 1 h 15

Pâtés et timbales de poisson

- Recette d'après Bouillard.
- Écorcher 2 ou 3 anguilles de rivière de grosseur moyenne et les désosser. Couper les chairs en lamelles comme les escalopes et les sauter à la poêle avec du beurre sans coloration. Les assaisonner, arroser d'un filet de cognac, parsemer de fines herbes et laisser refroidir.
- Préparer une farce de brochet avec une panade aux œufs (voir page 43). Ajouter à cette farce une petite poignée d'oseille émincée et fondue au beurre mais bien froide et pressée dans un linge pour extraire l'eau. Ajouter aussi les fines herbes et le cognac de macération, puis garnir le pâté de couches de farce et de couches d'anguille. Verser 50 g de beurre fondu avant de couvrir le pâté de son couvercle. Cuire à four chaud au moins 60 mn et servir chaud.

2 ou 3 anguilles. 100 g de beurre. 1 cuillerée à soupe de cognac. 1 cuillerée à soupe de fines herbes. 200 g de farce de brochet. 100 g d'oseille. 100 g de pâte à foncer.

Anguille grillée à la tartare, recette p. 178

Anguille en matelote au vin rouge, recette p. 178

TERRINE D'ANGUILLE AU VERT

Temps de cuisson, 20 à 25 mn

- Ce plat belge est très en honneur chez nos voisins du Nord.
- Couper en tronçons des petites anguilles dépouillées et les passer au beurre dans une casserole, puis y ajouter une grosse poignée d'oseille ciselée, du persil, du cerfeuil, de la ciboulette, de la sauge, de la pimprenelle, de la sarriette et de l'estragon, le tout bien vert. Mouiller à hauteur avec moitié bière, ou du vin blanc si l'on préfère, et moitié eau pour baigner juste les anguilles. Assaisonner de sel et de poivre, de thym et de laurier. Laisser cuire à bon feu 20 mn, puis préparer une liaison bien mêlée avec 2 ou 3 jaunes d'œufs, un peu d'eau, un jus de citron et une cuillerée à café de fécule.
- Verser cette liaison dans la sauce des anguilles, donner un léger bouillon pour assurer la liaison et débarrasser le tout en terrine. Servir froid ou tiède.

750 g de petites anguilles. 30 g de beurre. 150 g d'oseille. 150 g de fines herbes (persil, cerfeuil, ciboulette, sauge, pimprenelle, sarriette et estragon). Bière ou vin blanc. Thym et laurier. 2 ou 3 jaunes d'œufs. 1 citron. 1 cuillerée à café de fécule.

LE BARBEAU

Ce poisson très fin est de la famille des Cyprinidés comme le barbillon. Il se cuisine au court-bouillon ou à la poêle, à la meunière. Il doit être assez relevé, et à cette condition toutes les sauces lui conviennent. Il a, comme beaucoup d'excellents poissons, l'inconvénient d'être assez fourni en arêtes.

BARBEAU DE TOURAINE

Préparation et cuisson, 50 à 55 mn

Plat régional

- Écailler, vider et laver un gros barbeau. Le faire macérer 2 ou 3 heures avec du cognac et de l'huile. Faire un court-bouillon avec une bouteille de vin rouge de Touraine, des oignons, de l'ail, des échalotes, un bouquet garni, du sel et du poivre. Y mettre le poisson à cuire jusqu'à ce que le vin soit bien réduit. L'égoutter et lier la sauce de beurre manié.
- Dans une autre casserole, faire fondre du beurre et y cuire 125 g de champignons en lames. Ajouter alors une demi-tasse de crème et passer dedans la sauce vin rouge du poisson. Cuire encore le tout 20 mn et arroser le poisson avec. Disposer des croûtons grillés tout autour.

1 gros barbeau. 1/2 verre de cognac. 3 cuillerées à soupe d'huile. 1 bouteille de vin rouge de Touraine. 2 oignons. 1 gousse d'ail. 2 échalotes. 1 bouquet garni. 50 g de beurre. 30 g de farine. 125 g de champignons. 1/2 tasse de crème.

LE BARBILLON

On le prépare grillé ou à la meunière, frit s'il est petit. Il peut aussi tenir sa partie dans une matelote. Rien de particulier ne le signale.

LA BRÈME

Elle appartient à la même famille que les précédents, mais sa chair molle et fade ne la fait pas apprécier des gourmets. C'est néanmoins une bonne aubaine pour le pêcheur qui en saisit quelques-unes au bout de sa ligne.

On la cuit au court-bouillon ou à la Bercy, ou bien à la meunière.

LE BROCHET

Le brochet, que sa voracité a fait surnommer le requin d'eau douce, appartient à la famille des Ésocidés, dont il est, je crois, le seul genre ; heureusement pour le menu fretin, car il dépeuple les rivières dans lesquelles il se tient à l'affût, caché dans les herbes. Malheur à l'ablette, au chevaine et aux autres habitants de l'onde...

Par chance, sa qualité comestible rachète tous ces défauts, car le brochet est très employé et très apprécié en cuisine. Ce poisson atteint une très grande taille, et un beau brochet cuit au court-bouillon, servi avec une sauce de grand style, est un poisson digne de figurer dans un dîner soigné.

Le brochet peut s'accompagner de toutes les sauces indiquées pour les poissons : sauces crevettes, Cardinal, mousseline, hollandaise, béarnaise, Chivry, etc. Mais ce qui lui appartient en propre, c'est le fameux beurre blanc nantais, dont la recette est donnée ci-après.

J'indique aussi que la garniture et préparation dite à la Chambord, et qui est classiquement appliquée à la carpe miroir, convient mieux encore au brochet et représente un plat mieux dressé avec ce poisson.

Suivant sa taille, le brochet peut se servir de diverses manières : il se met en matelote, grillé, frit, à la meunière, au gratin, en filets. On en fait aussi de très beaux plats froids.

BROCHET EN BLANQUETTE

Temps de cuisson, 25 à 30 mn

- Couper le brochet en tranches assez épaisses et les faire revenir au beurre. Saupoudrer de farine, mouiller avec moitié vin blanc moitié eau, ajouter des champignons et des petits oignons, bien assaisonner et laisser cuire lentement. Lier au dernier moment avec 2 jaunes d'œufs et un peu de crème épaisse.

1 brochet de 2 kg. 100 g de beurre. 2 cuillerées à soupe de farine.
4 verres de vin blanc. 150 g de champignons. 150 g de petits oignons.
2 jaunes d'œufs. 1 cuillerée à soupe de crème fraîche.

BROCHET BRYMONT

Pour 10 personnes

Temps de cuisson, 40 à 45 mn

- Farcir un brochet de 2 kg avec de la farce de poisson additionnée de truffes en dés. L'assaisonner de sel et de poivre. L'envelopper de minces bardes de lard et le faire braiser au vin blanc (mouiller le fumet de poisson au vin blanc très réduit).
- Égoutter le brochet, lui ôter les bardes de lard et le dresser sur un grand plat long. L'arroser de quelques cuillerées de son fond de cuisson réduit et beurré et le faire glacer légèrement au four.
- Pour la sauce, passer le fond de cuisson, le faire réduire et le monter aux jaunes d'œufs, à la façon d'une sauce au vin blanc.
- Préparer les garnitures (10 croquettes de queues d'écrevisses, 10 aiguillettes de filets d'anguille panés et frits, 10 goujons panés et frits, des pommes de terre nature) et les dresser en bouquets alternés. Servir avec la sauce au vin blanc.

1 brochet de 2 kg. Farce de poisson truffée. 125 g de bardes de lard.
2 verres de vin blanc. 40 g de beurre. 2 jaunes d'œufs.

Ce beau broche
est prêt à être
braisé, cuit
au court-bouill
ou à la meuniè

BROCHET FARCI À LA TOURANGELLE

Temps de cuisson, 40 à 45 mn

Plat régional

• Il faut un brochet laité. Écraser les laitances avec de la mie de pain trempée au lait, ajouter des fines herbes très variées, de la sarriette et du basilic hachés finement, et farcir le brochet bien nettoyé en introduisant la farce par les ouïes.

• Couper en très petits filets une grosse poignée de feuilles de chou vert bien tendres, le blanc de 2 beaux poireaux, un oignon et une poignée d'oseille. Mettre du beurre au fond d'un plat creux à four suffisamment grand pour le brochet ; couper au besoin la tête et la cuire à part pour le dressage. Faire fondre dans ce beurre la verdure émincée, coucher le poisson au milieu, assaisonner, arroser copieusement de crème qu'il faut faire bouillir d'avance à cause de l'oseille. Cuire au four 45 mn en arrosant beaucoup. Servir dans le plat de cuisson. À défaut de crème, mettre moitié vin blanc, moitié bouillon.

• L'alose se traite de la même façon.

1 brochet laité de 2 kg. 3 cuillerées à soupe de mie de pain. 2 cuillerées à soupe de lait. Fines herbes, sarriette et basilic. 1 poignée de chou vert. 2 poireaux. 1 oignon. 100 g d'oseille. 50 g de beurre. 4 cuillerées à soupe de crème fraîche.

BROCHET À LA GELÉE

Temps de cuisson, 15 à 20 mn

Plat froid

• Le poisson cuit, refroidi et dépouillé, est décoré de cerfeuil, d'estragon, de blanc d'œuf dur, etc., et bien recouvert de gelée mi-prise. On l'entoure d'une garniture de salade appropriée, soit de crevettes, soit de légumes, dressée en bar-

Brochet au beurre blanc, recette p. 186

quettes ou dans des petites tomates creusées et assaisonnées, et on l'accompagne d'une sauce mayonnaise, ou verte, ou Chantilly.

BROCHET À LA LORRAINE

Temps de cuisson, 40 à 45 mn

- Faire braiser un beau brochet avec une bouteille de vin gris de Lorraine, un oignon émincé, des échalotes, du poivre en grains, du sel et un bouquet garni. Le braiser dans le four avec un papier huilé dessus, et l'arroser souvent pendant les 40 mn qu'exige sa cuisson.
- Pendant ce temps, faire cuire une vingtaine de bonnes écrevisses de la Meuse. Leur cuisson se fait dans un court-bouillon au vin blanc bien condimenté et demande 8 à 10 mn, suivant la grosseur des écrevisses. Quand ces crustacés ont changé leur tunique grise pour leur tunique écarlate, qui est leur tenue de service, les laisser refroidir un peu. Laisser au chaud dans leur cuisson la moitié et éplucher les autres : réserver d'une part la chair des queues et des pinces et, d'autre part, les carapaces que l'on pile très finement. Ajouter à la cuisson des crustacés les écrevisses pilées, laisser mijoter 15 mn. Passer et beurrer cette sauce exquise que l'on sert en même temps que le brochet, lequel est dressé sur un plat avec une ceinture de persil bien vert sur lequel se détache, de place en place, le justaucorps rouge d'une écrevisse troussée.

1 brochet de 2 kg. 1 bouteille de vin gris de Lorraine. 1 oignon émincé. 2 échalotes. 1 bouquet garni. 20 écrevisses de la Meuse. Court-bouillon au vin blanc. 1 bouquet de persil.

BROCHET À LA NANTAISE AU BEURRE BLANC

Temps de cuisson, 12 à 15 mn

• Les gourmets connaissent le fameux brochet de la Loire au beurre blanc, spécialité nantaise que tous les hôtels ou restaurants de Nantes font plus ou moins bien. Ce sont surtout des petits brochetons qu'on utilise.
• Le brochet cuit au court-bouillon, dépouillé, est servi accompagné de cette sauce dite au beurre blanc, dont la qualité du beurre est le principal élément de réussite (voir *Sauce dite beurre blanc*, page 27).

BROCHET À LA PALESTINE

Temps de cuisson, 20 à 25 mn

Restes de poisson

• Cuire des nouilles, les sauter au beurre et les mettre en plat à gratin. Les recouvrir avec le poisson effeuillé sans arêtes. Napper de sauce béchamel légère au fromage et faire gratiner.
• Il est évident que des restes de turbot ou de barbue seraient aussi utilisables.

BROCHET SAUCE CÂPRES

Temps de cuisson, 15 à 20 mn

• Écailler soigneusement un brochet et le cuire dans un court-bouillon bien condimenté.
• Le dresser sur serviette après l'avoir bien égoutté et dépouillé. L'entourer de persil et servir une sauce aux câpres (voir page 28) à part.

BROCHET À LA STROGOFF

Temps de cuisson, 15 à 20 mn

Plat froid

• On peut aussi garnir le brochet avec du caviar, disposé en petites barquettes ou dressé dans des moitiés d'œufs durs dont le jaune sert à faire la sauce tartare (voir page 36) d'accompagnement.
• Avec un peu de goût et d'imagination, on peut varier à l'infini les garnitures et les décors.

CÔTELETTES DE BROCHET

Temps de cuisson, 10 à 15 mn

• Ce plat peut aussi constituer une très fine et gracieuse entrée de poisson.
• Il faut des moules en fer-blanc ayant la forme de petites côtelettes. Les beurrer, les garnir de farce de brochet en ménageant un creux au centre. Remplir cet espace avec un petit ragoût de crevettes épluchées et de truffes, puis recouvrir de farce en dôme pour bien emprisonner la garniture. Faire pocher les côtelettes au four au bain-marie, comme le pain de brochet.
• Les démouler et les ranger en couronne sur un plat rond. Garnir le centre du plat d'une garniture appropriée. Napper les côtelettes avec une sauce à poisson. Pour donner du cachet à ce plat, piquer à chaque bout de côtelette un petit bâtonnet de macaroni qui imite le manche, et y adapter une papillote.

CÔTELETTES DE BROCHET PRINCESSE

Temps de cuisson, 10 à 15 mn

- Garnir de farce fine de brochet des moules beurrés en forme de côtelettes. Faire pocher. Démouler les côtelettes, les dresser chacune dans une petite croûte à barquette, cuite à blanc et à moitié remplie d'un salpicon de champignons et de truffes lié au velouté maigre réduit. Dresser les côtelettes en cercle sur un plat rond. Garnir le milieu du plat de pointes d'asperges au beurre. Napper les côtelettes de sauce normande.
- Mettre sur chaque côtelette une large lame de truffe bien ronde (facultatif).

PAIN DE BROCHET À LA DIEPPOISE

Temps de cuisson, 30 mn

- Il ne faut pas confondre le pain de poisson avec la mousse. Si ces deux préparations ont le même aspect, le pain est fait avec du poisson cru, tandis que la mousse se prépare généralement avec du poisson cuit de desserte (voir *Farce pour mousse*, page 42).
- Pour le pain de brochet (ou de tout autre poisson), il faut détacher les chairs sur un brochet de 600 à 800 g. Les piler avec du sel, du poivre et des épices, puis y mêler 3 dl de sauce béchamel, épaisse et bien froide, quelques cuillerées de crème épaisse (si possible) et 3 œufs entiers. Passer cette purée au tamis métallique et la mettre dans un moule beurré assez grassement. Mettre ce pain à cuire 30 mn au four, au bain-marie comme une crème renversée. Démouler sur plat rond et arroser d'une bonne sauce vin blanc faite avec le fumet obtenu avec les arêtes et débris de poisson (voir page 26). On peut ajouter à cette sauce des fines herbes hachées, ou des crevettes, des champignons, des moules, etc., de même que l'on peut faire une sauce Nantua, ou toute autre s'alliant avec le poisson.

1 brochet de 600 à 800 g. 3 dl de sauce béchamel.
3 cuillerées à soupe de crème fraîche. 3 œufs. Sauce vin blanc.

PAIN DE BROCHET À LA NEMOURS

Temps de cuisson, 30 mn

- Préparer la même farce que ci-dessus et la faire pocher dans un moule à couronne. Puis préparer un tout petit peu d'appareil à croquettes de pommes de terre et y mélanger 100 g de queues de crevettes décortiquées.
- Façonner ces croquettes en forme de boules rondes de la grosseur d'une noix, les paner et les faire frire au dernier moment. Préparer aussi une sauce crevettes. Démouler le pain, l'arroser de sauce et ranger les croquettes autour.

QUENELLES DE BROCHET À LA LYONNAISE

Préparation, 40 mn
Cuisson, 15 à 20 mn

- Recette d'après Escoffier. Cette préparation nécessite absolument un mortier.
- En premier lieu, il faut faire une sorte de panade aux œufs en délayant tout ensemble dans une casserole 2 œufs entiers, 100 g de farine, une pincée de sel,

Quenelles de brochet à la lyonnaise
recette p. 187

1/4 de litre de lait froid et 30 g de beurre. Remuer sur le feu à la spatule jusqu'à ce que l'on ait une pâte épaisse comme de la pâte à choux. La laisser refroidir.

- Pendant ce temps, piler 250 g de graisse de rognon de bœuf bien sèche et bien épluchée. Quand elle est réduite à l'état de pâte, la retirer du mortier et piler 500 g de chair de brochet crue soigneusement épluchée. Le brochet étant pilé, y remettre la graisse et mélanger au pilon, puis ajouter la panade refroidie, en continuant de bien amalgamer le tout. Y ajouter finalement du sel, du poivre, les épices nécessaires et 2 œufs entiers. Passer cette farce au tamis, puis la travailler à la spatule et en faire pocher une petite quenelle dans de l'eau bouillante salée pour juger de sa consistance et de son assaisonnement ; si elle ne tenait pas assez, ajouter à cette farce de l'œuf. Diviser la farce en cuillerées que l'on roule sur la planche farinée. Former des grosses quenelles. Les faire pocher dans de l'eau bouillante salée pendant 15 mn, mais sans bouillir.
- Les égoutter, les déposer dans un plat à gratin, recouvrir de sauce Nantua aux écrevisses (voir page 31) ou de sauce béchamel aux crevettes, plus économique. Parsemer la surface de gruyère et faire gratiner à four bien chaud.

4 œufs. 100 g de farine. 25 cl de lait. 30 g de beurre. 250 g de graisse de rognon de bœuf. 500 g de chair de brochet crue. 3 cuillerées à soupe de farine. Sauce Nantua.

LA CARPE

La carpe appartient à la famille des Cyprinidés, dont il existe une espèce très jolie qui fut importée de Chine en 1748 et que l'on admire dans nos bassins et aquariums : le cyprin doré, plus connu sous l'appellation de poisson rouge. On prête à la carpe une longévité exceptionnelle. Si ce poisson peut atteindre un poids et une grosseur remarquables, ce ne sont pas ces spécimens qui sont les plus fins.

Voici donc quelques recettes de carpes. Répétons que ce poisson peut se faire en matelote, ou au court-bouillon. Cependant la nature de sa chair réclame plutôt le braisage.

CARPE AU BLEU

• Ce sont les petites carpes qui se font ainsi, en procédant comme il est dit pour les truites (voir page 204).

Temps de cuisson, 5 mn

La carpe, tout
e les poissons
ner, peut être
accommodée
n ragoût et en
gratin.

CARPE À LA CHAMBORD

Temps de cuisson, 40 à 45 mn

- Recette d'après Urbain Dubois.
- Ce plat de grand style peut s'exécuter avec un brochet, une truite ou un saumon. Dans l'ancienne cuisine, c'était le nec plus ultra en matière de poisson pour les repas d'apparat et, certes, un tel plat exécuté classiquement a de l'allure. Il comporte de multiples garnitures, mais aujourd'hui où l'économie nous oblige à lésiner, on pourra toujours en supprimer deux ou trois. En voici la nomenclature : quenelles en farce de poisson, champignons, queues de crevettes et même d'écrevisses, huîtres frites, laitance de carpe frite, goujons frits, écrevisses troussées.
- Vider la carpe par les ouïes sans ouvrir le ventre, la laver et bien l'essuyer en s'assurant qu'il ne reste aucun organe à l'intérieur. On aura préparé une farce à quenelles de poisson à la panade avec un petit brochet, par exemple, lequel devra donner tout épluché 375 g de chair (voir page 42). Avec une partie de cette farce, remplir sans excès le ventre du poisson ; je dis sans excès parce que la farce gonfle en cuisant et risquerait de faire éclater la peau du ventre.
- Ensuite dépouiller la largeur de la main sur un côté de la carpe en glissant un petit couteau entre cuir et chair, et recouvrir cette partie dénudée avec une mince couche de farce sur laquelle on applique un décor truffé. Le poisson étant ainsi préparé, il faut le mettre à cuire. Le placer sur un lit d'oignons et d'échalotes émincés, ajouter un bouquet garni et mouiller d'une bouteille de bon vin rouge de Bordeaux ou de Bourgogne. Assaisonner et faire prendre l'ébullition. Comme le poisson ne doit pas être baigné, couvrir le dessus d'un papier bien huilé et faire braiser ce poisson au four, à une température qui maintienne un léger frémissement du vin. De temps à autre, arroser le poisson sauf sur la partie farcie et décorée qui doit rester nette ; elle devrait même être enveloppée d'une mince barde de lard. La cuisson d'un poisson pesant 2 kg tout farci demande environ 40 à 45 mn, pendant lesquelles on prépare la garniture.
- Tout d'abord, avec un peu de la farce qui reste, remplir copieusement 4 cuillères à soupe beurrées, décorées de motifs de truffes, et les faire pocher dans de l'eau bouillante salée, mais sans les laisser bouillir. Additionner le reste de farce de quelques débris de truffes hachés et en faire une trentaine de petites quenelles rondes que l'on poche à l'eau aussi. Cuire 250 g de champignons, et préparer au court-bouillon 4 belles écrevisses troussées. Couper la laitance de la carpe en tranches et les faire pocher et refroidir, puis les paner à l'œuf et à la chapelure. Paner de même une douzaine de petits goujons ou d'éperlans, et 2 douzaines d'huîtres que l'on aura extraites de leur coquille et cuites dans leur eau.
- Toutes ces garnitures prêtes, la sauce est faite avec la cuisson du poisson. Celle-ci se fait réduire de moitié et on s'en sert pour mouiller un roux blond fait avec 40 g de beurre et 2 bonnes cuillerées de farine. Si la sauce est trop épaisse, y mettre seulement de la cuisson des champignons, puis la beurrer fortement hors du feu, relever l'assaisonnement avec du sel, du poivre et un filet d'essence d'anchois. Faire frire à l'huile brûlante les goujons, la laitance et les huîtres.

• Dresser sur un grand plat ovale le poisson bien égoutté, l'arroser de quelques cuillerées de sauce et ranger autour, par petits bouquets séparés, les champignons, les quenelles truffées et les queues de crevettes, liés d'un peu de sauce. Disposer aussi un petit tas d'huîtres frites et de laitance et un goujon frit entre chaque garniture. Terminer ce beau dressage en mettant à chaque bout du plat les écrevisses troussées et, de chaque côté du poisson, les 2 grosses quenelles décorées. Servir très chaud ; pour cela il convient de remettre un peu au four le plat qui s'est trouvé refroidi par ce long dressage. Servir la sauce à part.

• J'ai longuement détaillé ce plat parce qu'il serait dommage qu'une belle pièce comme celle-ci soit mal présentée, mais je dois à la vérité d'ajouter qu'il est bien passé de mode.

1 carpe laitée de 2 kg. 375 g de chair de brochet cuit. Farce à quenelles. 3 truffes. 2 oignons. 1 échalote. 1 bouquet garni. 1 bouteille de vin rouge de Bordeaux ou de Bourgogne. 50 g de barde de lard. 250 g de champignons. 4 écrevisses. 2 œufs. 4 cuillerées à soupe de chapelure. 12 petits goujons ou éperlans. 24 huîtres. 80 g de beurre. 2 cuillerées à soupe de farine. Bain de friture.

CARPE FARCIE

Temps de cuisson, 45 mn

• Préparer une farce avec un peu de mie de pain trempée au lait, 2 jaunes d'œufs durs, une noix de beurre, du sel, du poivre, des échalotes et oignons hachés cuits au beurre blond. Y ajouter les crevettes et les moules décortiquées et, si possible, la laitance écrasée. Introduire cette farce dans le poisson après avoir incisé le ventre. Placer la carpe dans un plat creux et la mouiller au bon vin blanc. Assaisonner en sel et en poivre, ajouter la branche de thym et la gousse d'ail écrasée, et cuire au four en arrosant souvent le poisson.

• Lier la sauce avec 50 g de beurre manié avec une cuillerée de farine. Goûter et relever l'assaisonnement s'il y a lieu. Entourer le poisson de petits oignons glacés (facultatif). Napper le tout avec la sauce et servir très chaud.

1 carpe laitée. 3 cuillerées à soupe de mie de pain. 2 cuillerées à soupe de lait. 2 jaunes d'œufs durs. 70 g de beurre. 2 oignons. 2 échalotes. 3 verres de vin blanc. 1 cuillerée à soupe de farine. 250 g de crevettes roses. 1/2 litre de moules. 100 g de petits oignons. 1 branche de thym. 1 gousse d'ail.

CARPE À LA JUIVE À L'ORIENTALE

Plat froid

Temps de cuisson, 20 à 25 mn

• Ce plat de la cuisine juive, qui peut aussi se faire avec un brochet, se prépare en cuisant le poisson coupé en morceaux assez minces, avec quelques lames d'oignons et d'échalotes préalablement sautées à l'huile. Poudrer de 30 à 40 g de farine, cuire un instant et mouiller avec du vin blanc et de l'eau. Assaisonner, relever avec un peu d'ail écrasé, verser 2 tasses d'huile et donner l'ébullition. Cuire doucement 20 à 25 mn, la carpe étant un poisson à chair ferme.

• Retirer alors les morceaux et les ranger sur le plat pour reformer le poisson, autant que possible. Réduire la cuisson en plein feu avec une pincée de safran et verser sur le poisson que l'on met au frais, car on le sert froid, la sauce formant gelée.

• Dans la cuisine juive, on fait aussi cuire la carpe avec de la bière. La sauce se lie alors avec un peu de pain d'épice émietté.

1 carpe. 2 oignons. 2 échalotes. 3 tasses d'huile. 30 à 40 g de farine. 3 verres de vin blanc. 1 gousse d'ail. Pincée de safran.

CARPE À LA JUIVE AUX RAISINS

Temps de cuisson, 30 à 35 mn

Plat froid

• Faire revenir à l'huile, sans laisser prendre couleur, un oignon et 2 échalotes. Saupoudrer de farine et mouiller avec moitié eau et moitié vin blanc de façon que la carpe puisse baigner. Ajouter un bouquet garni, du sel, du poivre en grains et quelques cuillerées d'huile d'olive.

• Faire bouillir et placer le poisson coupé en tronçons. Faire cuire doucement 30 mn. Reconstituer la carpe sur un plat long.

• Faire réduire la cuisson aux trois quarts en y ajoutant une pincée de safran en poudre. Verser sur la carpe qu'on entoure de raisins de Smyrne et de Corinthe préalablement nettoyés. Servir quand la sauce est prise en gelée.

• Le brochet se fait de même.

1 carpe. 1 oignon. 2 échalotes. 3 cuillerées à soupe d'huile. 3 cuillerées à soupe de farine. 3 verres de vin blanc. 1 bouquet garni. 4 cuillerées à soupe d'huile d'olive. Pincée de safran. 200 g de raisins de Smyrne et de Corinthe.

CARPE À LA MARINIÈRE

Temps de cuisson, 30 à 40 mn

• Écailler et vider une carpe moyenne, lui couper les nageoires et la mettre dans un plat creux à four. Assaisonner et mouiller le poisson à mi-hauteur avec du bon vin blanc additionné de quelques minces rouelles d'oignon et d'échalote. Couvrir d'un papier huilé et faire braiser au four en l'arrosant. Il faut environ 30 à 40 mn de cuisson.

• Pendant ce temps, cuire 150 g de champignons bien blancs. Avec la cuisson du poisson et des champignons, faire une sauce blanche crémeuse, liée de 2 jaunes d'œufs.

• Laisser la carpe dans son plat et l'entourer des champignons, la couvrir avec la sauce, parsemer de mie de pain et faire gratiner au four.

• La servir avec une douzaine de petits gardons panés et frits disposés autour.

1 carpe. 3 verres de vin blanc. 1 oignon. 1 échalote. 150 g de champignons. 2 jaunes d'œufs. 4 cuillerées à soupe de mie de pain. 12 petits gardons.

À droite, carpe farcie, recette p. 191

CARPE À LA POLONAISE

Temps de cuisson, 1 h

- Recette d'après Escoffier.
- La carpe se farcit avec une farce de poisson (voir page 42), puis on la braise avec du vin rouge et un peu de fumet de poisson si possible. On met autour des oignons et des échalotes émincés, un bouquet de romarin, du sel et des grains de poivre, puis 60 g de pain d'épice en morceaux. Faire cuire au four, à petit feu, 60 mn environ pour une carpe farcie d'1,5 kg, en l'arrosant quelquefois.
- Pour la sauce, faire caraméliser assez fortement, mais sans brûler, une cuillerée de sucre en poudre ; mouiller d'un peu de vinaigre pour faire dissoudre ce sucre, puis ajouter la cuisson de la carpe bien réduite et passée au tamis avec le pain d'épice qui assure la liaison de la sauce comme le ferait la farine. Ajouter facultativement un bon morceau de beurre frais, relever la sauce au cayenne et la finir avec quelques amandes coupées en minces filets et grillées. Servir la sauce à part.

1 carpe d'1,5 kg. Farce à la panade. 3 verres de vin rouge. Fumet de poisson. 2 oignons. 2 échalotes. 1 bouquet de romarin. 60 g de pain d'épice. 1 cuillerée de sucre en poudre. 1 cuillerée à soupe de vinaigre. 30 g de beurre. 30 g d'amandes.

LE GOUJON ET LE GARDON

Ils appartiennent tous deux à la famille des Cyprinidés, le premier étant beaucoup plus fin que le second. Ces poissons sont exclusivement réservés à la friture, faite suivant les principes énoncés page 22, c'est-à-dire qu'ils sont trempés dans du lait froid salé et roulés dans la farine. Quelquefois des sujets un peu gros sont traités à la meunière.

LE LAVARET ET LA FÉRA

Le lavaret est un poisson très fin du genre Corégone (famille des Salmonidés) que je n'ai utilisé qu'à Grenoble ou à Aix. C'est un produit de lac extrêmement fin à chair blanche, qui se cuit soit au court-bouillon, soit à la poêle suivant sa grosseur. Comme il est excellent, il est plus prudent de ne pas le dénaturer par des manipulations inutiles.

La féra appartient au même genre et se trouve surtout dans les lacs de Suisse.

LE SAUMON

Ce magnifique poisson est parfois appelé le roi des fleuves. Il existe des saumons sédentaires qui restent dans les lacs ou les rivières, et des saumons migrateurs qui partagent leur existence entre la mer et la rivière : ils vivent dans la mer, mais viennent chaque année déposer leurs œufs dans les fleuves, parfois à des distances considérables de la côte. Les jeunes naissent ainsi dans les eaux douces et y résident environ un an avant de regagner la mer. Ils retrouvent à l'époque voulue les lieux mêmes de leur naissance. Le saumon remonte les cours d'eau les plus rapides par des sauts qui le font sortir entièrement de l'eau, s'élançant d'un vigoureux coup de queue.

Mais ce qui nous intéresse ici ce ne sont pas ses mœurs ni sa pêche, c'est sa présentation sur notre table. J'y arrive, et voilà en ce qui le concerne des recettes s'ajoutant à celles de la truite saumonée qui lui sont toutes applicables. Le saumon entier se cuit au court-bouillon et se dresse comme la truite saumonée, accompagné des mêmes sauces et garnitures.

Comme on n'a pas toujours l'utilisation d'un saumon entier, on peut l'acheter au détail et le servir sous forme de tranches que l'on appelle des darnes, dont voici aussi quelques recettes.

COULIBIAC DE SAUMON

Temps de cuisson, 1 h 30

- Puisque ce plat est issu de la cuisine russe, il faut autant que possible lui conserver son caractère propre. Habituellement, en France, on le prépare avec de la pâte à brioche commune, sans sucre. Cette pratique s'éloigne quelque peu de celle en usage en Russie.
- Pour confectionner la pâte, il faut préparer dans une terrine un levain composé de 250 g de farine, de 2 dl de lait tiède et de 7 à 8 g de levure. Travailler ce levain à la spatule, afin de l'obtenir très homogène, et le mettre à lever en le plaçant dans un endroit chaud. Lorsqu'il est bien levé, lui ajouter 250 g de farine, 250 g de beurre fondu, 3 œufs entiers et une pincée de sel. Travailler cette pâte pour la rendre très lisse. La renverser sur le marbre fariné et la manier légèrement. La remettre dans la terrine et la laisser reposer, au chaud, pendant environ 60 mn.
- Pour la garniture, détailler en filets minces et longs 800 g de chair de saumon dont on aura supprimé la peau et les arêtes. Assaisonner ces filets de sel et de paprika, et les mettre à cuire dans un plat beurré avec un décilitre de vin blanc et un jus de citron. Hacher 300 g de vésiga cuit et le mettre à étuver, à chaleur douce, avec un peu de beurre, une forte cuillerée d'échalote et de ciboulette hachées et fondues au beurre. Ajouter 2 cuillerées de fenouil et de persil hachés.
- Débarrasser dans un plat et ajouter à cet appareil, lorsqu'il est froid, 4 œufs durs, coupés en dés ou en lames, et 100 g de champignons hachés, passés au beurre.
- Faire cuire au consommé 200 g de grosse semoule. Lorsqu'elle est cuite, l'étaler sur un plat et la faire sécher à l'étuve, puis la passer à travers un tamis à grosses mailles.
- Procéder alors au montage et à la cuisson du coulibiac. Former une pâte en boule sur la table farinée et l'amincir en une abaisse oblongue, épaisse de 6 à 8 mm et d'une longueur de 50 cm sur une largeur de 30 cm. Placer cette abaisse

Coulibiac de saumon, recette p. 195

sur un torchon fariné et monter le pâté en le garnissant des divers éléments indiqués plus haut, en veillant à les alterner par couches et en ne plaçant cette garniture que sur la surface médiane de l'abaisse, c'est-à-dire en ne lui donnant que 10 cm de largeur sur une longueur de 25 à 30 cm. Relever les bords de l'abaisse, de façon à envelopper les garnitures, et les souder à la dorure.

• Retourner le coulibiac sur une plaque beurrée, afin de placer en dessous les parties soudées, et le laisser reposer, en un endroit chaud, pendant 30 mn. Le dorer, le saupoudrer de mie de pain et, après y avoir creusé deux cheminées, le mettre à cuire à four chaud. Une fois cuit, le dresser sur un grand plat long et servir en même temps une saucière de beurre fondu.

• On garnit aussi quelquefois le coulibiac avec du riz en place de semoule. Parfois aussi on lui ajoute une garniture complémentaire de filets de sole étuvés au beurre.

500 g de farine. 2 dl de lait. 7 à 8 g de levure. 300 g de beurre. 3 œufs entiers. 800 g de chair de saumon. Paprika. 1 dl de vin blanc. 1 citron. 300 g de vésiga. 1 cuillerée à soupe d'échalote et de ciboulette hachées. 1 morceau de fenouil. 1 cuillerée à soupe de persil haché. 4 œufs durs. 100 g de champignons. 200 g de grosse semoule.

DARNES DE SAUMON À LA BATELIÈRE

Temps de cuisson, 8 à 10 mn

• Prendre 2 darnes pesant 500 g environ chacune, et les faire pocher dans un court-bouillon au vin blanc.

• Pour la garniture, prendre une douzaine de très petites coquilles Saint-Jacques, les faire ouvrir sur le fourneau, les vider, puis laver la chair. Y mélanger quelques lames de champignons cuits et des queues de crevettes, puis regarnir les coquilles, bien nettoyées, avec ce ragoût lié d'un peu de sauce. Les faire gratiner au four.

• Dresser les darnes de saumon sur un plat rond bien chaud, disposer les coquilles autour en les alternant avec de belles écrevisses troussées, cuites au court-bouillon. Servir le reste de la sauce à part.

2 darnes de saumon de 500 g. 1,5 litre de court-bouillon au vin blanc.
12 petites coquilles Saint-Jacques. 150 g de champignons.
150 g de queues de crevettes. 6 écrevisses.

DARNES DE SAUMON À LA FOYOT

• Cuire les darnes à la meunière et les entourer d'une couronne de pommes de terre noisettes. Servir à part une sauce Valois (c'est-à-dire une sauce béarnaise additionnée de glace de viande fondue).

Temps de cuisson, 10 à 12 mn

:e magnifique
oisson est un
on sédentaire
de l'Allier.

DARNES DE SAUMON À LA NÉVA

Temps de cuisson, 10 à 15 mn

Plat froi

• Lorsque le nombre de convives n'exige pas une pièce entière, on fera cuire au court-bouillon 3 ou 4 darnes de saumon.

• Les dresser chevalées l'une sur l'autre, glacées de gelée et décorées sobrement. Les garnir avec des petites croustades remplies de salade de betterave, de concombre ou de céleri-rave selon la saison. Sur chaque croûte garnie poser une rondelle d'œuf dur et sur celle-ci un filet d'anchois roulé en bague avec une pincée de câpres au centre. Servir une sauce mayonnaise très relevée à part.

MÉDAILLONS DE SAUMON À LA JEANNETTE

Temps de cuisson, 7 à 8 mn

• Dans une petite queue de saumon désossée, tailler des escalopes d'un demi-centimètre d'épaisseur, et les parer pour qu'elles soient rondes. Les assaisonner, les fariner et les cuire au beurre bien chaud, à la sauteuse ou à la poêle. Faire cuire autour les parures également. Puis préparer une très petite quantité de sauce béchamel épaisse. Hacher grossièrement 5 ou 6 champignons cuits au beurre et un peu de truffe. Lier ces parures, champignons et truffe, avec 2 cuillerées de béchamel, bien assaisonner et en recouvrir les escalopes cuites. Les ranger sur un plat à gratin, les napper de sauce Mornay et saupoudrer de gruyère et de mie de pain. Faire gratiner vivement, puis dresser ces médaillons autour d'une petite jardinière de légumes nouveaux liée à la crème.

• Au chapitre des *Hors-d'œuvre* on trouvera diverses recettes délicieuses et peu coûteuses, qui pourront dans bien des cas servir à utiliser des restes.

1 queue de saumon désossée. 3 cuillerées à soupe de farine. 50 g de beurre. Sauce béchamel. 6 champignons cuits. 1 truffe. Sauce Mornay. 80 g de gruyère. 3 cuillerées à soupe de mie de pain.

MOUSSELINE DE SAUMON À LA CHANTILLY

Temps de cuisson, 15 mn

• Avec 250 g de saumon, faire une farce mousseline (voir page 41). Forcer la couleur avec quelques gouttes de carmin et faire pocher au bain-marie dans des moules à baba beurrés, en les tenant 15 mn au four sans ébullition. Les démouler et les napper d'une sauce mousseline additionnée de beurre d'écrevisses. Poser une queue d'écrevisse ou une moitié seulement sur chaque petite timbale. Garnir le milieu du plat de champignons bien blancs et sans sauce. Parsemer de cerfeuil haché.

• Ces mêmes petites entrées exquises, peu banales, peuvent être garnies et saucées différemment.

PAIN DE SAUMON À LA VALOIS

Cuisson, 25 à 30 mn

• Ce pain de poisson peut être fait avec n'importe quel poisson, et si le saumon fait plus riche, le brochet, le colin, le merlan peuvent être employés par économie.

• Préparer d'abord 2 tasses à thé de béchamel épaisse et la faire refroidir. Piler environ 400 g de poisson cru (saumon, brochet ou colin). Quand ce poisson est bien pilé, y mélanger la béchamel froide, du sel, du poivre, des épices, 60 g de crème épaisse et enfin un œuf entier et 3 jaunes d'œufs. Passer cette purée au tamis fin et, si l'on a employé un poisson blanc, relever la couleur avec un peu de carmin breton.
• Faire pocher la purée dans un moule à timbale beurré en le mettant au bain-marie dans le four.
• Servir avec une sauce béarnaise additionnée de glace de viande fondue.

400 g de saumon cru. 2 tasses à thé de béchamel. 60 g de crème épaisse. 1 œuf. 3 jaunes d'œufs. Carmin. Sauce béarnaise. Glace de viande fondue.

QUICHE DE SAUMON

Pour personnes

Plat régional

Temps de cuisson, 30 à 35 mn

• Elle peut se faire avec du saumon fumé ou du saumon frais.
• Préparer une pâte brisée sans sucre. En garnir un moule à tarte et piquer le fond avec un couteau. Ranger de minces lamelles de saumon fumé, ou des petites tranches de saumon grillées et froides. Verser par-dessus 2 œufs battus avec 4 décilitres de lait froid, du sel et du poivre. Cuire à four bien chaud, surtout dessous.

250 g de pâte brisée sans sucre. 150 g de saumon fumé ou 250 g de darnes de saumon. 2 œufs. 4 dl de lait.

SAUMON FROID

Plat froid

Temps de cuisson, 15 à 20 mn

• C'est la pièce classique que l'on sert pour les banquets, les repas de noces ou de gala. Le saumon cuit au court-bouillon est refroidi dans son jus de cuisson, puis dressé sur un plat froid.
• Le dépouiller et le servir avec une sauce verte ou une autre sauce froide. On peut, si l'on présente la pièce entière, décorer de dès de gelée, d'estragon, d'œufs durs, de crevettes, de truffes, etc.

SAUMON FROID DE LA LOIRE CORDON BLEU

Pour personnes

Plat froid

Temps de cuisson, 35 à 40 mn

• Recette d'après René Viaux, chef de cuisine, « Meilleur Ouvrier de France ».
• Dans un court-bouillon au vin blanc parfumé aux aromates, cuit au préalable puis refroidi, pocher un saumon de 2 kg. Le laisser refroidir dans sa cuisson, l'égoutter, le dépouiller et le disposer sur un plat de service assez spacieux. Le décorer avec des feuilles d'estragon blanchies, le lustrer avec une gelée maigre obtenue avec la cuisson du saumon.
• Garnir le poisson de trois éléments répétés pour chacun des convives : une petite tomate évidée, macérée avec une prise de sel puis farcie en dôme, à la

Saumon froid, recette p. 199

poche ou à la cuillère, de mousseline de tomate ; un petit tronçon de concombre blanchi fortement, bien égoutté, assaisonné et farci de même avec une farce mousseline composée d'une purée de jaunes d'œufs et aromatisée ; la moitié d'un œuf dur farcie d'une farce faite par tiers avec des jaunes d'œufs, des filets d'anchois et du beurre frais. Ces garnitures seront également lustrées avec la gelée. Accompagner d'une saucière de sauce verte.

1 saumon de 2 kg. Court-bouillon au vin blanc. Feuilles d'estragon.
10 petites tomates. Mousseline de tomate. 2 concombres. 12 œufs.
70 g de filets d'anchois. 70 g de beurre. Sauce verte.

SAUMON GRILLÉ

Temps de cuisson, 5 à 8 mn

• Le saumon à griller doit être taillé en tranches sur le milieu de la pièce. L'épaisseur moyenne de ces tranches est de 3 cm. Assaisonner, badigeonner d'huile ou de beurre fondu. Placer les tranches sur le gril bien chauffé à l'avance et les faire griller à feu vif d'abord, et des deux côtés pour en assurer la coloration. Terminer la cuisson sur feu modéré.

• Les tranches de saumon grillées se servent généralement sur un beurre composé : beurre maître d'hôtel, beurre d'anchois, beurre ravigote, etc. On peut aussi les accompagner d'une sauce béarnaise ou de toute autre sauce propre aux poissons grillés. Comme tous les poissons grillés, le saumon grillé est habituellement présenté avec des pommes de terre à l'anglaise.

ruite de rivière se prête au même type de préparations culinaires que le saumon.

LA TRUITE DE RIVIÈRE

La truite de rivière est un des plus utilisés et des plus intéressants sujets de la rivière. La truite allie la couleur chatoyante de sa robe à la finesse de sa chair et se prête à de multiples combinaisons culinaires simples et savantes, chaudes ou froides.

Elle se prépare aussi en filets, au gratin, en friture, au gril...

La truite, comme la truite saumonée et le saumon, appartient à la famille des Salmonidés.

TRUITES À LA CRÈME

Temps de cuisson, 15 à 20 mn

- Ranger les truites dans un plat à gratin avec du sel, du poivre, des fines herbes, du citron, et les mouiller simplement de quelques cuillerées de lait. Cuire au four 15 mn, puis égoutter la cuisson en casserole. Y mélanger une tasse à thé de crème épaisse.
- Réduire le tout de moitié, lier d'un léger beurre manié, verser sur les truites. Parsemer de chapelure et faire gratiner.

4 truites. Fines herbes. 1 citron. 4 cuillerées à soupe de lait.
1 tasse à thé de crème épaisse. 30 g de beurre. 30 g de farine.
3 cuillerées à soupe de chapelure.

PÂTÉ LORRAIN AUX TRUITES

Temps de cuisson, 50 à 60 mn

Pâtés et timbales de poisson

• Ce plat excellent se mange froid. Il doit par conséquent se faire la veille.
• Préparer une farce de poisson à la panade. Mêler à cette farce, bien liée aux œufs (voir page 42), 3 ou 4 morilles hachées cuites au beurre et refroidies. Ajouter aussi un peu de truffe et des fines herbes.
• Pendant la préparation de cette farce, lever les filets de 2 ou 3 truites de rivière ; en détacher soigneusement les arêtes et les peaux et les faire macérer 60 mn avec du sel, du poivre, des oignons et des échalotes hachés, et un peu de vin blanc ou gris.
• Tapisser un moule à pâté avec une pâte fine genre feuilletée. Garnir avec des couches de farce et des couches de filets de truite marinés. Fermer avec de la pâte et dorer. Cuire à four bien chaud 50 à 60 mn. On peut le servir chaud, ou froid de préférence.

2 ou 3 truites de rivière. Farce à pâtés. 3 ou 4 morilles. 1 truffe. Fines herbes. 2 oignons. 2 échalotes. 3 verres de vin blanc ou gris. Pâte feuilletée. 1 œuf.

TRUITES DE CASTRES

Temps de cuisson, 8 à 15 mn

Plat régional

• Cuire d'abord les truites, fraîchement pêchées, comme pour les faire au bleu. Puis faire une petite quantité de sauce blanche ou bâtarde (voir page 26) en employant du court-bouillon des poissons. Lier cette sauce avec suffisamment de jaunes d'œufs et du jus de citron. Beurrer hors du feu et napper les truites avec cette sauce tenue relevée.

4 truites vivantes. Court-bouillon vinaigré. 120 g de beurre. 30 g de farine. 2 dl d'eau. 3 jaunes d'œufs. 1 citron.

TRUITE GLACÉE À LA GRAND-DUC

Temps de cuisson, 10 à 15 mn

Plat froid

• Faire cuire la truite au court-bouillon, la laisser refroidir à moitié et l'égoutter. La dresser couchée sur un plat long bien froid et la dépouiller. Partager le filet en deux d'abord dans la longueur en suivant la séparation nettement marquée tout le long et, ensuite, découper en travers chaque partie pour faciliter le service. Passer également le couteau à plat le long de l'arête pour détacher toute la chair sans la déplacer, de sorte que le convive n'ait qu'à se servir avec la truelle.
• La garniture se fait avec 8 œufs durs ; les partager en deux dans la longueur, passer les jaunes au tamis et les délayer avec 80 g de beurre ramolli, du sel, du poivre et une cuillerée de mayonnaise. Diviser cette purée en deux parties ; dans une moitié ajouter un peu de purée d'épinards, cresson, cerfeuil et estragon pour la verdir, et dans l'autre moitié 2 cuillerées de purée de tomates réduite pour la rosir. Remplir les moitiés d'œufs, les unes avec la purée verte, les autres avec la rose. Alterner les œufs autour, en les posant sur une rondelle de citron. Napper l'ensemble d'une légère gelée d'estragon non colorée. Border le plat de

demi-lames de citron cannelées et servir une sauce verte en même temps. Le bar peut être présenté de même, ainsi que le saumon.

1 belle truite. Court-bouillon. 8 œufs durs. 80 g de beurre. 1 cuillerée à soupe de mayonnaise. 2 cuillerées à soupe de purée d'épinards, cresson, cerfeuil et estragon. 2 cuillerées à soupe de purée de tomates. 3 citrons. Gelée d'estragon. Sauce verte.

TRUITES GLACÉES AU VIN ROUGE

• Pocher les truites au vin rouge avec un peu d'oignon émincé autour. Réduire la cuisson, la lier au beurre manié et verser sur les truites. Les faire glacer à four très vif et les entourer de croûtons de pain frits.

Temps de cuisson, 15 mn

4 truites. 4 verres de vin rouge. 1 oignon. 50 g de beurre. 50 g de farine. Croûtons.

TRUITES À LA GRENOBLOISE

• Préparer les truites à la meunière, mais verser un peu de mie de pain frite dessus ainsi qu'une pincée de câpres. Arroser de jus de citron.

Temps de cuisson, 8 à 10 mn

4 truites. 1 verre de lait. 3 cuillerées à soupe de farine. 125 g de beurre. 2 citrons. 3 cuillerées à soupe de persil haché. 4 cuillerées à soupe de mie de pain. Câpres.

TRUITES À LA HUSSARDE

• Vider les truites par les ouïes et les farcir avec une farce composée pour 6 truites de 100 g de mie de pain trempée au lait froid, d'un oignon haché cuit au beurre, de persil haché, de 30 g de beurre et d'un jaune d'œuf. Bien relever l'assaisonnement de cette farce avec du poivre de paprika. Mettre au fond d'un plat à four une couche d'oignon haché cuit au beurre sans être coloré. Ranger les truites farcies dessus, assaisonner, mouiller d'un verre de vin blanc et faire pocher au four. Dresser les truites sur un plat long, réduire de moitié la cuisson et la lier d'un beurre manié. Bien la beurrer hors du feu et relever au paprika. Verser sur les truites et faire dorer à feu très vif.

Temps de cuisson, 15 à 20 mn

6 truites. 100 g de mie de pain. 1 verre de lait. 3 oignons. 140 g de beurre. 1 cuillerée à soupe de persil haché. 1 jaune d'œuf. 1 verre de vin blanc. Paprika.

TRUITE À LA PARISIENNE

Plat froid

• Faire pocher la truite au court-bouillon et la laisser refroidir. La dresser alors sur un socle de riz et la masquer complètement d'une sauce mayonnaise à la gelée, dans laquelle on a ajouté 100 g d'huile d'écrevisses (obtenue en pilant les écrevisses avec un décilitre d'huile). Entourer la truite de croustades garnies de salade de légumes, et de petites timbales de gelée de poisson bien claire dans laquelle on a mis des queues de crevettes.

Temps de cuisson, 10 à 15 mn

TRUITES DE RIVIÈRE AU BLEU

Temps de cuisson, 5 mn

• Pour ce genre de préparation, il faut des petites truites vivantes, c'est-à-dire qu'il faut les tuer juste au moment de les cuire. Les vider rapidement et ne pas les gratter ni les essuyer, car c'est le limon qui les recouvre qui leur vaut cette teinte bleue que l'on recherche. Les jeter dans un court-bouillon bouillant et fortement vinaigré ; 5 mn de cuisson suffisent. Les servir accompagnées de pommes de terre à l'anglaise, de persil en branches et d'une saucière de beurre fondu.

4 petites truites vivantes. 1 litre de court-bouillon vinaigré.
1 kg de pommes de terre. 1 bouquet de persil. 100 g de beurre.

TRUITES DE RIVIÈRE À LA GELÉE

Temps de cuisson, 15 mn

Plat froid

• Faire pocher des petites truites au vin blanc et les laisser refroidir. Les égoutter, les dresser sur un plat long et les napper de gelée mi-prise. Les décorer de crevettes roses ou bien de feuilles d'estragon blanchies, et les entourer de gelée hachée.

TRUITES DE RIVIÈRE À LA GELÉE AU VIN ROUGE

Temps de cuisson, 15 mn

Plat froid

• Faire pocher les truites avec du vin de Bourgogne qui sera ajouté à de la gelée en clarifiant celle-ci. Foncer la couleur avec du caramel. Décorer les pois-

Truites de rivièr au bleu

'uites de rivière à la meunière

sons avec des petits motifs de légumes et les recouvrir, dans un plat creux, avec la gelée qui doit être à peine plus prise qu'une gelée de groseille. On ne sert pas de sauce, c'est la gelée qui la remplace.

• En règle générale, tous les poissons peuvent se servir froids ; mais on n'attache de prix qu'aux belles pièces qui flattent l'œil, à la condition que ce ne soit pas au détriment du goût. Pour être digne de la renommée de notre cuisine, il faut qu'un plat réunisse ces deux qualités, qu'il soit « beau et bon ».

TRUITES DE RIVIÈRE À LA MEUNIÈRE

Temps de cuisson, 7 à 8 mn

• Pour un poisson aussi fin, je crois que la plus simple des préparations est celle qui peut le mieux en faire ressortir la qualité. Il est inutile d'insister sur la façon de procéder et de répéter ce qui a été dit en tête de cet ouvrage pour la cuisson à la meunière (voir page 23). Passer au lait, à la farine, cuire au beurre noisette, arroser de citron et de beurre brûlant. Décorer le plat de demi-lames de citron, parsemer de persil haché.

4 petites truites. 1 verre de lait. 3 cuillerées à soupe de farine. 125 g de beurre. 2 citrons. 3 cuillerées à soupe de persil haché.

TRUITES DE RIVIÈRE À LA MÂCONNAISE

Préparation et cuisson, 20 mn

• Avant de cuire les truites, faire cuire, suivant le procédé ordinaire, 250 g de petits champignons bien blancs.

• Nettoyer et vider 8 petites truites de rivière de 100 g, puis les faire pocher au vin rouge. Pour les garnir, faire jaunir au beurre une demi-livre de très petits oignons réguliers, les mouiller ensuite avec du bouillon et les laisser cuire tout doucement, sans qu'ils s'écrasent, avec une noix de beurre frais, un morceau de sucre, et sans les couvrir pour que le bouillon soit presque complètement évaporé quand les oignons sont cuits.

• Quand les truites sont pochées, égoutter le vin de cuisson et le faire réduire dans une casserole placée en plein feu en y ajoutant de la glace de viande de la grosseur d'une noix. Quand il est réduit des trois quarts, le lier avec un fort morceau de beurre que l'on aura pétri avec une cuillerée de farine, de façon que cette liaison épaississe le vin et en forme une sauce crémeuse, susceptible de napper les poissons, sans cependant être trop épaisse – autrement il faudrait la liquéfier avec du bouillon.

• Après quelques légers bouillons, retirer la sauce du feu et la beurrer fortement avec du beurre fin, puis lui donner une couleur plus brune en y ajoutant quelques gouttes de caramel ou un peu de glace de viande. Ceci est indispensable, car le vin rouge cuit, mêlé de farine, prend une teinte lie-de-vin fort peu appétissante.

• Dresser les truites sur un plat long chaud, puis ranger autour les petits oignons glacés d'un côté, et les champignons bien égouttés de l'autre. Napper le tout très copieusement avec la sauce après s'être assuré de son parfait assaisonnement.

8 petites truites de rivière de 100 g. 60 cl de vin rouge. 250 g de petits oignons.
180 g de beurre. 1 morceau de sucre. 250 g de champignons.
1 cuillerée à soupe de glace de viande. 1 cuillerée à soupe de farine.

TRUITES DE RIVIÈRE À LA MANTOUE

Temps de cuisson, 8 à 10 mn

• Cuire les truites à la meunière. Les dresser sur plat long et les arroser d'une sauce italienne sans jambon.

TRUITES DE RIVIÈRE À LA MUGUETTE

Temps de cuisson, 8 à 10 mn

Plat froid

• Pocher les truites suivant la méthode habituelle. Laisser totalement refroidir. Enlever délicatement la peau en ne la laissant qu'à la tête et sur une partie de la queue.

• Décorer avec du vert de poireau et des feuilles d'estragon blanchies, du blanc et du jaune d'œufs durs. Lustrer à la gelée. Poser les truites sur un fond de gelée hachée.

LA TRUITE SAUMONÉE

C'est la truite de mer. Elle représente le poisson de grand luxe qui se donne dans les dîners sur invitation aux époques de l'année où on peut se le procurer, car il n'y en a pas toujours. En dehors de la saison, on trouve ces mêmes truites congelées, qui n'ont pas la même valeur, mais qui sont cependant fréquemment employées.

C'est un poisson qui fait toujours son petit effet, qu'il soit servi chaud ou froid. Chaud il est exquis, froid il se prête à des dressages artistiques, de même que les saumons, mais ces derniers sont généralement trop gros pour le service d'une maison bourgeoise et ils sont réservés pour les hôtels et restaurants.

TRUITE SAUMONÉE À LA BRILLAT-SAVARIN

Temps de cuisson, 25 à 30 mn

- Faire braiser la truite au vin blanc en l'arrosant souvent, puis préparer des croustades en pâte brisée. Cuire aussi 12 écrevisses, les éplucher, garder les chairs des queues et faire un beurre d'écrevisses avec les carapaces (voir page 38) pour le mettre dans une excellente sauce faite avec le fond de cuisson de la truite et des écrevisses. Préparer une garniture de champignons et de laitances de poissons pochées au vin blanc et escalopées. Lier cette garniture d'un peu de sauce Nantua.
- Ajouter quelques lames de truffes et garnir les croûtes avec. Dresser le poisson dépouillé. Piquer dans la chair quelques crevettes rouges et entourer avec les croustades.
- Servir la sauce à part.

TRUITE SAUMONÉE À LA CHIVRY

Temps de cuisson, 15 à 20 mn

- La truite se fait pocher dans un court-bouillon additionné de vin blanc. Cuire à l'avance un court-bouillon bien condimenté. Le verser froid sur la truite placée dans la poissonnière, faire partir l'ébullition puis tenir sur le côté pour éviter l'éclatement des chairs.
- Une truite doit être présentée impeccable, et cuire sans que le liquide dépasse le frémissement.
- Pendant la cuisson, préparer des petites croûtes en pâte dans des moules à barquettes. Remplir ces croûtes avec un salpicon de crevettes et de champignons lié d'une sauce Cardinal (voir page 28) et préparer aussi une sauce verte chaude dite sauce Chivry.
- La truite est dressée sur plat long, couchée sur le côté et dépouillée. Disposer tout le long une rangée de minces lames de citron, et autour du persil frisé sur lequel on pose les petites barquettes avec 3 pommes de terre à l'anglaise entre chaque.
- Servir très chaud avec la sauce à part.

Truite saumonée Francine

TRUITE SAUMONÉE FRANCINE

Plat froid

Temps de cuisson, 30 à 40 mn

- Pour un service de 8 à 10 personnes, pocher une belle truite saumonée d'1,5 à 1,8 kg. Après 30 à 40 mn de cuisson, la faire refroidir, l'égoutter et la dépouiller complètement.
- La déposer sur le ventre au milieu d'un grand plat, non creux et froid. Décorer le poisson de petits dés de tomate et de quelques belles feuilles de persil plat, le glacer à l'aide d'un pinceau trempé dans de la gelée mi-prise ; laisser prendre complètement. Retourner le poisson avec délicatesse et répéter l'opération pour l'autre face.
- Couler un peu de gelée mi-prise dans le fond d'un autre plat, la laisser prendre et la découper en tout petits morceaux qui serviront à garnir le pourtour du saumon. Servir très froid, accompagné de crème fraîche, d'œufs de saumon et de petits oignons frais (facultatif).

À gauche : ...ruites peuvent être grillées ; ...our une bonne cuisson, il faut ...iser les flancs.

TRUITE SAUMONÉE À LA MARQUISE

Temps de cuisson, 30 mn

- Faire pocher, suivant la formule énoncée en tête de cet ouvrage, une belle truite saumonée de 3,5 livres à 4 livres. Préparer pendant sa cuisson une garniture comportant des écrevisses cuites au court-bouillon au vin blanc et des coquilles Saint-Jacques très petites. Remplir les coquilles Saint-Jacques d'un ragoût d'huîtres, de champignons et de crevettes lié d'une sauce Mornay ; les faire gratiner. Préparer une excellente sauce Nantua avec une huitaine d'écrevisses dont les queues sont utilisées dans les coquilles.

• Dresser la truite sur un plat long chaud, dépouiller le côté qui se présente et y appliquer une rangée de lames de truffes. Entourer de persil frisé ; y poser les coquilles entre lesquelles on place une écrevisse troussée. Servir une sauce Nantua en même temps.

• Ce dressage très simple est élégant.

TRUITE SAUMONÉE À LA NORVÉGIENNE

Temps de cuisson, 15 à 20 mn

Plat froid

• La truite étant pochée et totalement froide, la dépouiller, la décorer et la lustrer fortement à la gelée. Faire prendre au fond du plat de service une couche de gelée bien limpide sur laquelle on pose un fond de riz taillé. Dresser la truite dessus. Piquer sur celle-ci une rangée de belles crevettes roses après en avoir décortiqué les queues.

• Entourer le poisson avec diverses garnitures : petites timbales en concombre fortement blanchies, marinées et garnies en dôme de purée de saumon fumé ; toutes petites tomates ou moitiés de tomates pelées, pressées dans un coin de torchon pour leur donner une forme ronde, piquées d'un fragment de queue de persil et décorées de feuilles en beurre vert poussées au cornet ; petites barquettes en betterave cuite et marinée, garnies de salade de crevettes ; moitiés d'œufs durs glacées à la gelée. Servir une sauce russe à part.

• On peut varier la garniture suivant les goûts et les époques : barquettes (en pâte à foncer) garnies de purée de saumon fumé ; petits fonds d'artichauts garnis de salade de crevettes ; moitiés d'œufs durs et salade de laitue.

TRUITE SAUMONÉE À LA D'ORSAY

Temps de cuisson, 30 à 40 mn

Plat froid

• La truite cuite au court-bouillon et froide est dressée sur un lit de gelée hachée. L'entourer de petits aspics de crevettes moulés dans des moules à baba, et de moitiés d'œufs durs dont les unes sont remplies de caviar et les autres d'une salade de tomates.

• Servir une sauce verte à part.

TRUITE SAUMONÉE À LA PRINTANIÈRE

Temps de cuisson, 30 à 40 mn

Plat froid

• La truite est refroidie dans sa cuisson, mais à moitié seulement, puis égouttée ; elle finit de refroidir ainsi, et sa chair en est moins lavée que si on la laisse refroidir complètement dans le court-bouillon. Dresser la truite sur plat long, la dépouiller et la décorer de blanc d'œuf et d'estragon blanchi.

• Glacer le poisson de gelée mi-prise et l'entourer de petites barquettes en pâte remplies de légumes printaniers : dans les unes des carottes, dans d'autres des navets, des pois frais, des haricots verts, chaque légume ayant été séparément lié d'une cuillerée de mayonnaise. Servir à part une sauce Chantilly : mayonnaise allégée d'un peu de crème fouettée.

TRUITE SAUMONÉE À LA RÉGENCE

Temps de cuisson, 15 à 20 mn

- Après avoir fait cuire la truite, faire réduire jusqu'à la valeur d'1/4 de litre le court-bouillon auquel on incorpore 1/4 de litre de velouté. Lier le tout avec 2 jaunes d'œufs. Beurrer cette sauce avec 100 g de beurre d'écrevisses (voir page 38), puis y ajouter une garniture Régence composée de laitances, de quenelles de poisson, de champignons, de crevettes et de queues d'écrevisses.
- Dresser la garniture autour de la truite et poser dessus de chaque côté 4 belles quenelles à la cuillère décorées aux truffes.

TRUITE SAUMONÉE SAUCE MOUSSELINE

Temps de cuisson, 15 à 20 mn

- Cuire la truite entière au court-bouillon, la dresser sur serviette avec du persil et une bordure de citron. On peut la dépouiller, mais ce n'est pas obligatoire, sa robe d'argent lui faisant une très jolie parure. Servir à part une sauce mousseline ou une sauce hollandaise et des pommes de terre à l'anglaise.
- On peut enjoliver la présentation en piquant sur le dos de belles crevettes rouges. En Angleterre, on sert une salade de concombre avec la truite et le saumon même chauds.

COQUILLAGES ET CRUSTACÉS

Ils jouent dans la cuisine un rôle qui n'est pas négligeable. La classe des crustacés réunit tous les animaux de mer ou d'eau douce à carapace. Les plus connus sont les Décapodes Macroures : les homards et les langoustines, qui appartiennent à la famille des Néphropsidés, les crabes, les tourteaux, les langoustes, qui appartiennent à la famille des Palinuridés, et les crevettes.

Quant aux coquillages, il y en a un grand nombre d'espèces, mais l'on ne s'occupe en cuisine que des principaux spécimens : coquille Saint-Jacques, coque, palourde, pétoncle, clovisse, moule, sans oublier la délicieuse huître.

Passons la revue gourmande de tous ces hôtes de l'onde salée comme de l'eau douce, puisque l'écrevisse de nos rivières est aussi un crustacé.

Nous commencerons par les coquillages et poursuivrons par le homard, qui partage avec la langouste le sceptre royal des crustacés.

Il sera aussi question de la préparation d'autres fruits de mer, les seiches et calmars, mollusques de la classe des Céphalopodes.

Enfin, quelques recettes de grenouilles viendront clore ce chapitre, car ces Amphibiens font la liaison entre les poissons et les animaux terrestres.

COQUILLAGES

LES CLOVISSES

On appelle aussi palourdes ces mollusques bivalves que l'on rencontre sur nos côtes.

CLOVISSES FARCIES

Temps de cuisson, 10 à 15 mn

- Cuire au vin blanc 2 douzaines de grosses clovisses, avec des aromates et du poivre.
- Les sortir et ne garder qu'une des deux coquilles dans laquelle on met la chair ; les ranger dans un plat à four.
- Faire revenir à l'huile un oignon et des champignons hachés, puis les tomates pelées et hachées, un peu d'ail, des fines herbes et de la mie de pain trempée au lait et pressée.
- Faire sauter le tout pour que ce soit assez compact, et en remplir chaque coquille par-dessus la clovisse. Saupoudrer de chapelure, arroser d'huile d'olive et faire gratiner à four vif.
- On peut, bien entendu, faire de même les moules, les praires, les clams...

2 douzaines de clovisses. 2 verres de vin blanc. 3 cuillerées à soupe d'huile.
1 oignon. 100 g de champignons. 2 tomates. 1 gousse d'ail. Fines herbes.
100 g de mie de pain. 2 verres de lait. 1 verre d'huile d'olive. 50 g de chapelure.

CLOVISSES À LA PROVENÇALE

Plat régional

Temps de cuisson, 6 à 15 mn

• Choisir de grosses clovisses et les nettoyer. Les cuire à grand feu avec un peu de vin blanc, un brin de fenouil, un bouquet garni, de l'ail, des oignons, du sel et du poivre en grains. Une fois les clovisses ouvertes, supprimer une des coquilles et ranger les coquilles pleines dans un plat à gratin.

• Faire blondir à l'huile un bel oignon haché, y ajouter des champignons crus, grossièrement hachés, cuire encore 3 mn, puis ajouter 2 ou 3 tomates pelées et hachées.

• Mouiller cette préparation avec un peu de la cuisson des clovisses passée au linge, et mettre en plein feu pour la réduire à la valeur d'une demi-tasse. Lier alors avec une poignée de mie de pain rassis, bien pulvérisée, et cuire un instant encore pour faire une sorte de farce que l'on assaisonne s'il le faut et à laquelle on mêle un peu de persil haché.

• Mettre un petit tas de cette farce par-dessus chaque coquille contenant la chair. Parsemer de chapelure, arroser d'huile fine et faire gratiner à four vif.

• Les grosses moules de Marseille peuvent se traiter ainsi. C'est un plat tout à fait local.

2 douzaines de clovisses. 2 verres de vin blanc. 1 brin de fenouil. 1 bouquet garni. 1 gousse d'ail. 3 cuillerées à soupe d'huile. 2 oignons. 125 g de champignons. 2 ou 3 tomates. 100 g de mie de pain rassis. 1 cuillerée à soupe de persil haché.

LES COQUILLES SAINT-JACQUES

Petite entrée généralement très appréciée, les coquilles Saint-Jacques doivent être choisies bien lourdes et fermées, ce qui est d'ailleurs le cas pour tous les coquillages.

COQUILLES SAINT-JACQUES

• Poser les coquilles sur le fourneau, ou au four, 5 mn pour qu'elles s'ouvrent. Détacher alors les chairs des coquilles, dont on réserve le côté creux, puis laver soigneusement ces chairs à plusieurs eaux, car elles sont sableuses, et supprimer totalement la partie noire qui constitue la poche excrémentielle de la bête.

COQUILLES SAINT-JACQUES À LA BORDELAISE

Temps de cuisson, 15 à 20 mn

• Faire jaunir au beurre une cuillerée d'oignon haché, autant de carotte en petits dés, une échalote et des champignons hachés. Mouiller de cognac et flamber, puis verser le vin blanc, la purée de tomates et assaisonner. Mettre la chair et le corail des coquilles à cuire dans ce fond pendant 15 mn.

• Retirer la chair et réduire fortement la cuisson avec une demi-noix de glace de viande ; la sortir du feu, y mêler un bon morceau de beurre, un peu de persil

Coquilles Saint-Jacques au gratin

haché. Arroser de cette sauce la chair des Saint-Jacques escalopée et remise dans les coquilles.

6 coquilles Saint-Jacques. 50 g de beurre. 1 oignon. 1 carotte. 1 échalote. 3 champignons. 1 cuillerée à soupe de cognac. 1/2 verre de vin blanc. 1 cuillerée de purée de tomates. 1 cuillerée à café de glace de viande. 1 cuillerée à soupe de persil haché.

COQUILLES SAINT-JACQUES À LA DIABLE

Temps de cuisson, 15 à 20 mn

- Cuire les chairs comme ci-dessus, puis les hacher finement.
- Faire revenir au beurre un oignon haché, le poudrer de farine, mouiller avec de la cuisson passée, et ajouter la chair hachée, un morceau de mie de pain rassis gros comme un œuf, trempé dans du lait froid, pressé dans les mains, puis émietté.
- Ajouter encore du persil haché, du sel, du poivre moulu et de la moutarde et cuire le tout ensemble quelques minutes.
- Remplir les coquilles, les parsemer de chapelure, arroser de beurre et faire gratiner.

6 coquilles Saint-Jacques. 50 g de beurre. 2 oignons. 1 carotte. 1 échalote. 3 champignons. 1 cuillerée à soupe de cognac. 1/2 verre de vin blanc. 1 cuillerée de purée de tomates. 1 cuillerée à café de farine. 20 g de mie de pain rassis. 1 verre de lait. 1 cuillerée à café de persil. 1 cuillerée à café de moutarde. 2 cuillerées à soupe de chapelure.

Coquilles Saint-Jacques à la normande, recette p. 218

COQUILLES SAINT-JACQUES À LA FLORENTINE

Temps de cuisson, 15 à 20 mn

- Cuire les chairs au vin blanc. Préparer les épinards cuits en feuilles sans les hacher, les presser dans les mains, les sauter au beurre et les répartir dans les coquilles Saint-Jacques.
- Poser dessus la chair et le corail escalopés et recouvrir le tout d'une bonne sauce Mornay (voir page 30) dans laquelle on aura mêlé la cuisson très réduite des chairs.
- Parsemer de gruyère, de mie de pain et faire gratiner.

8 coquilles Saint-Jacques. 3 dl de vin blanc. 400 g d'épinards. 50 g de beurre. Sauce Mornay. 50 g de gruyère. 20 g de mie de pain.

COQUILLES SAINT-JACQUES AU GRATIN

Temps de cuisson, 40 mn

- Hacher les champignons. Faire ouvrir les coquilles, détacher les chairs, les laver et les hacher plus grossièrement que les champignons. Chauffer fortement du beurre en sautoir et y faire revenir les chairs des coquilles. Y ajouter les champignons 10 mn après, continuer de cuire le tout 15 mn, puis mouiller d'un peu de vin blanc. Verser l'échalote finement hachée, le persil, la purée de tomates et l'assaisonnement nécessaire. Cuire 15 mn, lier d'un peu de beurre manié avec une pincée de farine.

• Remplir les coquilles creuses bien nettoyées, parsemer de chapelure brune et faire gratiner.
• Servir avec un jus de citron.

6 coquilles Saint-Jacques. 150 g de champignons. 80 g de beurre. 1 verre de vin blanc. 1 échalote. 1 brin de persil. 1 cuillerée à café de farine. 3 cuillerées à soupe de chapelure brune. 1 citron.

COQUILLES SAINT-JACQUES À L'INDIENNE

Temps de cuisson, 15 à 20 mn

• Cuire les coquilles au vin blanc et faire une sauce avec la cuisson, un peu de crème et une forte pincée de curry. Garnir le fond des coquilles avec une cuillerée de riz à la créole (voir page 262). Poser dessus les chairs escalopées et napper de sauce au curry (voir page 29) bien crémée mais pas trop épaisse.

8 coquilles Saint-Jacques. 2 dl de vin blanc. 1 cuillerée à soupe de crème fraîche. Sauce au curry.

COQUILLES SAINT-JACQUES À LA MORNAY

Temps de cuisson, 15 à 20 mn

• Les cuire au vin blanc, les escaloper et les remettre en coquille avec ou sans champignons fondus au beurre. Les napper de sauce Mornay (voir page 30), saupoudrer de gruyère râpé et faire dorer au four chaud.

8 coquilles Saint-Jacques. 2 dl de vin blanc. Sauce Mornay. 50 g de gruyère râpé.

COQUILLES SAINT-JACQUES À LA NORMANDE

Temps de cuisson, 15 à 20 mn

• Les cuire au vin blanc, les escaloper et y mêler les crevettes et les moules. Préparer une sauce crémeuse faite avec la cuisson liée aux jaunes et bien beurrée. Remplir les coquilles, les napper de sauce et les passer 3 mn à four très chaud ; servir aussitôt.
• Poser sur chaque coquille quelques anneaux d'oignon frais.

8 coquilles Saint-Jacques. 2 dl de vin blanc. 125 g de crevettes. 16 moules. 2 jaunes d'œufs. 50 g de beurre. 2 petits oignons frais.

COQUILLES SAINT-JACQUES À LA PARISIENNE

Temps de cuisson, 10 à 15 mn

• Faire cuire les chairs dans un petit court-bouillon composé de vin blanc (assez pour baigner), d'oignon et d'échalote émincés, d'un petit bouquet garni, de sel et de poivre. Cuire 10 mn et cuire aussi à part les champignons. Faire ensuite une sauce assez épaisse avec 50 g de beurre et de la farine. Mouiller avec la cuisson des coquilles passée à la passoire fine, et compléter avec du lait. Cuire cette sauce quelques minutes, puis couper en petits morceaux la chair des coquilles et les champignons. Lier le tout avec la sauce et bien relever l'assaisonnement. Remuer sur le feu pendant 5 mn. Hors du feu, ajouter 50 g de gruyère râpé. Garnir les coquilles creuses bien brossées et essuyées, les parsemer de fromage et de chapelure et les faire gratiner. Servir brûlant.

8 coquilles Saint-Jacques. 3 dl de vin blanc. 1 oignon. 1 échalote. 1 bouquet garni. 125 g de champignons. 50 g de beurre. 1 cuillerée à soupe de farine. 100 g de gruyère râpé. 3 cuillerées à soupe de chapelure.

LES HUÎTRES

Les huîtres sont probablement les coquillages les plus renommés. Dépourvue de pied, l'huître fixe la valve la plus convexe de sa coquille à l'aide d'une sorte de ciment qu'elle sécrète. Sa production régulière est assurée par l'ostréiculture.

HUÎTRES FRITES

Temps de cuisson, 3 à 10 mn

- Faire pocher dans leur eau, sans presque bouillir, 2 douzaines de belles huîtres assez grosses, les égoutter et faire refroidir sous presse dans un torchon. Les fariner et les paner à l'anglaise (voir page 43). Les frire au beurre au dernier moment.
- Les servir dans de très petites coquilles de Saint-Jacques : disposer 3 huîtres dans chaque coquille, sur une rondelle de citron, avec un petit bouquet de persil frit au milieu.

24 huîtres. 3 cuillerées à soupe de farine. 3 cuillerées à soupe d'huile. 1 œuf. 3 cuillerées à soupe de mie de pain. 30 g de beurre. 8 coquilles de Saint-Jacques. 2 citrons. 3 brins de persil.

HUÎTRES À LA MORNAY

Temps de cuisson, 3 à 10 mn

- Préparer les huîtres comme ci-dessus sans les paner. Faire une sauce béchamel assez épaisse (voir page 27), liée d'un jaune d'œuf et additionnée de fromage. Nettoyer soigneusement les coquilles des huîtres pour les débarrasser de leur sable. Mettre un peu de sauce dans le fond, déposer 1 huître dans chaque coquille, les couvrir de même sauce, les parsemer de chapelure et faire gratiner à four chaud.

24 huîtres. Sauce béchamel. 1 jaune d'œuf. 80 g de chapelure.

HUÎTRES À LA VILLEROY

Temps de cuisson, 3 à 10 mn

- Même préparation. Éponger les huîtres entre deux torchons et les fariner, les rouler dans une sauce béchamel très épaisse (voir page 27), liée avec un jaune d'œuf sur le feu. Les rouler dans de la chapelure blanche et les paner à l'anglaise

Huîtres
à la Mornay,
recette p. 219

(voir page 43), puis à la mie de pain une deuxième fois. Les frire au beurre et les dresser sur serviette.

• Les moules se présentent de même, mais comme il serait malaisé de les dresser dans leurs propres coquilles, on se sert alors de très petites coquilles de Saint-Jacques, c'est plus présentable. Les moules et huîtres à la Villeroy constituent aussi de belles garnitures pour des gros poissons chauds.

24 huîtres. 3 cuillerées à soupe de farine. Sauce béchamel. 2 jaunes d'œufs.
3 cuillerées à soupe de chapelure. 3 cuillerées à soupe d'huile. 1 œuf.
3 cuillerées à soupe de mie de pain. 50 g de beurre.

LES MOULES

La moule est un mollusque lamellibranche qui se fixe sur les rochers ou les pierres au moyen d'une membrane appelée byssus. On s'abstient généralement d'en consommer pendant les mois sans « r », de mai à août inclus, sauf au bord de la mer où elles n'ont pas à subir les inconvénients du voyage.

Autrefois, des marchandes vendaient des moules cuites aux portes de Paris, ou en plein air à la porte des guinguettes. Ces temps sont révolus et la moule est devenue un mets moins populaire.

Indépendamment des préparations qui lui sont propres et qui constituent des plats exquis pour qui les aime et peut les digérer, car il y a des tempéraments réfractaires, les moules sont employées dans de nombreuses garnitures de poissons, timbales, vol-au-vent, etc.

A droite :
les moules com
les coques doive
être bien nettoy
quelle que soit
recette choisie.

Petits conseils du chef

NETTOYAGE DES MOULES

On reproche parfois aux moules d'être sableuses malgré des lavages répétés ; cela tient souvent au fait qu'on s'y prend mal pour les nettoyer. Voici la bonne technique : au lieu de commencer par gratter les moules, commencer par les laver à grande eau en les brassant bien, puis les enlever à la main et les égoutter. La moitié d'entre elles se trouveront déjà bien propres. Les gratter alors s'il le faut une à une et les mettre à mesure dans une bassine, mais sans eau, voilà l'important. Ce n'est qu'une fois toutes grattées que l'on fait couler l'eau dessus et qu'on les remue vivement. Renouveler l'eau jusqu'à ce qu'elle soit bien claire. Si l'on met les moules une à une dans une eau tranquille, elles s'entrouvrent dès qu'elles sentent la fraîcheur et lorsqu'elles se referment elles emprisonnent le sable en suspens dans l'eau. Elles doivent toujours s'y trouver remuées afin que la peur les empêche de s'ouvrir. C'est la raison de cette manière de faire.

MOUCLADE

Temps de cuisson, 10 à 15 mn

Plat régional

- Ce sont tout simplement des moules au vin blanc et à la crème. Faire cuire des moules en casserole avec un peu de vin blanc, de l'échalote et des fines herbes hachées, du poivre et du thym. Quand elles sont cuites, c'est-à-dire après 3 ou 4 mn de grande ébullition, égoutter le vin et le faire réduire grandement. Sortir les moules de leur coquille et les mettre dans un plat à four.
- Ajouter une tasse de crème au vin réduit, un peu de beurre, et cuire encore le tout un moment. Verser sur les moules que l'on passe à four brûlant, car il ne faut pas qu'elles mijotent, mais juste qu'elles soient un peu gratinées. Servir de suite.

2 litres de moules. 3 échalotes. 2 cuillerées à soupe de fines herbes hachées. 1 brin de thym. 2 verres de vin blanc. 1 tasse de crème fraîche. 30 g de beurre.

MOULES CHARENTAISES

Temps de cuisson, 10 à 25 mn

Plat régional

- Il faut de très grosses moules que l'on cuit avec le vin du pays (le pinot), du poivre moulu et du persil. Quand elles sont cuites et bien ouvertes, les égoutter et réduire la cuisson avec du beurre. Supprimer de vos moules la coquille inutile, puis préparer un beurre comme pour les escargots : du beurre, du poivre (pas de sel), des fines herbes, de l'échalote hachée, mais pas d'ail, et un peu de mie de pain pulvérisée.
- Farcir chaque moule comme on fait pour les escargots, les ranger dans un plat bien d'aplomb et les passer au four brûlant. Faire réduire fortement la cuisson et la passer en même temps, mais à part.

2 litres de moules. 2 verres de pinot des Charentes. 3 brins de persil. 1 tasse de crème fraîche. 125 g de beurre. 1 cuillerée à soupe de fines herbes hachées. 1 échalote. 2 cuillerées à soupe de mie de pain.

MOULES FRITES

• Faire ouvrir les moules, les éponger dans un linge, les faire mariner avec de l'huile, du citron, du persil haché, du poivre et une pointe d'ail. Les faire égoutter ensuite. Battre 2 œufs, du sel, une pointe de sucre, 2 cuillerées de farine. Jeter les moules dans ce mélange et les faire frire à l'huile.

2 litres de moules. 6 cuillerées à soupe d'huile. 1 citron. 1 cuillerée à soupe de persil haché. 1 gousse d'ail. 2 œufs. Pointe de sucre. 2 cuillerées de farine.

MOULES À L'INDIENNE

Plat froid

Temps de cuisson, 6 à 9 mn

• Faire cuire un risotto avec une forte pincée de curry. Veiller à ne saler qu'à peine le riz, car la cuisson des moules réduite se trouve très salée.
• Cuire des moules au vin blanc, les sortir de la coquille, ôter la membrane nerveuse qui les entoure, les mêler au riz. Faire réduire la cuisson des moules avec une prise de curry, la passer et laisser refroidir. Lui incorporer une ou 2 cuillerées de mayonnaise et arroser le mélange de riz et de moules. Servir glacé.

MOULES À LA MARINIÈRE

Temps de cuisson, 6 à 9 mn

• Gratter et laver soigneusement les moules, puis les mettre à cuire avec le vin blanc, une cuillerée d'échalote hachée finement, une branche de persil, du thym, du laurier et une pincée de poivre (pas de sel). Lorsque les moules sont bien ouvertes et que la cuisson passe bien par-dessus, elles sont cuites. Une cuisson prolongée plus que nécessaire rend les moules coriaces et les ratatine.
• Égoutter la cuisson dans une autre casserole, y ajouter un bon morceau de beurre et du persil haché et la faire réduire en plein feu, à grands bouillons, jusqu'à moitié de son volume. Verser sur les moules, dont on a retiré une coquille. Saupoudrer de persil haché.

2 litres de moules. 2 verres de vin blanc. 2 échalotes. 3 brins de persil. Thym et laurier. 60 g de beurre.

MOULES À LA POULETTE

Temps de cuisson, 6 à 10 mn

• Même cuisson que ci-dessus. Égoutter le liquide, le laisser reposer et le passer doucement au linge. Faire un roux avec 40 g de beurre et 30 g de farine pour 2 à 3 litres de moules. Le mouiller avec cette cuisson et un peu de lait bouilli, donner un bouillon seulement, puis délayer les jaunes d'œufs avec un peu de crème et lier la sauce avec, en lui redonnant un bouillon tout en la fouettant vivement. Poivrer un peu, saler s'il le faut, et ajouter un peu de beurre, ou de préférence de la crème.
• Ranger les moules dans un plat creux, verser la sauce et parsemer de persil haché. Par économie on peut supprimer les jaunes.

Moules à la poulette, recette p. 223

2 litres de moules. 2 verres de vin blanc. 2 échalotes. 3 brins de persil. Thym et laurier. 40 g de beurre. 30 g de farine. 3 cuillerées à soupe de lait. 2 jaunes d'œufs. 4 cuillerées à soupe de crème fraîche.

MOULES À LA RÉMOULADE

Temps de cuisson, 6 à 9 mn

• Cuire 1 litre de grosses moules avec un peu de vin blanc, de l'échalote et du persil. Les sortir de la coquille, passer le jus au linge et le faire réduire fortement, de façon à n'en conserver qu'une demi-tasse à café. Couper très finement un peu de céleri-rave et le mélanger avec un peu de pommes de terre cuites à l'eau. Lier en salade avec une sauce moutardée comme pour le céleri rémoulade. Disposer cette salade en ravier, la recouvrir avec les moules et arroser celles-ci avec leur cuisson réduite. En raison du degré de salaison de cette dernière, il ne faut pas assaisonner la sauce rémoulade, sinon avec un peu de cayenne.

1 litre de moules. 1 verre de vin blanc. 1 échalote. 3 brins de persil. 1 céleri-rave. 250 g de pommes de terre. Sauce moutardée.

MOULES À LA VILLEROY

Temps de cuisson, 6 à 10 mn

• Avec de grosses moules cuites comme ci-dessus, décortiquées et épongées, on présente un plat assez peu banal. Faire une béchamel bien épaisse (voir page 27), liée avec un jaune d'œuf. Tremper les moules dedans une à une pour bien les enrober de cette sauce, puis les rouler dans de la mie de pain et les laisser un peu refroidir. Les tremper ensuite dans l'œuf battu puis dans la mie de pain une seconde fois et enfin les faire frire soit à l'huile soit avec du beurre et de l'huile. C'est très bon et cela peut servir de garniture pour des gros poissons.

2 litres de moules. 2 verres de vin blanc. 2 échalotes. 2 brins de persil. Sauce béchamel. 1 jaune d'œuf. 4 cuillerées à soupe de mie de pain. 1 œuf entier.

OMELETTE TOULONNAISE

Plat régional

• Cuire 1 litre de moules au vin blanc, des grosses de préférence, avec de l'oignon, du persil et une gousse d'ail écrasée. Quand elles sont cuites, les sortir de leur coquille, les couper en trois ou quatre morceaux et les mélanger aux œufs pour faire l'omelette que l'on sert avec une fondue de tomates autour, ou simplement avec une sauce tomate légère.

Temps de cuisson, 6 à 10 mn

1 litre de moules. 1 verre de vin blanc. 1 oignon. 3 brins de persil. 1 gousse d'ail. 6 œufs. 30 g de beurre. 3 tomates.

CRUSTACÉS

LES CRABES ET LES TOURTEAUX

Les tourteaux sont de très gros crabes qui constituent de bonnes entrées chaudes ou froides.

CRABES OU TOURTEAUX À LA MORNAY

Temps de cuisson, 35 mn

• Les brosser soigneusement sous le robinet et les plonger dans de l'eau bien bouillante très salée de façon qu'ils baignent largement. Les cuire 35 mn pour 1 kg et les égoutter. Quand ils sont un peu refroidis, les éplucher en conservant

ilaf de crabes, recette p. 226

la partie principale de la carapace, ou test, qu'on lave et essuie pour servir de récipient après en avoir retiré la substance crémeuse. Casser les pattes, les pinces et la queue pour extraire toute la chair. Préparer une sauce Mornay (voir page 30), en mettre quelques cuillerées au fond de la carapace, la chair par-dessus. Napper le tout de sauce, parsemer de gruyère, de mie de pain, beurrer et faire gratiner. Servir bouillant dans la carapace, avec une couronne de persil.

• On peut aussi les présenter froids.

1 kg de tourteaux. Sauce Mornay. 50 g de gruyère.
3 cuillerées à soupe de mie de pain. 30 g de beurre. 3 brins de persil.

CRABE OU TOURTEAU À LA CRÉOLE

Temps de cuisson, 12 à 35 mn

• Faire cuire quelques cuillerées de riz à la créole (voir page 262) et faire aussi une sauce au curry (voir page 29).

• Le tourteau cuit et épluché comme ci-dessus, mettre le riz bien sec dans le fond de la carapace, les chairs dessus et napper de sauce. Passer aussi une saucière à part.

CRABE OU TOURTEAU À LA JARDINIÈRE

Temps de cuisson, 12 à 35 mn

• Procéder de même en mêlant aux chairs une jardinière de légumes. Arroser le tout de beurre noisette, ou de sauce veloutée.

CRABE OU TOURTEAU À LA RUSSE

Temps de cuisson, 12 à 35 mn

Plat froi[d]

• Cuire le tourteau ou le crabe au court-bouillon. Laisser refroidir ; détacher les pattes et les pinces, ainsi que le plastron. Retirer tout le contenu de la coquille ; détailler en dés la chair de l'intérieur, parée et bien débarrassée de toutes les parties dures. Retirer aussi la chair des pattes et des pinces et la détailler en dés. Assaisonner la chair d'une mayonnaise (voir page 35) additionnée de la substance crémeuse de couleur jaunâtre qui se trouve dans l'intérieur du crustacé.

• Garnir de cette salade la coquille creusée, préalablement nettoyée à l'eau et essuyée. Lisser la surface en dôme. Décorer avec des tranches de tomates, d'œufs durs, de cornichons, et avec un léger cordon de mayonnaise fait au cornet ou à la poche. Placer du persil frisé autour.

1 tourteau. Sauce mayonnaise. 3 tomates. 3 œufs durs. 10 cornichons.
3 brins de persil.

PILAF DE CRABES

Temps de cuisson, 12 à 35 mn

• Cuire de gros crabes au court-bouillon et en extraire les chairs, que l'on lie avec une sauce à son gré, soit une sauce américaine que l'on peut faire avec les carapaces de crabes en se référant à peu près à la recette du homard à l'américaine (voir page 230), soit une sauce crevettes, au curry, etc. (voir chapitre *Sauces*).

- On peut alors ajouter les chairs bien chauffées dans la sauce au centre d'un riz pilaf (voir page 263) dressé en couronne, ou alors, deuxième manière, les y incorporer délicatement.
- On peut aussi enrichir le pilaf de divers légumes : tomates, poivrons, aubergines ou courgettes. Dans tous les cas, ajouter beaucoup de persil haché.
- On fait aussi du pilaf de crevettes.

LES CREVETTES

Les crevettes sont le plus souvent dégustées telles quelles en hors-d'œuvre, mais on peut aussi les servir chaudes, soit dans des croûtes de bouchées ou des tartelettes, soit dans des petites coquilles, liées d'une sauce appropriée, mélangées si l'on veut de champignons ou de quenelles de poisson qui corrigent l'excès de salaison des crevettes grises. Je n'en parle que pour mémoire, car la ménagère n'aura pas souvent à y faire appel.

LES ÉCREVISSES

Ce délicieux petit crustacé, si abondant autrefois dans nos rivières, est en voie de disparition et c'est dommage. Aussi le prix d'achat se ressent-il de la rareté du produit ! Où est le temps où je les achetais aux Halles au détail pour 0,10 franc les petites et 0,15 franc les belles ?

C'est un crustacé Décapode, c'est-à-dire muni de dix pattes, qui prend à la cuisson une belle couleur écarlate comme son rival le homard. Étant donné son prix, l'écrevisse sert plus comme garniture ou accessoire décoratif que comme plat, sauf dans les pays où elle abonde.

BUISSON D'ÉCREVISSES

Temps de cuisson, 10 mn

- Cuire les écrevisses dans un court-bouillon très condimenté. Les laisser refroidir et les dresser en pyramide, sur une botte de beau persil frisé. On utilisait autrefois un support exprès en fer blanc, comme une fontaine à plusieurs étages dentelés ; on accrochait les écrevisses par la queue après ces dents.

ÉCREVISSES À LA BORDELAISE

Temps de cuisson, 15 à 20 mn

- Couper en dés fins et réguliers une carotte, un oignon et une échalote. Faire revenir cette mirepoix au beurre jusqu'à ce qu'il blondisse. Y jeter les écrevisses vivantes et préparées comme il est dit ci-dessous. Les faire sauter en plein feu jusqu'à ce que la carapace en devienne rouge, puis les flamber avec le cognac. Les mouiller de vin blanc, ajouter sel, poivre et persil haché. Cuire à couvert à bon feu 10 mn.

- Dresser les écrevisses en timbale, réduire la cuisson en plein feu avec gros comme un œuf de glace de viande, puis ajouter hors du feu un bon morceau de beurre.
- Verser sur les écrevisses et saupoudrer de persil haché.

24 écrevisses. 1 carotte. 1 oignon. 1 échalote. 80 g de beurre. 5 cl de cognac. 1 verre de vin blanc. 3 cuillerées à soupe de persil haché. 2 cuillerées à soupe de glace de viande.

ÉCREVISSES À LA NAGE

Temps de cuisson, 8 à 12 mn

- C'est simplement un court-bouillon bien condimenté avec des carottes et des oignons en rouelles minces, des échalotes, du persil, du thym, du laurier, du sel et des grains de poivre. Cuire ce court-bouillon vinaigré pour assurer la cuisson des légumes.
- Y jeter les écrevisses auxquelles on a enlevé au préalable le boyau intestinal, en pinçant entre le pouce et l'index la palette du milieu de la queue et en l'arrachant pour entraîner le boyau noir avec.
- Cuire à plein feu à casserole couverte de 8 à 12 mn, suivant la grosseur des bestioles, et les servir telles quelles dans le court-bouillon froid ou chaud.

24 écrevisses. 2 carottes. 100 g d'oignons. 3 échalotes. 2 brins de persil. 1 bouquet garni. 3 cuillerées à soupe de vinaigre.

GRATIN D'ÉCREVISSES

Temps de cuisson, 8 à 12 mn

- Faire sauter au beurre les écrevisses avec des échalotes hachées, du thym et du laurier. Lorsqu'elles sont d'un beau rouge, les mouiller à hauteur avec du vin blanc ; assaisonner avec du sel et du poivre et les faire cuire pendant 10 à 12 mn. Égoutter alors les écrevisses, retirer de leur carapace les chairs. Ajouter un peu de champignons hachés à la cuisson d'écrevisses et faire réduire des deux tiers. Y ajouter une égale quantité de sauce brune et faire réduire un peu serré ; incorporer le persil haché.
- Dresser sur un plat un turban en pommes duchesse (voir page 262), verser dans le milieu une couche de la sauce au gratin. Placer par-dessus les chairs des queues d'écrevisses.
- Recouvrir le tout du reste de la sauce. Saupoudrer de chapelure, arroser de beurre fondu et faire gratiner au four.

24 écrevisses. 100 g de beurre. 2 échalotes. Thym et laurier. 2 verres de vin blanc. 125 g de champignons. Sauce brune. 1 cuillerée à café de persil haché. 50 g de chapelure.

À droite : écrevisses à la

LE HOMARD

Ce crustacé est réputé pour la finesse de sa chair. Son bel aspect et le rouge vif que prend sa carapace lors de la cuisson en font un plat aussi beau que bon.

ASPIC DE HOMARD À LA RUSSE

Préparation et temps total de cuisson, 15 à 30 mn

• Enrober les escalopes de homard de sauce mayonnaise additionnée de gelée. Les décorer avec des truffes, le corail, etc., et les disposer, debout, dans un moule à bordure fortement chemisé de gelée blanche, en les plaçant de façon que le côté décoré apparaisse après le démoulage de l'aspic. Finir de remplir le moule de gelée. Laisser prendre. Démouler ensuite et dresser une salade russe au milieu de la bordure. Servir froid.

• Un autre dressage est possible. Chemiser de gelée un moule uni. Placer les escalopes de homard décorées de truffes contre les parois en les chevauchant légèrement les unes sur les autres. Garnir l'emplacement resté vide d'une salade russe. Remplir le moule de gelée et laisser prendre. Servir accompagné de 6 petits fonds d'artichauts garnis également de salade russe, dont la moitié teintée légèrement de rose. Les lustrer à la gelée après les avoir décorés de truffes.

DEMOISELLES DE CHERBOURG

• On donne ce nom à des petits homards ne pesant pas plus de 200 à 250 g. On peut les servir chauds ou froids, à la sauce crème, à la créole, à l'américaine, etc., ou à la gelée, gentiment dressés sur socle.

HOMARD À L'AMÉRICAINE

Temps de cuisson, 15 à 25 mn

• Bien que cette dénomination soit absolument fantaisiste, la force de la routine nous condamne à l'employer, mais non sans faire remarquer que le véritable nom que l'on devrait attribuer à cette préparation est selon certains collègues non à l'*américaine*, mais à l'*armoricaine*. Mais le principal est que la recette soit bonne ; la mienne est fameuse.

• Prendre de préférence des petits homards bien vivants. Les découper sans hésitation ni attendrissement en morceaux pas trop gros et les jeter à mesure dans un sautoir contenant du beurre et de l'huile brûlants. Faire revenir comme un ragoût jusqu'à coloration de la carapace. À ce moment, y jeter une cuillerée à soupe d'échalotes hachées, puis, 1 mn après, ajouter une petite pointe d'ail écrasé. Verser le cognac et faire flamber ; quand il est éteint, mouiller le homard avec le vin blanc et la purée de tomates. Saler, poivrer et laisser cuire à bon feu soutenu pendant 20 mn environ. Le homard étant cuit, retirer les morceaux un par un et les garder dans une timbale pour les tenir au chaud, pendant que l'on finit la sauce en la mettant en plein feu avec gros comme un œuf de glace de viande, du persil et de l'estragon hachés. Intégrer le liquide qui s'est écoulé du homard en le découpant et qui en est le sang. Mettre aussi les parties crémeuses verdâtres ou jaunes qui étaient dans le coffre du homard et qu'il faut garder précieusement ainsi que le sang.

- Triturer ces intestins dans une assiette avec un bon morceau de beurre et les mettre dans la sauce, ce qui a pour effet de la lier, comme le sang du lièvre lie le civet. Le tout étant mélangé dans le sautoir, donner deux ou trois bouillons, goûter et relever la sauce avec un peu de cayenne. La verser sur le homard sans la passer, et saupoudrer de persil grossièrement haché. La sauce est assez courte.

1,5 kg de petits homards. 100 g de beurre. 3 cuillerées à soupe d'huile. 1 échalote. 1 gousse d'ail. 1/2 dl de cognac. 40 cl de vin blanc. 4 cuillerées de purée de tomates. 2 cuillerées à soupe de glace de viande. 3 cuillerées à soupe de persil haché. 1 cuillerée à café d'estragon haché.

HOMARD À L'AURORE

Temps de cuisson, 15 à 25 mn

- Faire cuire dans un court-bouillon un homard, puis le détailler en morceaux en retirant la plus grande partie des carapaces. Faire sauter alors au beurre très légèrement ce homard découpé, afin de le réchauffer, puis le mouiller avec un verre à liqueur de cognac qu'on laisse réduire à moitié. Y ajouter une ou 2 cuillerées de purée de tomates et un décilitre de sauce béchamel très légère faite de préférence avec de la crème au lieu de lait. Assaisonner d'une façon assez relevée et laisser mijoter lentement pendant quelques minutes.
- Pendant ces préparatifs, on aura apprêté une petite bordure en pommes de terre duchesse couchée à la poche sur un plat. La faire colorer au four. Dresser le homard, nappé de sa sauce, au centre de la bordure, et sur celle-ci disposer, de place en place, une douzaine de têtes de champignons grillées et remplies d'une purée de jaunes d'œufs durs liée à la crème double, le tout fortement assaisonné.

1 homard d'1,5 kg. 1 verre à liqueur de cognac. 1 dl de sauce béchamel. 1 ou 2 cuillerées de purée de tomates. 12 têtes de champignons. 2 jaunes d'œufs durs. 2 cuillerées à soupe de crème double.

HOMARD À LA CARDINAL

Temps de cuisson, 15 à 25 mn

- Cuire le homard au court-bouillon. Le partager en deux dans la longueur et extraire les chairs de la queue sans abîmer les carapaces. Les couper et les tenir au chaud dans un peu de sauce Cardinal (voir page 28). Hacher les chairs des pinces, y mélanger quelques champignons et truffes en dés. Lier également ce hachis avec de la sauce Cardinal, puis l'étaler dans le fond des deux moitiés de carapace. Disposer par-dessus les escalopes de queues de homard avec une cuillerée de sauce entre chaque. Napper de quelques cuillerées de sauce Cardinal bien épaisse et tenue relevée au cayenne, saupoudrer de gruyère râpé et faire glacer à four très vif. Dresser sur serviette avec une bordure de persil frisé. On peut entremêler les chairs de lamelles de truffes.

HOMARD À LA CRÉOLE OU À L'INDIENNE

Temps de cuisson, 15 à 25 mn

• Cuire d'avance le homard au court-bouillon (eau très salée seulement), le fendre en deux et en retirer les chairs, casser les pinces, et l'éplucher le mieux possible. Couper les chairs en lames, les faire chauffer légèrement au beurre, puis les laisser mijoter dans une bonne sauce au curry (voir page 29). Dresser le homard dans une timbale ou un légumier et servir à part le riz à la créole (voir page 262). Servir aussi une saucière de sauce curry.

HOMARD À LA NEWBURG

Temps de cuisson, 15 à 25 mn

• Ce plat est à mon sens encore meilleur que le précédent et plus doux.

• Cuire le homard au court-bouillon, puis le décortiquer et couper la chair des queues en escalopes. Casser les pinces et en extraire les chairs ainsi que celles des coffres et des pattes. Faire chauffer légèrement ces chairs au beurre en sautoir, puis y mettre un verre à liqueur de fine champagne et du madère. Laisser mijoter quelques minutes puis mouiller avec 125 g de crème épaisse. Ajouter quelques champignons, des lames de truffes, du sel et du cayenne. Faire réduire doucement et, au dernier moment, verser dans le sautoir une liaison composée de 2 jaunes d'œufs et d'un peu de crème. Ne pas laisser bouillir et servir aussitôt.

• Avec ce homard, comme avec celui à l'américaine, il n'est pas mauvais de servir du riz à la créole (voir page 262) à part.

1 homard. 50 g de beurre. 1 verre à liqueur de fine champagne. 1 dl de madère. 150 g de crème épaisse. 125 g de champignons. 3 truffes. 2 jaunes d'œufs.

Homard grillé à la diable, recette p. 234

À droite : homard à l'américaine, recette p. 230

HOMARD À LA THERMIDOR

Temps de cuisson, 25 à 30 mn

• Les petits homards de 500 g environ conviennent bien : on en sert la moitié d'un à chaque convive. Fendre et partager en deux le homard vivant et placer les moitiés dans un sautoir contenant du beurre et de l'huile brûlants, le côté chair saisi le premier. Au bout de 6 à 8 mn, retourner les morceaux, assaisonner de sel et de poivre et mettre 15 à 20 mn à four très chaud pour les rôtir.
• Pendant ce temps, faire blondir au beurre une cuillerée à soupe d'échalotes hachées, y mettre un grand verre de vin blanc, le laisser réduire de moitié, puis y ajouter une demi-livre de crème épaisse et quelques cuillerées de béchamel, une forte pincée de cerfeuil haché, du sel et du poivre de cayenne. Laisser réduire en tournant à la spatule jusqu'à ce que la sauce nappe. Le homard étant cuit, retirer toutes les chairs, sans abîmer les carapaces, et les couper en petits dés. Les mélanger à la sauce. Hors du feu, ajouter une pincée de moutarde en poudre et 100 g de gruyère râpé.
• Remplir les carapaces avec ce hachis, parsemer de gruyère et faire glacer à feu vif. Servir sur serviette.

1 homard de 500 g. 50 g de beurre. 3 cuillerées à soupe d'huile. 1 ou 2 échalotes.
1 verre de vin blanc. 250 g de crème épaisse. 3 cuillerées à soupe de béchamel.
1 cuillerée à café de cerfeuil haché. 1 pincée de moutarde en poudre.
150 g de gruyère râpé.

HOMARD GRILLÉ À LA DIABLE

• Procéder comme pour la langouste du même nom.

LA LANGOUSTE

La langouste peut s'apprêter comme le homard ; il est donc inutile de répéter les recettes. Je ferai seulement remarquer que la langouste est meilleure froide que chaude, alors que le contraire s'observe pour le homard. Voici d'autres formules qui peuvent aussi servir pour le homard.

LANGOUSTE EN BELLEVUE À LA PARISIENNE

Préparation, 10 mn

• La langouste est vidée par-dessus, et remplie soit de chiffonnade de laitue, soit de salade de légumes à la mayonnaise additionnée de gelée. Les escalopes, décorées de truffes, de feuilles de cerfeuil, de corail, et lustrées à la gelée, sont chevauchées dessus. Servir froid.
• En garniture, servir de petits fonds d'artichauts (ou de petites tomates) remplis de salade de légumes divers additionnée de salpicon de langouste et assaisonnée de mayonnaise liée, décorés de truffes et lustrés à la gelée ; des moitiés d'œufs durs décorées de truffes, lustrées à la gelée ; des cœurs de laitues.

LANGOUSTE À LA CARDINAL

• Procéder comme pour le homard du même nom, page 231.

LANGOUSTE GRILLÉE À LA DIABLE

• Prendre une langouste vivante, la fendre sur le dos et dans le sens de la longueur, l'assaisonner, l'huiler et la faire griller à feu doux, en comptant de 20 à 30 mn environ par kilo pour la cuisson. Dresser et envoyer une sauce diable ou autre, mais assaisonnée d'un goût très relevé.

Temps de cuisson, 20 à 30 mn

LANGOUSTE MAYONNAISE

• Partager la langouste en deux et servir la sauce à part. La mayonnaise peut être remplacée par une autre sauce et la langouste par un homard. Les deux moitiés de langouste doivent être légèrement lavées et dressées sur un lit de persil. C'est ce qu'on appelle le service nature.

LANGOUSTE À LA NORMANDE

• Après avoir fait cuire la langouste au court-bouillon, la partager en deux, dans le sens de la longueur, et tailler en escalopes la chair de sa queue. Briser les pattes pour en retirer les chairs. Les découper en tronçons et les mélanger avec des moules, des champignons et des lames de truffes, le tout préalablement cuit et additionné d'une sauce normande faite avec la cuisson des moules et des champignons et liée aux jaunes d'œufs. Avec cette composition, garnir le fond des carapaces et disposer dessus les escalopes de langouste. Recouvrir de sauce et faire glacer à feu vif. Pour servir, poser les langoustes sur un plat long, disposer des lames de truffes dessus et, autour, des goujons panés et frits alternés avec des écrevisses troussées.

Temps de cuisson, 12 à 30 mn

LANGOUSTE À LA PARISIENNE

• Faire cuire d'avance une langouste pesant 1,2 kg dans une grande quantité d'eau bouillante très salée. Apprêter aussi une salade de légumes macédoine liée de mayonnaise additionnée de 10 g de gélatine fondue. Détacher la chair de la queue de langouste par-dessous sans abîmer la carapace et la couper en une dizaine de tranches minces que l'on décore de truffes et que l'on nappe de gelée.

• Dresser la carapace de la langouste sur un socle de riz façonné en plan incliné et recouvert de feuilles de laitue. Remplir de salade de légumes la queue de la langouste vidée de sa chair, et disposer tout le long du dos du crustacé les tranches de queues chevalées les unes sur les autres.

• Garnir le tour de la langouste avec des croustades ou des fonds d'artichauts remplis de salade et des quartiers d'œufs placés entre eux. Border le plat de lames de citron et servir avec une sauce mayonnaise à part.

Temps de cuisson, 20 à 30 mn

LANGOUSTE À LA POMPADOUR

Temps de cuisson, 12 à 30 mn

• Recette d'après «Le Cordon Bleu». Plat exquis à recommander dans un dîner, lorsque l'on craint que la langouste soit contre-indiquée à certains convives.
• Faire une langouste préparée à la Cardinal et des filets de sole au vin blanc. Dresser sur un même plat long les moitiés de langouste et les encadrer avec quelques filets de sole au vin blanc. Bien entendu, on prendra une langouste un peu moins grosse que si elle devait être servie seule.

LANGOUSTE À LA RUSSE

Temps de cuisson, 20 à 30 mn

• Procéder comme pour la *Langouste à la parisienne* (voir plus haut), mais avec cette différence que les escalopes de langouste sont recouvertes d'une mayonnaise collée à la gelée, et sont décorées de truffes ou de cornichons, d'œufs durs, de betterave, etc. Garnir le tour de salade russe dans des très petites coquilles ou dans des croûtes en pâte brisée. Servir à part la mayonnaise dans laquelle on aura mélangé le corail pilé et les parties crémeuses de l'intérieur passées au tamis.

LANGOUSTE À LA THERMIDOR

Temps de cuisson, 12 à 30 mn

• Mêmes apprêts que le homard du même nom, page 234.

Les calmars so
des mollusque
de mer ; ils sor
bons simpleme
sautés à la poê

Langouste grillée à la diable, recette p. 235

LES LANGOUSTINES

Les langoustines se traitent exactement comme les écrevisses. Elles peuvent se servir à la créole, mais on ne présente que les queues décortiquées. On en fait aussi un potage, moins coûteux et aussi bon que celui aux écrevisses.

CALMARS ET SEICHES

Ce sont des mollusques Céphalopodes que l'on trouve uniquement en mer. Pour les préparer, il faut enlever l'os interne qu'ils renferment ainsi que la poche contenant un liquide noir appelé sépia qu'ils lâchent quand ils sont poursuivis par un ennemi, pour troubler l'eau et leur permettre ainsi de s'enfuir.

CALMARS À LA BASQUAISE

Temps de cuisson, 2 h à 2 h 30

Pour 6 personnes

Plat régional

• Il s'agit là d'encornets et de seiches, ou sortes de pieuvres appelées aussi en basque *chipirones*. Si leur aspect n'est pas engageant, ils donnent cependant un mets exquis. Voici donc comment on les prépare au pays des pelotaris.

• Il faut 1 kg de chipirones et, comme ce sont des petites pieuvres, il peut s'en trouver 3 seulement ou 5, ou 6, cela dépend de leur taille. Il faut couper la tête, mais ne pas la jeter ; supprimer seulement la partie dure qu'elle contient. Couper et réserver les antennes ou tentacules. Ouvrir le corps et retirer les entrailles qui se jettent, mais réserver dans un bol la sépia qui est contenue dans une poche abdominale. Couper ensuite en morceaux têtes, corps et tentacules, et laver le poisson puis l'égoutter.

• Prendre une casserole assez large, y mettre un décilitre d'huile d'olive, 2 oignons moyens hachés et les faire blondir. Jeter dedans 2 gousses d'ail écrasées et, 1 mn après, y mettre le poisson. Faire revenir le tout en remuant environ 10 mn. Mélanger à la sépia mise de côté 2 fois son volume d'eau et verser cela dans la casserole. Saler, poivrer avec du cayenne, pas à l'excès cependant, ajouter encore 2 verres à liqueur de vieille eau-de-vie d'Armagnac et laisser cuire ce ragoût doucement et bien couvert, entre 2 h et 2 h 30 mn.

• Pendant ce temps, préparer des croûtons de pain de la largeur de deux doigts, arrosés d'huile, et les griller à four vif, ou les frire doucement à l'huile pour qu'ils ne soient pas trop desséchés.

• Goûter la sauce et, 5 mn avant de servir, mettre les croûtons sur une assiette et les arroser de quelques cuillerées de sauce, simplement pour les humecter un peu, mais sans qu'ils soient détrempés comme du pain de soupe. Servir le poisson tel quel, sans passer la sauce, et disposer les croûtons dessus.

1 kg de calmars. 1 dl d'huile d'olive. 2 oignons. 2 gousses d'ail.
2 verres à liqueur d'Armagnac. Croûtons de pain. 3 cuillerées à soupe d'huile.

SUPIONS FRITS

Temps de cuisson, 6 à 10 mn

Plat régional

• Ce sont des petites seiches qu'il faut avoir l'habitude de préparer. On les fend pour retirer l'os plat qu'elles contiennent et la poche d'encre. Laver et éponger les chairs ; les rouler dans la farine, puis les jeter dans une friture d'huile brûlante.

• Il faut tenir la poêle à moitié couverte pour éviter les éclaboussures d'huile, car les supions rejettent de l'eau et font pétiller violemment la friture. Les servir bien croquants. C'est vraiment l'équivalent de la friture de Seine. Certains restaurants n'emploient ainsi que les tentacules des seiches et encornets.

LES GRENOUILLES

La gent croassante qui peuple les étangs et les mares et qui, tout comme bien des humains, ne peut résister à l'appât d'un ruban rouge, fournit aussi son tribut à la gourmandise. On n'en sert que les cuisses qui sont présentées à la vente sous forme de brochettes appétissantes, presque prêtes à cuire. Mais il faut s'assurer surtout de leur fraîcheur car rien ne se corrompt aussi vite.

Il n'y a pas beaucoup de façons d'accommoder ces batraciens. Cependant, en les faisant sauter à la poêle, on peut y ajouter un peu de mie de pain frite au beurre, ou à l'ail (à la provençale), de l'échalote hachée, suivant son goût. On peut aussi mêler des champignons rissolés au beurre ou des pommes de terre en petits dés.

On peut aussi faire un risotto et les mélanger dedans, ou les faire à l'indienne dans une bordure de riz créole.

GRENOUILLES SAUTÉES AUX FINES HERBES

- Les cuisses de grenouilles s'achètent en brochettes toutes préparées, mais il faut encore couper les doigts des pattes avec des ciseaux. Les faire sauter à la poêle au beurre bien chaud, avec du persil haché. Servir avec des quartiers de citron et arrosées de jus de citron.

Temps de cuisson, 10 mn

3 douzaines de cuisses de grenouilles. 125 g de beurre.
3 cuillerées à soupe de persil haché. 3 citrons.

GRENOUILLES EN BEIGNETS

- Les faire macérer un peu à l'avance avec du sel, du poivre, du persil haché et un filet de vinaigre. Les éponger au dernier moment et les tremper dans une pâte à frire. Les plonger 5 mn à friture brûlante.
- Servir en cuisson avec du persil frit.

Temps de cuisson, 5 à 7 mn

3 douzaines de cuisses de grenouilles. 4 brins de persil.
1 cuillerée à soupe de vinaigre. Pâte à frire. Bain de friture.

GRENOUILLES À LA POULETTE

- Cuire doucement au beurre les cuisses de grenouilles, couvertes pour éviter la coloration. Les lier avec une sauce poulette (voir page 223, *Moules à la poulette*). Les dresser avec du persil haché.

Temps de cuisson, 10 mn

ANNEXES

LES PRINCIPAUX POISSONS ET FRUITS DE MER

LISTE ALPHABÉTIQUE

1. Limande **3**. Merlan **5.** Dorade-Sébaste

2. Sole **4.** Maqueraux **6.** Sardines

7. Prêtres **8.** Turbot

1. Truite de mer **3**. Lamproie

2. Alose **4.** Anguille

5. Plie

1. Colinaux

2. Colin

3. Dorade royale

4. Dorade rose

5. Esturgeon

6. Barbue

7. Bar

1. Mulet **3**. Rouget grondin

2. Vive **4.** Équilles

5. Saint-pierre

1. Chinchards **3**. Hareng **5.** Congre

2. Chinchards friture **4.** Limande carmine **6.** Rougets-barbets

7. Éperlans **8.** Vieille

1. Brochet
2. Saumon
3. Carpe
4. Truite
5. Omble-chevalier
6. Saumon de fontaine
7. Sandre

1. Tourteau

2. Crabes verts

3. Étrille

4. Coques

5. Bigorneaux

6. Bulots

7. Crevette rose

8. Homard

9. Crevettes grises

1. Oursins **3**. Huîtres **5.** Moules

2. Langoustines **4.** Praires **6.** Amandes

7. Langouste **8.** Coquilles Saint-Jacques

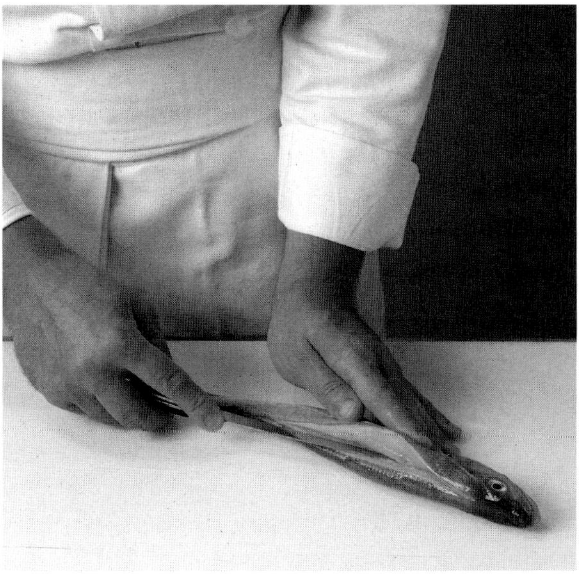
1

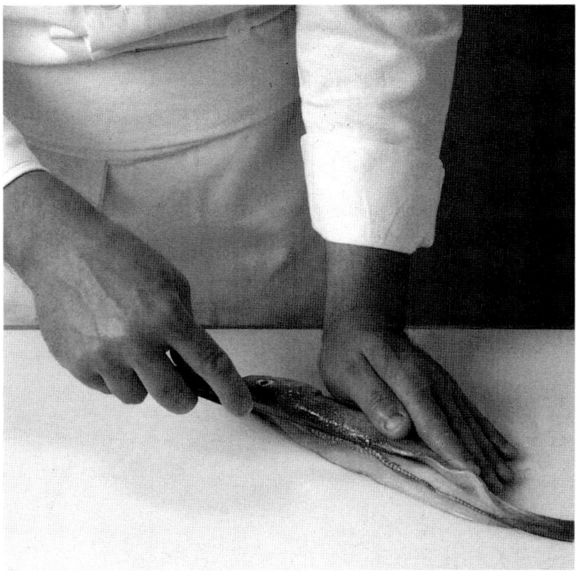
2

PRÉPARATION D'UN POISSON ROND À FARCIR

Pratiquer une incision peu profonde le long de l'arête dorsale : maintenir la lame contre un des côtés de l'arête, puis l'insérer dans le corps du poisson, en veillant à ne pas percer la paroi de l'estomac ; en travaillant de la tête vers la queue, glisser la lame le long des arêtes latérales pour détacher la chair, en arrêtant juste avant la queue **(fig. 1)**.

Tourner le poisson et insérer la lame dans le corps de l'autre côté de l'arête dorsale ; glisser la lame le long des arêtes latérales pour lever le second filet, de la même manière **(fig. 2)**.

Ouvrir le poisson **(fig. 3)**.

Couper l'arête dorsale au ras de la tête et aussi près que possible de la queue. Ôter les arêtes et les entrailles **(fig. 4)**.

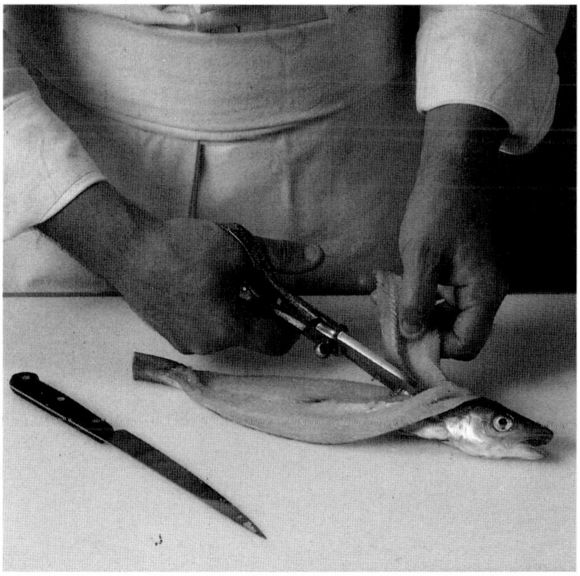
3

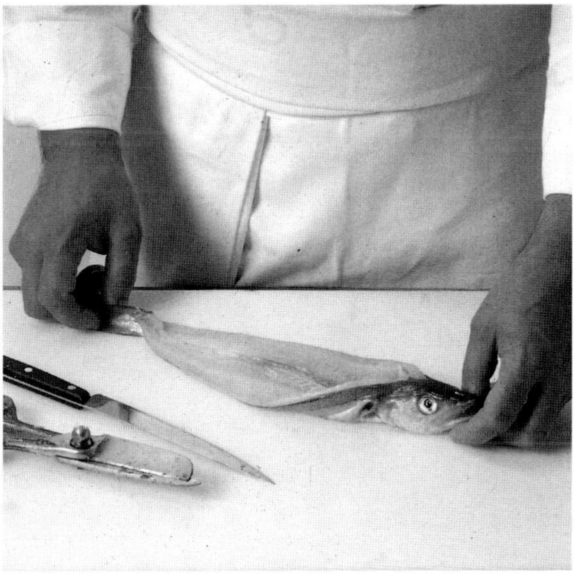
4

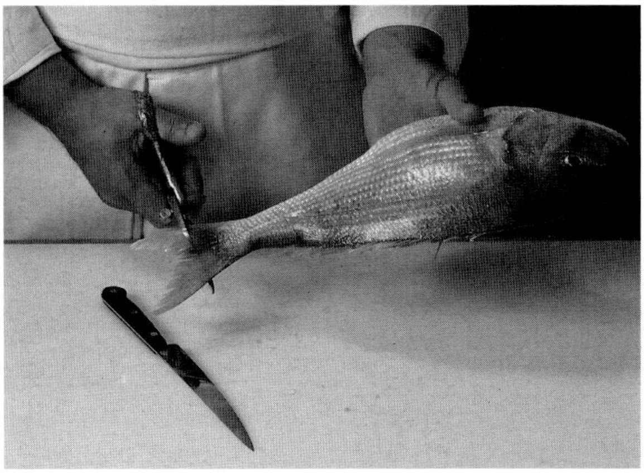

1

2

PRÉPARER UN POISSON ROND ET LEVER SES FILETS

Avec des ciseaux de cuisine, raccourcir la queue **(fig. 1)**, puis couper les nageoires près du corps **(fig. 2)**. Tenir le poisson par la queue, et gratter les écailles en remontant vers la tête avec le dos de la lame d'un couteau **(fig. 3)**. Inciser le ventre du poisson **(fig. 4)**. Ôter les viscères **(fig. 5)**. Soulever les ouïes, fendre la membrane au-dessous et retirer les branchies **(fig. 6)**. Maintenir le poisson à plat et fendre la peau le long de l'arête dorsale de la tête à la queue, puis couper au-dessus de la queue, jusqu'à l'arête **(fig. 7)**. Tenir la

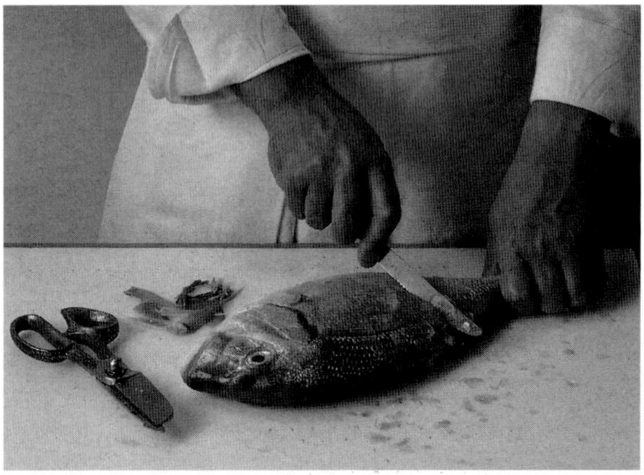

3

4

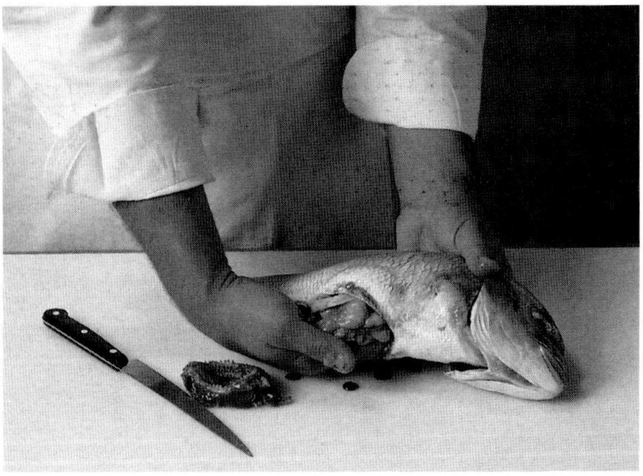

5

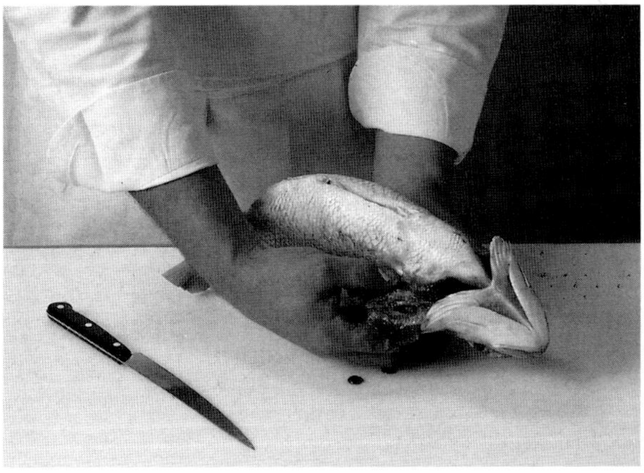

6

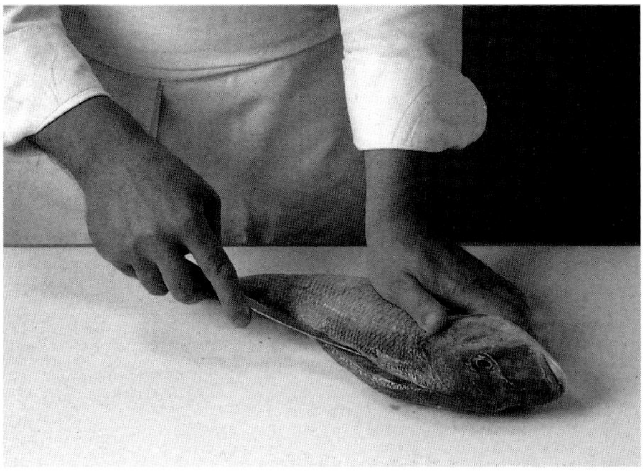
7

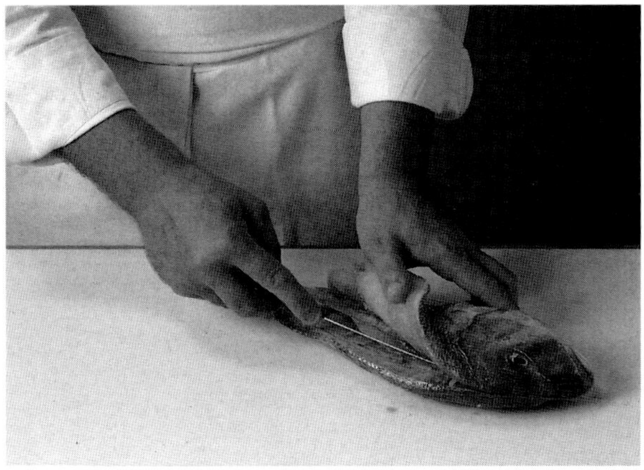
8

lame du couteau à plat et la glisser le long des arêtes pour détacher le filet. Couper à la base de la tête pour libérer le filet **(fig. 8)**. Retourner le poisson, la queue vers l'extérieur, et inciser à la base de la tête **(fig. 9)**. Couper à la base de la queue et inciser le long de l'arête dorsale, de la queue à la tête ; passer la lame du couteau à plat sur les arêtes pour détacher le second filet **(fig. 10)**. Pour détacher la peau, maintenir fermement chaque filet côté queue, la peau vers le bas, et faire glisser la lame à plat entre la chair et la peau **(fig. 11)**. Pour escaloper les filets, tenir le couteau incliné et couper des tranches en diagonale **(fig. 12)**.

9

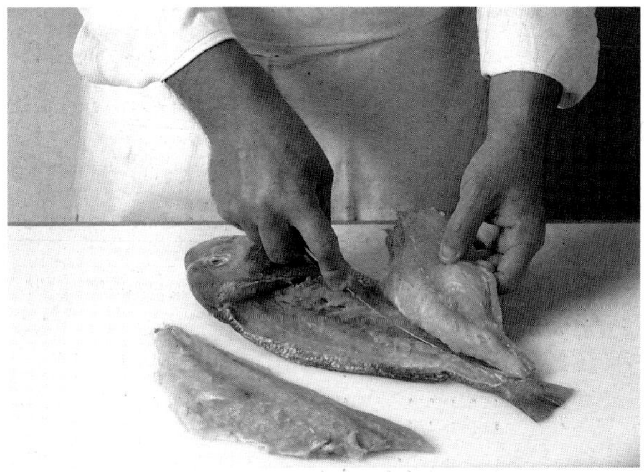
10

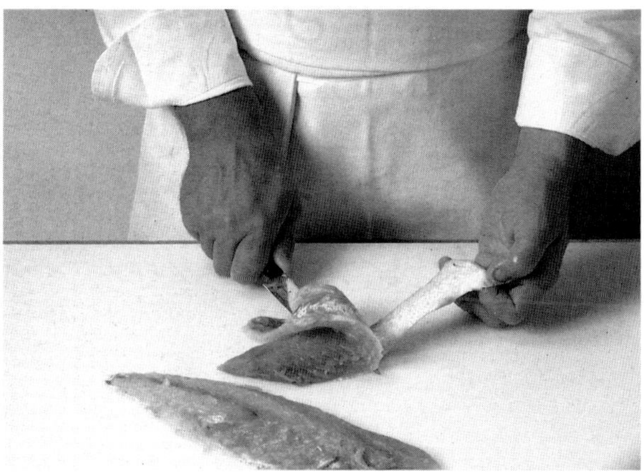
11

12

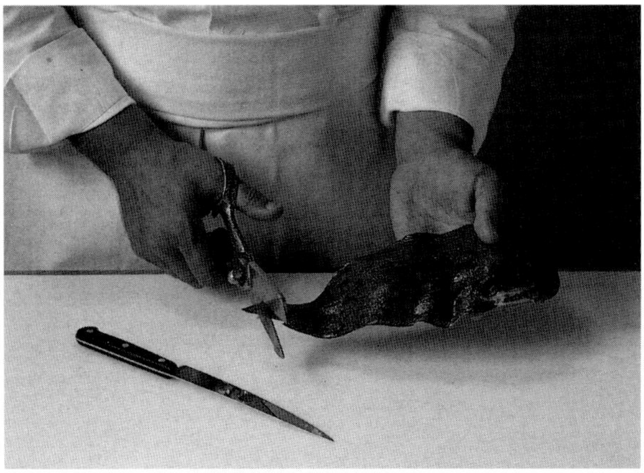

1

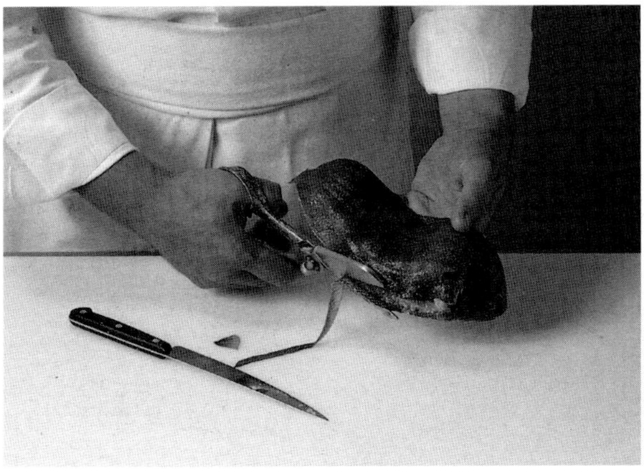

2

PRÉPARATION D'UN POISSON PLAT

À l'aide d'une paire de ciseaux de cuisine, raccourcir la queue, en en laissant environ 1 cm **(fig. 1)**.

Couper la nageoire dorsale en suivant le contour du poisson **(fig. 2)**. Retourner le poisson pour couper la seconde nageoire **(fig. 3)**.

Inciser au-dessus de la queue et détacher 1 cm de peau noire avec la lame du couteau **(fig. 4)**.

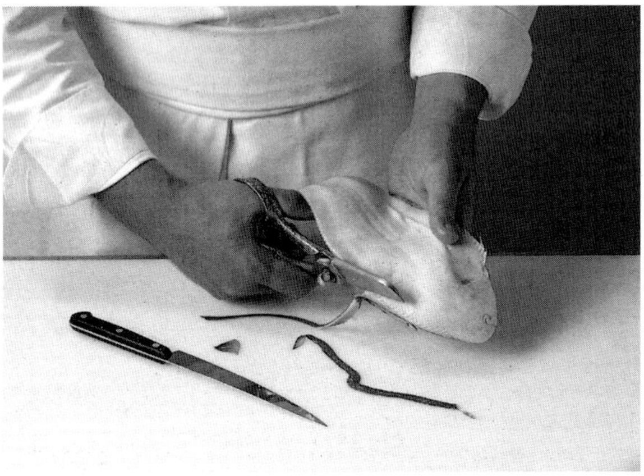

3

4

5

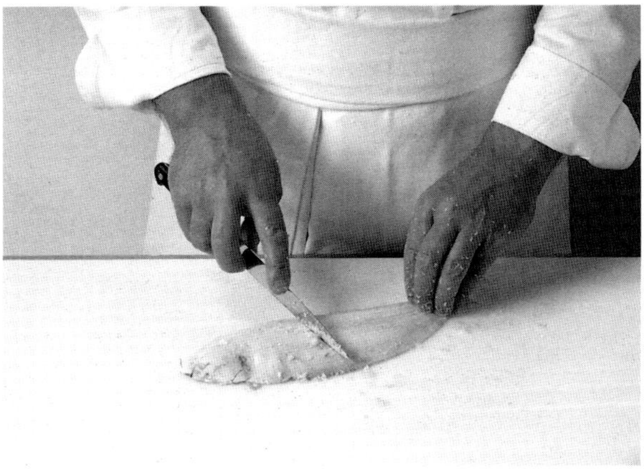

6

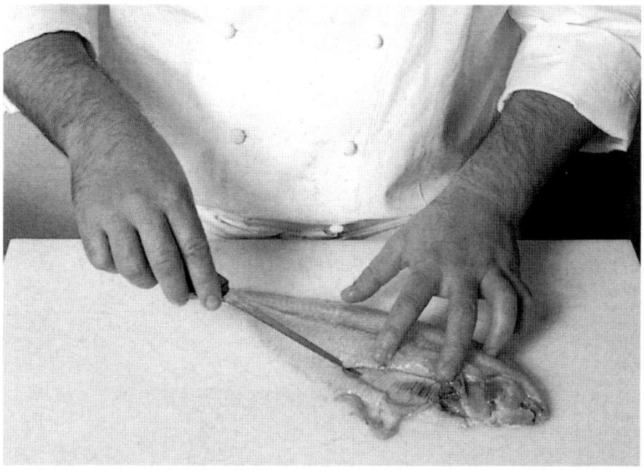

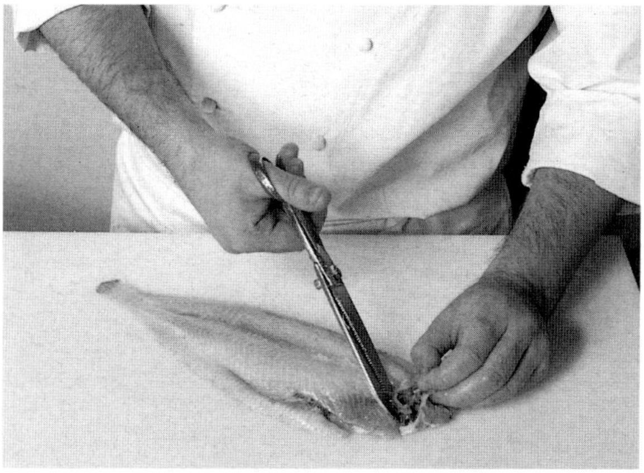

8

Maintenir le poisson d'une main, saisir la peau de l'autre et la tirer fermement de la queue vers la tête **(fig. 5)**.

Passer le dos de la lame d'un couteau le long de la peau blanche pour ôter les écailles **(fig. 6)**.

Poser le poisson à plat, côté peau vers le bas. Pratiquer une incision d'environ 5 cm derrière la tête et retirer les viscères **(fig. 7)**.

Couper les ouïes avec les ciseaux de cuisine **(fig. 8)**.

LEVER LES FILETS D'UN POISSON PLAT

Couper le long de l'arête dorsale. Glisser la lame à plat sous le premier filet pour le détacher des arêtes latérales ; répéter l'opération pour lever le deuxième filet **(fig. 1)**.

Retourner le poisson et détacher les deux autres filets de la même manière **(fig. 2)**.

2

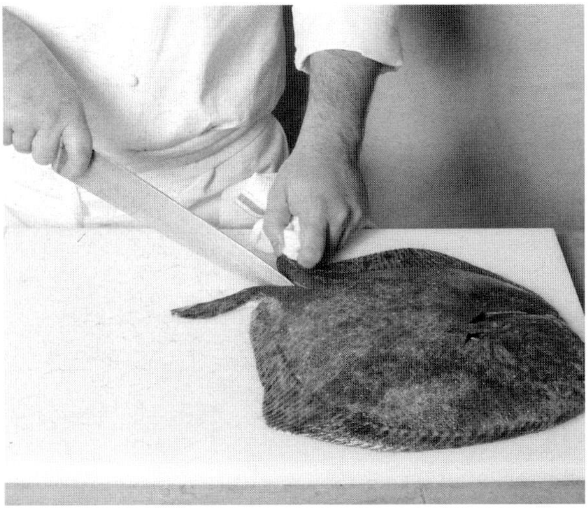

1

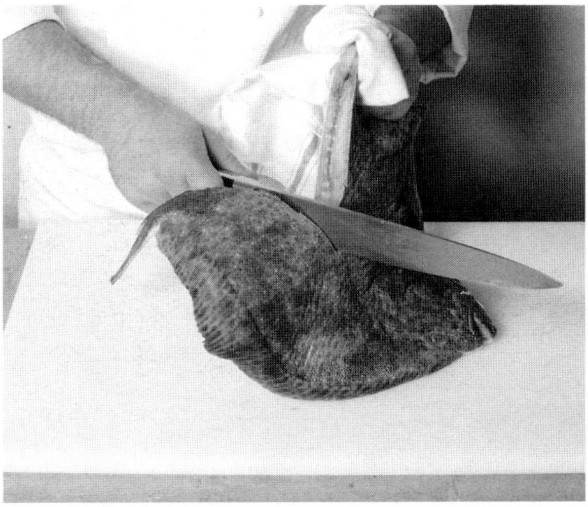

DÉCOUPAGE D'UN POISSON PLAT EN TRONÇONS

Couper la queue en deux **(fig. 1)**. Saisir le poisson par un côté de la queue, puis, à l'aide d'un grand couteau de cuisine bien aiguisé, couper le poisson en deux le long de l'arête dorsale **(fig. 2)**.

Inciser en biais chaque moitié pour détacher la tête **(fig. 3)**.

Détailler chaque moitié en trois morceaux en coupant en biais **(fig. 4)**.

PRÉPARATION D'UN POISSON PLAT À FARCIR

Après avoir coupé les nageoires, inciser le poisson le long de l'arête dorsale, de la base de la queue à la base de la tête ; passer la lame d'un couteau à plat entre la chair et les arêtes latérales pour détacher les filets et ouvrir le poisson **(fig. 5)**.

À l'aide d'une paire de ciseaux de cuisine, cou-

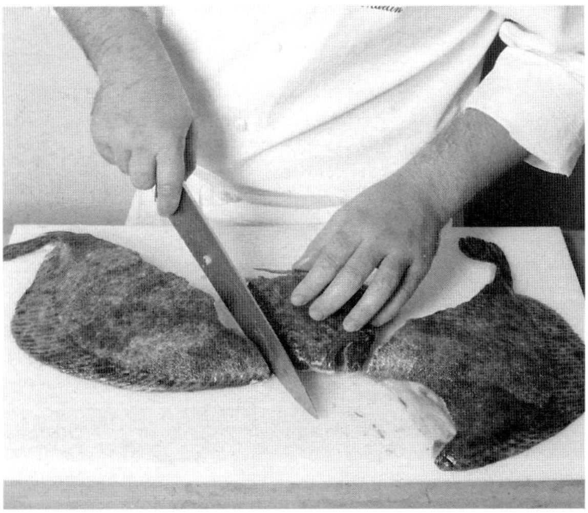

3

6

per l'arête dorsale à la base de la queue, puis couper les arêtes latérales en suivant les contours extérieurs **(fig. 6)**.

Passer la lame du couteau sous les arêtes pour les détacher de la chair **(fig. 7)**.

Soulever les arêtes et couper à la base de la tête pour les libérer **(fig. 8)**.

Couper les ouïes avec les ciseaux de cuisine **(fig. 9)**. Le poisson est maintenant désossé et prêt à être farci **(fig. 10)**.

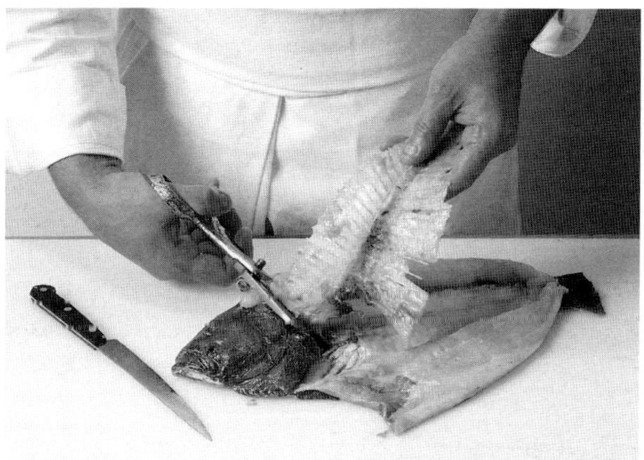

8

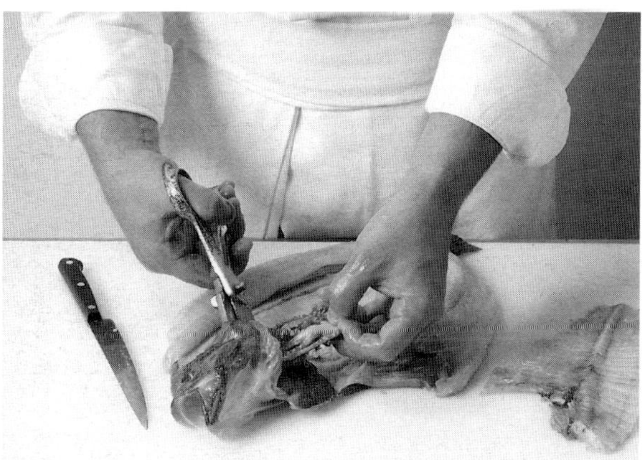

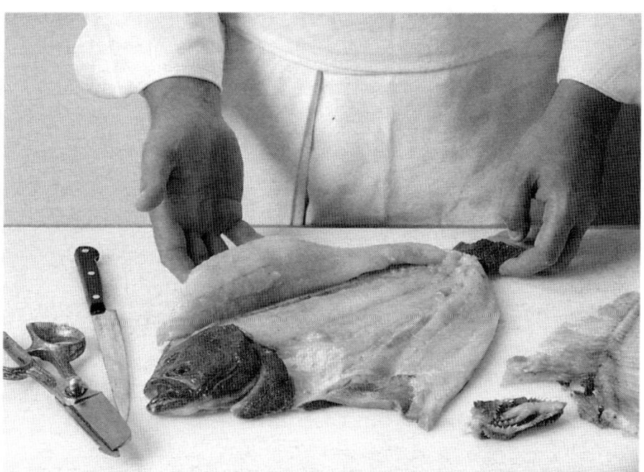

10

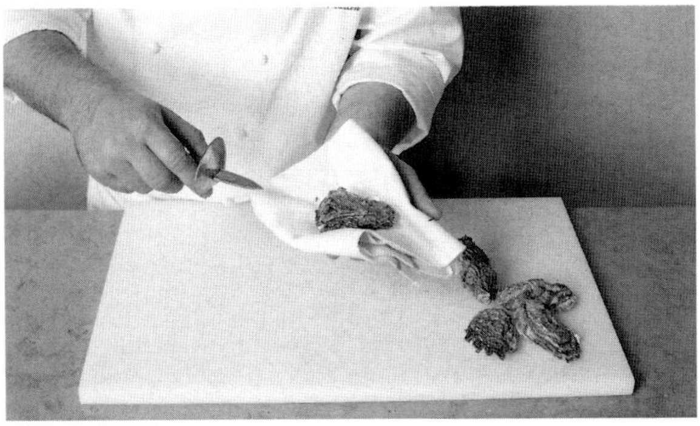

1

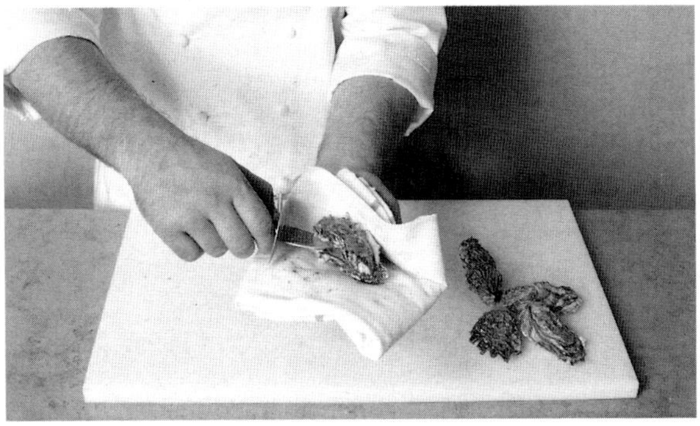

3

PRÉPARATION DES HUÎTRES

Laver les coquilles sous le robinet. Placer une huître dans la main protégée par une serviette pliée, la face arrondie de la coquille vers le dessous et la partie pointue (charnière) vers l'extérieur **(fig. 1)**. Insérer la lame du couteau dans la charnière et faire pivoter la lame pour ouvrir l'huître **(fig. 2)**. Sectionner le muscle le long de la coquille supérieure pour détacher l'huître **(fig. 3)**.

PRÉPARATION DES QUEUES DE LANGOUSTINES

Séparer les têtes des queues en effectuant un mouvement de torsion **(fig. 4)**.

Détacher le premier anneau, puis pincer le bout de la queue et tirer doucement pour ôter le reste de la carapace sans abîmer la chair **(fig. 5)**. Les queues de langoustines sont prêtes **(fig. 6)**.

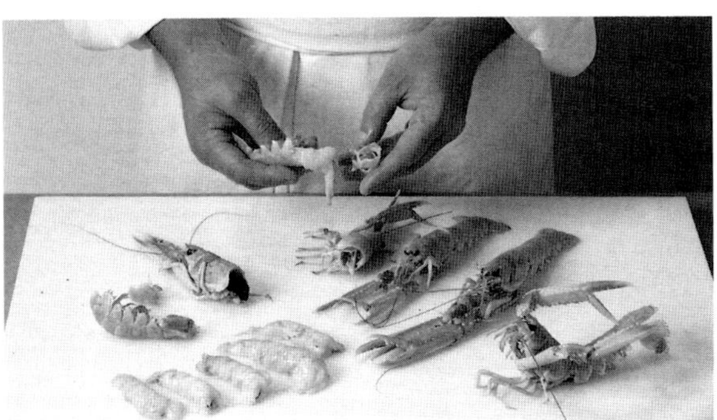

5

LÉGUMES D'ACCOMPAGNEMENT

Il est certain que tous les légumes ne sauraient être associés aux poissons, mais il en est cependant quelques-uns qui font avec lui un très bon ménage. Nous citerons en premier lieu la pomme de terre, qui est l'accompagnement par excellence de tous les poissons, puis le riz (riz pilaf ou riz créole), les pâtes alimentaires (nouilles, macaroni, coquillettes, papillons...), les légumes secs (haricots ou lentilles surtout sont parfois employés avec succès), les épinards, l'oseille, les poireaux, les champignons qui, comme les pommes de terre, se marient avec tous les aliments ou presque, la tomate ; l'aubergine est aussi quelques rares fois employée et c'est très bon.

En bref, beaucoup de légumes peuvent accompagner le poisson comme on peut s'en rendre compte en compulsant cet ouvrage.

Voici, pour l'édification de celles de mes lectrices qui seraient novices en cuisine, quelques recettes de ces légumes.

Pommes de terre Duchesse, recette page 262.

POMMES DUCHESSE EN BORDURE

- Prendre 500 g de pommes de terre en purée que l'on lie avec 2 œufs entiers et un peu de lait afin qu'elle soit assez malléable pour être dressée à la poche avec une grosse douille cannelée. On fait ainsi de jolies bordures sur plat à feu, on les passe à four très chaud pour colorer, et on garnit le centre avec un poisson en sauce (sans arêtes).

POMMES DE TERRE DUCHESSE

- Faire une purée bien égouttée, bien sèche et passée au tamis.
- Dessécher au feu en remuant pour évaporer le reste d'humidité, et ajouter hors du feu 4 jaunes d'œufs pour 1 kg de purée. Assaisonner et diviser cette pâte en morceaux de la grosseur d'un petit œuf, les rouler sur la planche farinée et leur donner la forme que l'on veut (petites galettes, brioches, poires ou billes). Les cuire au four ou à la friture.

RIZ À LA CRÉOLE OU À L'INDIENNE

- Jeter le riz dans une assez grande quantité d'eau bouillante salée (compter de 50 à 60 g de riz par personne), le cuire à forte ébullition pendant 16 à 17 mn. L'égoutter, bien rincer et l'étendre sur un un grand plat ; saupoudrer de sel et parsemer dessus des noisettes de beurre. Le sécher à l'étuve jusqu'à ce qu'il ne colle pas aux doigts et qu'il puisse s'égrainer facilement sans coller.

RIZ PILAF

- Faire blondir au beurre le riz dans un sautoir, puis le mouiller avec 2 fois son propre volume de bouillon incolore (ou d'eau). Assaisonner de sel, de poivre et d'un bouquet garni. Couvrir et cuire 17 à 18 mn. Y mêler à la fourchette une noix de beurre après la cuisson.

LES POISSONS ET LES VINS

Il m'a paru que ce livre ne serait pas complet si je ne donnais pas quelques renseignements à mes lecteurs sur la question des vins que l'on doit servir avec les poissons et les crustacés.

D'une façon générale, on prétend que l'on doit accompagner le poisson avec du vin blanc, mais il y a des cas d'espèce, oserai-je dire, et c'est cela que je vais établir ici pour bien documenter les gourmets.

Certains poissons dont le goût ou le fumet est très prononcé devront être accompagnés d'un vin, honnête certes, mais de moyenne importance. Ce sont par exemple le maquereau, le hareng, la raie, la bonite, le thon.

Cette même règle s'appliquera aux poissons servis avec des sauces très relevées, comme rémoulade, ravigote, vinaigrette, etc., c'est-à-dire des apprêts que l'on recherche lorsqu'il fait chaud. Point n'est besoin alors de faire appel aux grands crus, dont la qualité et le fumet se trouveraient submergés par le montant de l'accommodement.

Lorsqu'un poisson comporte du vin pour sa cuisson ou sa sauce, il est de règle de servir le même cru avec ; de sorte qu'un poisson dont la sauce est à base de vin rouge, comme la matelote, la meurette, la bourguignonne, doit être accompagné du même vin rouge ou mieux d'une qualité supérieure, car très souvent, trop souvent même, on hésite à employer un très bon vin pour la cuisine, ce qui est sensible à la dégustation. Avec ces poissons au vin rouge, servez un Saint-Émilion, un Saint-Estèphe, un Côte-Rôtie, un Beaujolais, un Tavel, ou un petit Bourgogne.

Pour les poissons frits ou grillés, les gratins ou les poissons à la meunière, il y a toute une gamme de vins blancs avec lesquels le poisson peut jouer en parfait accord. Ce sont les Graves, Pouilly-Fuissé, Chablis Langoiran, Meursault, les vins blancs d'Alsace, tels le Riesling ou le Riquewihr, le Champagne non champagnisé, le fameux Blanc de Blanc, le Muscadet, le Saumur et l'Anjou pour ne citer que les principaux.

Avec les grands poissons fins, les saumons, les truites, les filets de sole et les crustacés, il faut des grands vins moelleux pas trop sucrés, qui s'associent excellemment avec les sauces à base de crème, comme avec les quenelles de brochet, les pains de poisson, les pâtés, chauds ou froids, les pilafs de crevettes ou d'écrevisses à l'indienne. L'on peut choisir suivant ses préférences dans les crus suivants : Sauternes, Haut-Barsac, Graves moelleux, Montrachet, Vouvray, Quarts-de-Chaume, Cérons, Jurançon et autres grands noms de l'armorial vinicole.

Mais une remarque s'impose si l'on veut rester dans la véritable tradition gourmande de notre bonne table française : si vous servez avec le poisson qui ouvre le repas un vin blanc de grand cru, vous êtes obligés de continuer le service avec des vins rouges ayant au moins la même valeur gastronomique. Il serait désastreux pour la réputation d'un amphitryon qu'il présente, après un Montrachet, un petit vin de Listrac ou autre de même gabarit.

Il est un axiome formulé par Brillat-Savarin qui dit que la gamme des vins dans un repas doit aller du plus léger au plus capiteux, et ceci est très bien fondé si l'on y réfléchit un peu.

En toute chose il y a une règle qui doit être harmonique, et en matière de gastronomie plus qu'ailleurs. Rendre la table aussi attrayante que possible, tel est le souci qui a guidé l'auteur de cet ouvrage. Puisse-t-il y avoir réussi !

GLOSSAIRE

TERMES EMPLOYÉS DANS CET OUVRAGE

Abaisser. Étendre au rouleau une pâte quelconque pour la découper ensuite avec un emporte-pièce ou l'étendre sur un moule pour le foncer (voir ce mot).

Appareil. Mélange de diverses substances alimentaires hachées ou coupées de différentes manières, généralement liées avec une sauce ou une crème.

Blanchir. Ce mot, appliqué à certains légumes, tels les épinards, les pois, etc., signifie les cuire entièrement à l'eau, tandis que d'autres sont dits blanchis en étant simplement passés à l'eau bouillante quelques minutes, par exemple les choux verts, le céleri, etc.

Braiser. Cuire longuement et doucement, comme il est dit aux divers modes de cuisson des poissons, page 21.

Ciseler. Faire des incisions sur les poissons pour faciliter la cuisson au gril ou à la poêle.

Contiser. Incruster de minces lamelles de truffe dans la chair de poisson ou dans les filets de poisson que l'on fend légèrement en biais pour que ces lamelles soient mi-incrustées, mi-apparentes.

Dégorger. Faire tremper dans l'eau froide ou même l'eau courante certains poissons tels que sole ou turbot pour en faire évacuer le sang et obtenir une chair blanche.

Foncer. Tapisser un moule avec une galette de pâte.

Glacer. Glacer une sauce chaude sur un poisson, c'est la soumettre à un feu très vif pour en dorer le dessus sans lui laisser le temps de bouillir, ce qui risquerait de la faire désagréger si elle était liée aux jaunes.

Matignon. Mélange de légumes tels que carottes, champignons, céleri, oignons, échalotes, coupés en petits filets longs très fins, cuits au beurre à l'étuvée et mêlés à la sauce du poisson.

Mirepoix. Même préparation que ci-dessus, mais les légumes sont coupés en petits dés fins.

Napper ou **masquer.** Répandre sur un poisson une couche de sauce ou de gelée pour l'en recouvrir copieusement.

Pocher. Voir l'explication aux différents modes de cuisson du poisson, page 23.

Salpicon. Mélange de plusieurs éléments taillés généralement en dés.

TABLE DES RECETTES

LES MODES DE CUISSON DU POISSON

SAUCES ET FARCES DE POISSON

HORS-D'ŒUVRE DE POISSON

SOUPES DE POISSON

POISSONS DE MER

POISSONS D'EAU DOUCE

COQUILLAGES

CRUSTACÉS

LES GRENOUILLES

PETITS CONSEILS DU CHEF

LÉGUMES D'ACCOMPAGNEMENT

CRÉDIT PHOTOGRAPHIQUE

Couverture : Michel Barberousse/Agence Top ; p. 4 Fabrice Subiros/Agence Top ; p. 9 Hervé Amiard/Agence Top ; p. 13 Manfred Seelow/Agence Top ; p. 16 Daniel Czap/Agence Top ; p. 20 Hervé Amiard/Agence Top ; p. 24-25 Pierre Ginet ; p. 28 à gauche Pierre Ginet, à droite Michel Barberousse/Agence Top ; p. 29 Pierre Ginet ; p. 33 Pierre Hussenot/Agence Top ; p. 36 Michel Barberousse/Agence Top ; p. 37 Manfred Seelow/Agence Top ; p. 40 Pierre Ginet ; p. 41 Photothèque culinaire ; p. 44-45 Pierre Hussenot/Agence Top ; p. 48 Hervé Amiard/Agence Top ; p. 49 Michel Barberousse/Agence Top ; p. 52 Hervé Amiard/Agence Top ; p. 53 Eising/Photothèque culinaire ; p. 57 Pierre Ginet ; p. 60 Hervé Amiard/Agence Top ; p. 61 Hervé Amiard/Agence Top ; p. 64 Manfred Seelow/Agence Top ; p. 68 à gauche Michel Barberousse/Agence Top, à droite Photothèque culinaire ; p. 69 Hervé Amiard/Agence Top ; p. 72 Michel Barberousse/Agence Top ; p. 73 à gauche Option Photo, à droite Photothèque culinaire ; p. 76-77 Hervé Amiard/Agence Top ; p. 80 Pierre Ginet ; p. 81 Gilles Darqué/Option Photo ; p. 84 à gauche André Martin, à droite Azambre/Option Photo ; p. 85 Pierre Ginet ; p. 88-89 Christine Fleurent/Agence Top ; p. 92 Pierre Ginet ; p. 93 Alain Muriot/Photothèque culinaire ; p. 96 Pierre Ginet ; p. 97 Hervé Amiard/Agence Top ; p. 101 Michel Barberousse/Agence Top ; p. 105 Photothèque culinaire ; p. 108 Lechat/Photothèque culinaire ; p. 112 Option photo ; p. 113 J.-F. Rivière/Agence Top ; p. 116 Pierre Ginet ; p. 117 Christian Adam/Agence Top ; p. 120 Ph. Assel/Agence Top ; p. 124 Photothèque culinaire ; p. 125 J.-F. Rivière/Agence Top ; p. 128 Michel Barberousse/Agence Top ; p. 129 Photothèque culinaire ; p. 132 Pierre Ginet ; p. 133 Ryman-Cabannes/Agence Top ; p. 137 Asset/Option Photo ; p. 140 Daniel Czap/Agence Top ; p. 141 Pierre Ginet ; p. 144 à gauche Pierre Ginet, à droite Ryman-Cabannes/Agence Top ; p. 145 Pierre Ginet ; p. 148 Pierre Ginet ; p. 149 Manfred Seelow/Agence Top ; p. 153 Peter Lippmann/Agence Top ; p. 156 Hervé Amiard/Agence Top ; p. 161 Hervé Amiard/Agence Top ; p. 164 J.-F. Rivière/Agence Top , p. 165 Christine Fleurent/Agence Top ; p. 168 Daniel Czap/Agence Top ; p. 169 Hervé Amiard/Agence Top ; p. 172 Photothèque culinaire ; p. 173 André Martin/Flammarion ; p. 176-177 Christine Fleurent/Agence Top ; p. 180 Photothèque culinaire ; p. 181 Pierre Ginet ; p. 184 Hervé Amiard/Agence Top ; p. 185 J.-F. Rivière/Agence Top ; p. 188 Photothèque culinaire ; p. 189 Gilles Darqué/Option Photo ; p. 193 Hervé Amiard/Agence Top ; p. 196 Pierre Ginet ; p. 197 Christine Fleurent/Agence Top ; p. 200 Photothèque culinaire ; p. 201 Hervé Amiard/Agence Top ; p. 204 Daniel Czap/Agence Top ; p. 205 Azambre/Option Photo ; p. 208 Photothèque culinaire ; p. 209 Photothèque culinaire ; p. 212-213 Pierre Ginet ; p. 216 Pierre Ginet ; p. 217 Jack Blues/Agence Top ; p. 220 Photothèque culinaire ; p. 221 Peter Lippmann/Agence Top ; p. 224 Gilles Darqué/Option Photo ; p. 225 Pierre Ginet ; p. 229 Michel Barberousse/Agence Top ; p. 232 Pierre Ginet ; p. 233 Hervé Amiard/Agence Top ; p. 236 Christine Fleurent/Agence Top ; p. 237 Pierre Hussenot/Agence Top ; p. 243 à 252 Pierre Ginet ; p. 253 à 260 Pierre Ginet ; p. 261 Pierre Ginet ; p. 264 Ryman-Cabannes/Agence Top.

CHEZ LE MÊME ÉDITEUR

L'ART CULINAIRE FRANÇAIS
par les grands maîtres de la cuisine
1 050 pages, 3 760 recettes,
165 illustrations en noir, 307 hors texte en couleurs.
Relié sous jaquette.

BERNACHON
LA PASSION DU CHOCOLAT
140 pages, 123 recettes, 10 photographies en noir,
20 en couleurs. *Cartonné.*

MICHEL BIEHN
LE CAHIER DE RECETTES PROVENÇALES
200 pages, 171 recettes, 96 photographies en couleurs.
Relié sous jaquette.

PAUL BOCUSE
BOCUSE DANS VOTRE CUISINE
351 pages, 220 recettes, 58 illustrations pleine page
en couleurs. *Cartonné.*

LA CUISINE DU MARCHÉ
504 pages, 1 200 recettes, 40 illustrations en couleurs
hors texte. *Relié pleine toile sous jaquette.*

LA CUISINE DU MARCHÉ
(édition spéciale)
508 pages, plus de 1 200 recettes, 15 photographies
en couleurs. *Cartonné.*

BOCUSE À LA CARTE
88 pages, 39 recettes, illustré sur toutes les pages.
Cartonné.

BON APPÉTIT
198 pages, 70 recettes, 341 illustrations en couleurs.
Cartonné.

CUISINE DE FRANCE
256 pages, 120 recettes, 145 illustrations en couleurs.
Relié sous jaquette.

JEANNE BOURIN
CUISINE MÉDIÉVALE
Les recettes de Mathilde Brunel
248 pages, 160 recettes, 6 illustrations en couleurs,
25 en noir et blanc. *Cartonné.*

ESCOFFIER
MA CUISINE
732 pages, 2 500 recettes. *Cartonné.*

ROBERT FRESON
LE GOÛT DE LA FRANCE
288 pages, 100 recettes, 375 illustrations en couleurs.
Relié sous jaquette.

PIERRE GAERTNER ET ROBERT FRÉDÉRICK
LA CUISINE ALSACIENNE
320 pages, 12 photographies en couleurs. *Cartonné.*

ANDRÉ GUILLOT
LA GRANDE CUISINE BOURGEOISE
160 pages, 160 recettes, illustré de 23 compositions
d'André Jacquemin. *Relié sous jaquette rhodoïd.*

PAUL ET JEAN-PIERRE HAEBERLIN
LES RECETTES DE L'AUBERGE DE L'ILL
304 pages, 200 recettes, 40 photographies
en couleurs. *Cartonné.*

GINETTE HELL-GIROD
LE LIVRE DES TARTES
160 pages, 120 recettes, 8 photographies en couleurs.
Cartonné.

LE LIVRE DU RIZ
192 pages, 120 recettes, 8 illustrations en couleurs,
7 en noir et blanc. *Cartonné.*

HENRIETTE LASNET DE LANTY
CONSERVES FAMILIALES
352 pages, 570 recettes. *Cartonné.*

GASTON LENÔTRE
FAITES LA FÊTE
456 pages, plus de 300 recettes, 39 photographies
en couleurs et 51 en noir et blanc. *Cartonné.*

FAITES VOS GLACES ET VOTRE
CONFISERIE
304 pages, 234 recettes, 40 photographies
en couleurs. *Cartonné.*

Faites votre pâtisserie
304 pages, 200 recettes, 40 photographies en couleurs. *Cartonné.*

Desserts traditionnels de France
256 pages, 145 recettes, 100 photographies en couleurs. *Relié sous jaquette.*

FAYE LEVY ET FERNAND CHAMBRETTE
La cuisine du poisson
288 pages, 140 recettes, 16 photographies en couleurs, 70 illustrations en noir et blanc. *Cartonné.*

CHRISTINE MASSIA
Cuisine plaisir
288 pages, 155 recettes, 22 photographies en couleurs et 20 en noir et blanc. *Cartonné.*

GINETTE MATHIOT
Cuisine pour toi et moi
500 recettes, 30 illustrations en couleurs.

ERNEST PASQUET
La pâtisserie familiale
280 pages, plus de 700 recettes, 100 photographies en couleurs et 69 en noir et blanc.
Relié sous couverture couleur.

PELLAPRAT
Le poisson dans la cuisine française
280 pages, 520 recettes, 100 photographies en couleurs et 50 en noir et blanc.
Relié sous couverture couleur.

La cuisine familiale et pratique
288 pages, 500 recettes, 125 photographies en couleurs. *Relié sous couverture couleur.*

LOUIS PLESSIS
Le vin à la maison
176 pages, 19 cartes, 65 photographies en couleurs.
Relié sous couverture couleur.

CHRISTIANE SAND
À la table de George Sand
240 pages, 247 recettes, tout en couleur sur toutes les pages. *Relié sous jaquette.*

SCHUYT ET ELFFERS
L'Artichouette – Jeux à déguster
127 pages, 64 illustrations en noir et blanc et 56 en couleurs. *Broché.*

ROGER VERGÉ
Les fêtes de mon moulin
320 pages, 140 recettes, 137 photographies en couleurs. *Relié sous jaquette.*

Les légumes de mon moulin
256 pages, 145 recettes, 100 photographies en couleurs. *Relié sous jaquette.*

LA BIBLIOTHÈQUE CULINAIRE
Ouvrages reliés, non illustrés.

ALI-BAB
Gastronomie pratique
1 288 pages, 5 000 recettes.

ESCOFFIER
Le guide culinaire
940 pages, 5 000 recettes.

PAUL BOCUSE
La cuisine du gibier
287 pages, 300 recettes.

ANDRÉ GUILLOT
La vraie cuisine légère
396 pages, 700 recettes.

LA MAZILLE
La bonne cuisine du Périgord
320 pages, 460 recettes.

FERNAND POINT
Ma gastronomie
176 pages, 210 recettes.

CHARMAINE SOLOMON
L'art culinaire asiatique
464 pages, 810 recettes.

LE CORDON BLEU
La cuisine et la pâtisserie expliquées
768 pages, 1 612 recettes.

Achevé d'imprimer en mai 1995
sur les presses de Canale, Turin
Dépôt légal : 2e trimestre 1995